图书馆云的服务等级协议

黎春兰　邓仲华　陆颖隽　著

科学出版社

北京

内容简介

本书分为三篇，包含9章内容。第一篇主要从定义、架构和服务过程等方面对云计算和图书馆云的相关研究进行介绍。第二篇先概述了服务质量的相关理论和管理方法，然后讨论了云计算的服务质量所面临的挑战，并寻求相关的质量保障措施。最后利用定量分析方法对图书馆云服务质量的影响因素做了分析。第三篇服务等级协议分别介绍了电信领域的服务等级协议基础理论和管理方法，在此基础上，重点讨论和比较不同云计算和图书馆云的服务等级协议的内容。

本书可供信息管理、图书馆学、云计算等领域教师、研究生阅读参考。

图书在版编目 (CIP) 数据

图书馆云的服务等级协议/黎春兰，邓仲华，陆颖隽著. —北京：科学出版社，2016.10

ISBN 978-7-03-050254-4

Ⅰ. ①图… Ⅱ. ①黎… ②邓… ③陆… Ⅲ. ①数字图书馆－图书馆服务－研究 Ⅳ. ①G250.76

中国版本图书馆 CIP 数据核字(2016)第 254374 号

责任编辑：任 静 / 责任校对：桂伟利

责任印制：张 伟 / 封面设计：迷底书装

科学出版社 出版

北京东黄城根北街 16 号

邮政编码：100717

http://www.sciencep.com

北京厚诚则铭印刷科技有限公司 印刷

科学出版社发行 各地新华书店经销

*

2016 年 10 月第 一 版 开本：720×1 000 1/16

2018 年 3 月第三次印刷 印张：15 1/2

字数：300 000

定价：85.00 元

(如有印装质量问题，我社负责调换)

前　言

国务院在2015年7月4日印发的《关于积极推进"互联网+"行动的指导意见》中指出：积极发挥我国互联网已经形成的比较优势，加快推进"互联网+"发展，有利于重塑创新体系、激发创新活力、培育新兴业态和创新公共服务模式，对打造大众创业、万众创新和增加公共产品、公共服务"双引擎"，主动适应和引领经济发展新常态、形成经济发展新动能、实现中国经济提质增效升级具有重要意义。实际上，"互联网+"是互联网的创新成果与经济社会各领域的深度融合，它催生了以互联网为基础设施和创新要素的经济社会发展新形态，如云计算、物联网、社会计算、大数据等新一代信息技术的新形态。的确，"云计算"是"互联网+计算资源服务化"的新形态，它先将互联网络中的资源（包括网络、服务器、存储、应用软件和服务等）虚拟载入一个可配置的计算资源池中，再以付费服务的方式将这些资源出租给企业或个人使用，是最大化资源利用率的一种商业服务模式，在各行各业中得到了广泛的应用。

图书馆向来注重将新技术应用于读者服务。在云计算的应用上也不例外。云计算向图书馆提供了"互联网+图书馆"的新的应用方式，图书馆通过租用云计算的基础设施服务、平台服务及软件服务，就能使用到云计算强大的计算实例、存储资源、平台及软件等。这种租用的云计算服务，实际上是把图书馆的服务、职能外包给云计算提供商，由云计算提供商代替图书馆承担保存图书馆资源、提供图书馆资源的责任。这样不仅可以使图书馆从其繁杂的基础设施管理和维护的活动中解放出来，还有利于提高工作效率和节约IT成本，图书馆从而可以把更多的精力专注于核心业务的创新工作。目前，这种"互联网+图书馆"的租用"云计算服务"的方式已逐步地推广应用，包括租用各种IaaS、PaaS和SaaS。诸如OhioLINK、DCPL、PITT图书馆、EKU图书馆等机构都采用了这种租用云计算服务的方式。"互联网+图书馆"的应用在实践中证明了它具有诸多的优势，如节约成本、提高工作效率等。但图书馆并不仅仅满足于此，它们想在"互联网+图书馆"的基础上，继续推进"云计算+图书馆"的应用，构建基于云计算的专门的图书馆服务管理平台即图书馆云。

"图书馆云"是"互联网+图书馆"的深入应用，体现了"互联网+"的思维，是"云计算+图书馆"的深度融合，是最大化图书馆的资源利用率和服务效率的共享服务平台。OCLC于2009年构建了基于云计算的图书馆管理服务平台WMS，标志着图书馆云的实现。目前WMS拥有5个数据中心，在欧洲、南美洲以及澳大利亚已经有超过200家图书馆正在使用WMS服务。除了WMS外，图书馆云服务平台还有Sierra、Alma、Intota、Open Skies、Global Open Knowledge Base等。

但是，包括WMS在内的图书馆云服务是一项复杂、综合的信息服务，底层IT基础设施（硬件、软件、系统等）、馆藏资源、各种集成服务及应用程序和工具，都是以组合服务的形式、由一群服务提供商共同提供。在这种复杂的组合服务环境里，一个用户面对多个提供商，服务关系交错复杂，相互间的职责难以理清，使包括资源安全、用户隐私和知识产权等方面的用户服务质量难有保障。为此，Robert Fox 提出使用类似购买软件许可证或签订服务等级协议（SLA）的形式，保证云计算环境图书馆的服务能以特定的价格在特定的时间交付特定的服务质量。SLA 是用于约定通信的服务质量指标和服务双方职责的正式协议，它具有服务质量目标及承诺、服务等级目标及保证的特征。SLA 被应用在图书馆领域后，图书馆云 SLA 也成为明确图书馆和用户双方职责、保证图书馆云服务质量的重要措施。如 WMS 保证每月正常运行时间是 99.8%，Alma 承诺每年正常运行时间至少为 99.5%。

本书尝试使用管理的方法（利用 SLA）来约束并解决图书馆云服务质量的问题。全书分为 3 篇，分别是云篇、服务质量篇和服务等级协议篇。

本书是国家自然科学基金项目（71173163）“云计算环境下图书馆信息服务等级协议研究”、教育部人文社会科学重点研究基地重大项目（11JJD630001）“信息资源云体系及服务模型研究”、教育部人文社会科学研究青年基金项目“图书馆云的服务质量模型”（13YJC870012）的研究成果。

本书在撰写过程中，参考了大量的文献，在此对这些前期的研究者表示感谢。本书的研究与出版得到多方的帮助与支持，特别是武汉大学信息管理学院、广西师范大学，在此深表感谢。同时，还要感谢张文萍、彭丽群、钱文静等的大力支持，他们前期研究的积累和在研究过程中的指导，使本书得以顺利完成。衷心感谢为本书付出辛勤劳动的各位老师和同学们！

由于作者水平有限，加上时间仓促，书中必定有诸多疏漏和错误，敬请广大读者与同行批评指正。

目　　录

前言

第一篇　云

第 1 章　云计算基础 1
　1.1　云计算的基本原理 2
　　1.1.1　云计算的特征分析 2
　　1.1.2　云计算的架构分析 3
　　1.1.3　云计算的实例分析 5
　1.2　云计算的核心技术 9
　　1.2.1　虚拟化技术 9
　　1.2.2　分布式技术 14
　　1.2.3　浏览器技术 18
　　1.2.4　云计算与其他计算模式 20
　1.3　云计算服务质量的挑战分析 22
　1.4　基于 SLA 的云计算服务质量的保证措施 23
第 2 章　图书馆云 27
　2.1　云计算给图书馆带来的机遇 27
　　2.1.1　图书馆的“云”思想 27
　　2.1.2　图书馆对云计算的需求 30
　　2.1.3　图书馆使用云计算的可能性 31
　　2.1.4　云计算在图书馆中的应用 32
　2.2　图书馆云及图书馆云服务的定义 35
　　2.2.1　图书馆云的特征 35
　　2.2.2　图书馆云与图书馆租用云计算的解决方案 36
　　2.2.3　图书馆云与数字图书馆 36
　　2.2.4　图书馆云与万维网规模的图书馆 37
　2.3　图书馆云的构建——以 OCLC WMS 为例 37
　　2.3.1　OCLC WMS 简介 37
　　2.3.2　WMS 的构建原则 38
　　2.3.3　WMS 的架构 39

2.3.4 其他图书馆云的应用实例 …… 40
2.4 图书馆云的服务过程 …… 42
2.4.1 交互过程 …… 42
2.4.2 业务关系 …… 43
2.4.3 服务质量的挑战 …… 44

第二篇　服 务 质 量

第 3 章　服务质量概述 …… 47
3.1 QoS 的概念 …… 47
3.2 QoS 的准则 …… 51
3.2.1 制定 QoS 准则的原则 …… 51
3.2.2 QoS 准则的制定 …… 51
3.3 QoS 的参数 …… 53
3.3.1 QoS 准则转换为 QoS 参数的规则 …… 54
3.3.2 QoS 参数的测量 …… 55
3.4 QoS 的管理 …… 57
第 4 章　云计算的服务质量 …… 60
4.1 云计算服务质量的定义 …… 61
4.1.1 云计算 QoS 的四个视角 …… 62
4.1.2 IaaS 服务质量驱动的云计算研究 …… 62
4.2 云计算服务质量面临的挑战 …… 63
4.2.1 障碍一　服务的可用性 …… 64
4.2.2 障碍二　数据锁定 …… 65
4.2.3 障碍三　数据安全与可审计性 …… 65
4.2.4 障碍四　数据传输瓶颈 …… 66
4.2.5 障碍五　性能的不可预测性 …… 66
4.2.6 障碍六　存储的可扩展性 …… 66
4.2.7 障碍七　大型分布式系统存在的缺陷 …… 66
4.2.8 障碍八　快速伸缩 …… 67
4.2.9 障碍九　信誉共享 …… 67
4.2.10 障碍十　软件许可 …… 67
4.3 云计算服务质量保障 …… 68
4.3.1 SLA 保障 QoS 的基础 …… 68
4.3.2 其他保障措施 …… 70

第 5 章　图书馆云的服务质量……72
5.1　图书馆云服务质量的基础……73
5.1.1　信息交流的 SCR 模式……73
5.1.2　服务质量理论……74
5.1.3　SERVQUAL……75
5.1.4　LibQUAL+……76
5.1.5　DigiQUAL+……77
5.1.6　基于 Web 的图书馆服务质量模型……78
5.2　图书馆云服务质量的特征分析……79
5.2.1　焦点小组访谈……79
5.2.2　图书馆云服务质量特征的问卷设计与数据收集……82
5.3　图书馆云服务质量影响因素的因子分析……84
5.3.1　KMO 和 Bartlett 球形检验……84
5.3.2　因子和测度项选取的依据……85
5.3.3　因子分析……85
5.3.4　因子命名与信度检验……87
5.3.5　因子结构的优化……88
5.3.6　因子子维度的探索及其信度检验……90
5.3.7　探索性因子分析的结论……93
5.4　图书馆云服务质量影响因素的结构模型……94
5.4.1　结构模型的概念化……95
5.4.2　操作化定义……97
5.4.3　问卷设计与数据收集……98
5.4.4　模型适配度检验……101
5.4.5　结构模型的检验……103
5.4.6　整体模型的检验……106
5.4.7　本章小结……108

第三篇　服务等级协议

第 6 章　服务等级协议基础……111
6.1　SLA……111
6.1.1　SLA 的需求……112
6.1.2　SLA 的意义……112
6.1.3　SLA 的内容……113
6.2　SLA 的服务……126

6.2.1 服务的层次 …… 126
6.2.2 服务的功能 …… 127
6.3 SLA 的发展 …… 128
第 7 章 服务等级协议的管理 …… 130
7.1 SLA 管理的价值 …… 131
7.1.1 对 SP 的价值 …… 131
7.1.2 对客户的价值 …… 132
7.1.3 对供应商的价值 …… 133
7.2 SLA 的管理框架 …… 133
7.2.1 eTOM 框架的概念视图 …… 133
7.2.2 eTOM 商务过程框架的 CxO 级视图 …… 135
7.2.3 eTOM 商务过程框架的 Level 2 和 Level 3 级视图 …… 140
7.3 SLA 的生命周期管理 …… 143
7.3.1 产品/服务开发阶段 …… 143
7.3.2 谈判和销售阶段 …… 145
7.3.3 实施阶段 …… 147
7.3.4 执行阶段 …… 148
7.3.5 评估阶段 …… 153
7.3.6 关闭服务阶段 …… 155
7.4 SLA 的参数管理 …… 156
7.4.1 服务角度 …… 157
7.4.2 技术特定参数 …… 158
7.4.3 服务特定参数 …… 158
7.4.4 服务/技术独立参数 …… 158
7.4.5 SLA 参数框架与 SLA 的服务层次的关系 …… 159
7.4.6 SLA 参数框架与 KQI/KPI 的关系 …… 160
7.4.7 服务降级 …… 161
7.5 SLA 的监测 …… 161
7.5.1 QoS 和网络性能 …… 162
7.5.2 网络性能数据的采集 …… 164
7.5.3 数据采集的实现 …… 165
7.5.4 QoS 参数与 NPM 的映射 …… 166
7.6 SLA 的评价 …… 168
7.6.1 SLA 监测的功能分析 …… 168
7.6.2 SLA 报告的功能分析 …… 169

第 8 章 云计算的服务等级协议 …… 171
8.1 云计算 SLA 的内容 …… 172
8.2 云计算 SLA 的需求 …… 173
8.3 云计算 SLA 的管理 …… 176
8.3.1 云计算 SLA 的类型 …… 178
8.3.2 云计算的 SLA 链 …… 179
8.3.3 云计算 SLA 的生命周期 …… 179
8.3.4 SLA 的参数 …… 180
8.4 云计算 SLA 的业务关系模型 …… 181
8.5 云计算 SLA 的定价模型 …… 183
8.5.1 云服务的成本设计 …… 183
8.5.2 云计算服务的计费度量 …… 183
8.5.3 云计算服务的定价模型 …… 189
8.5.4 典型云计算服务价格策略的比较 …… 190
8.6 典型云计算 SLA 案例 …… 201
8.6.1 Google 云服务的 SLA …… 201
8.6.2 AWS 的 SLA …… 204
8.6.3 Microsoft Windows Azure SLA …… 206
8.6.4 典型云计算服务等级协议的比较 …… 208
第 9 章 图书馆云的服务等级协议 …… 211
9.1 图书馆云 SLA 的服务质量描述 …… 211
9.1.1 通用 SLA 模型与服务质量参数 …… 212
9.1.2 图书馆云 SLA 服务等级与服务质量水平 …… 213
9.1.3 图书馆云 SLA 业务关系与服务质量责任 …… 213
9.1.4 图书馆云 SLA 保证用户服务质量的价值 …… 215
9.2 图书馆云 SLA 的组成要素 …… 215
9.2.1 传统图书馆 SLA 的内容 …… 216
9.2.2 图书馆云 SLA 的内容框架 …… 219
9.2.3 图书馆云 SLA 的质量参数 …… 221
9.2.4 图书馆云 SLA 的服务等级 …… 222
9.2.5 图书馆云 SLA 的业务关系 …… 223
9.3 图书馆云 SLA 的应用实例 …… 225
9.3.1 OCLC WMS SLA …… 226
9.3.2 ExLibris Alma SLA …… 227
参考文献 …… 229

第一篇　云

第1章　云计算基础

云计算是一个存储在某处的虚拟的、可扩展的资源池，通过网络可按需地向用户提供弹性的服务[1]。正是这种灵活的、可扩展的、低成本的计算模式，激起了人们的兴奋和好奇。随着2006年Amazon推出EC2（elastic compute cloud）服务，让中小型企业按需（on-demand）购买Amazon数据中心的弹性计算能力，短短几年，云计算就成为IT行业的重要热题，包括各商业机构、科研机构和高校在内的团体组织纷纷投入到云计算的开发和应用研究热潮中来。但与此同时，人们在应用云计算服务的过程中，出现了多次云服务中断的事件，使云计算的服务质量面临巨大挑战。

Nelson[2]在*Science*上预言，“未来5年内，世界上超过80%的计算和数据存储都发生在云端”。图书馆领域的计算和数据存储也不例外。云计算的应用和发展为图书馆提供了更好的信息服务平台，图书馆的基础设施由云计算提供商负责提供及管理，有利于图书馆把注意力集中在数据资源的自由共享上。云计算服务（包括IaaS、PaaS和SaaS等）在图书馆领域已有了初步的应用。图书馆不仅租用了包括数据存储、计算实例在内的云计算服务，还构建了多个基于云计算的图书馆服务平台，大大地缓解了图书馆的信息管理及成本压力，促进了图书馆的创新服务。

图书馆领域的学者意识到云计算的确为图书馆的信息服务提供了一个重要的环境，带来了重要的发展机遇，他们积极推荐云计算在图书馆信息服务中的应用研究。但同时也出现了许多新问题，服务质量的保证就是其中之一。特别是在云计算的环境下，图书馆对云计算的控制力以及其所在环境具有多方参与的特性，使用户的服务质量难有保障。美国圣母大学（University of Notre Dame）图书馆的高级系统管理员Fox[3]提出使用类似购买软件许可证或签订服务等级协议的形式，保证云计算环境下图书馆的服务能以特定的价格在特定的时间交付特定的服务质量。

服务等级协议（service level agreement，SLA）是提供商和用户之间为保证服务质量而签署的一份关于服务内容、双方的责任与义务、质量水平与价格等服务细节的协议[4]。用户与提供商签订SLA，就能获得SLA中规定的服务质量，或在没有获得规定的服务质量时，获得提供商给予的赔偿，使服务质量有保障。本书就基于云计算的图书馆服务的新环境对其服务质量的维度及结构进行探索，并根据服务质量维度和结构所反映的特征，用 SLA 来作为保证服务质量的手段，以保证用户使用图书馆云服务的满意度，使图书馆云服务具有竞争优势。

1.1　云计算的基本原理

云计算（cloud computing）是一种将计算资源通过网络交付使用的服务方式[5]。它采用虚拟化技术将存储在大量分布式计算机上的资源构建成一个虚拟的数据中心，并将数据中心的资源以服务的方式通过网络交付给用户。用户只要连接网络，就可以按需地购买和使用网络中某处的计算资源，包括服务器、存储、应用程序和软件等资源。作者认为，该云计算的定义包含了三个基本概念。

（1）云计算是互联网云[6]（Internet cloud）的形象化，用于代表互联网（Internet）或一些大型的互联网环境（networked environment），不再局限在数据和应用程序这些软件资源的互联，更包含了基础设施方面的硬件资源。它描述的是这样的一种场景：客户端的数据和应用程序在某处被存储和获得[7]。

（2）云计算是一个数据中心[8]，是自行维护和管理的虚拟化资源[6]。用户的数据不再是存储在本地设备上，而是存储在通过互联网链接的远程虚拟数据中心里[9]。用户的应用程序也不再是运行在个人的终端设备上，而是运行在通过互联网连接的远程大规模、分布式的服务器集群中。服务集群通过网络提供弹性的资源和服务[10]，用户能随时随地方便地接入到该计算资源共享池并实现按需存取[11]。

（3）云计算是 XaaS（一切即服务）的服务模式，一切均以服务的方式交付，包括网络、服务器、存储、应用程序和数据等。它包括以服务的形式通过网络交付的应用程序和提供这些服务所需的数据中心的硬件和系统软件[12]。

网络是云计算交付使用的工具，数据中心是云计算交付使用的内容，XaaS 是云计算交付使用的形式。提供商通过网络、以 XaaS 的方式将数据中心的资源提供给用户，实现云计算的交付使用，进而实现云计算的价值。用户通过网络、以 XaaS 的方式获取数据中心的资源或服务（称为云计算服务或云服务），实现云计算价值向自身竞争优势的转移。

1.1.1　云计算的特征分析

云计算的价值主要体现在其所具有的特征和优势上。美国标准化技术机构（National Institute of Standards and Technology，NIST）描述了云计算具有 5 大基本特征，即按需自服务（on-demand self-service）、广泛的网络接入（broad network access）、资源池化（resource pooling）、快速的弹性（rapid elasticity）和可计量的服务（measured service）[11]。其中，按需自服务是指用户可以随时根据自己的需求，通过 GUI 或 API 自主地选择服务、设定服务的性能及服务时间等。广泛的网络接入是指不管客户所使用的设备是什么，不管客户所处的位置在哪里，只要有连接的网络，用户就可以接入并使用云计算的计算能力。资源池化是指提供商的计算资源被联合起来、以多租户模型（multi-tenant model）的方式、根据客户的需求动态地分配和重新分配不同的物理资源和虚拟资源（包括存储、处理、内存、网络带宽和虚拟机等），同时服务许多客户，使巨大的数据中心具有规模经济[13]。快速的弹性是指计算能力可以快速地、有弹性地提供，提供商利用多个冗余站点使提供具有更高的可靠性[1]。对消费者来说，云计算可以提供无限的、可用的计算能力或计算资源，消费者可以根据需要快速地增加或减少资源，可以在任何时间以任何数量的形式购买这些计算能力。可计量的服务是指云计算使用各种计量表来自动控制和优化资源的使用，如存储能力的计量表、处理能力的计量表、带宽计量表、当前用户账户计量表等。通过这些计量表，可以监测、控制、报告资源的使用情况，使服务的使用具有透明性。

云计算的特征使它具备了一些独特的优势。

（1）成本效益。云计算最突出的特征就是比部署在传统数据中心的方案要更具有成本效益，其中的成本包括硬件、软件、维护系统的人力资源等成本。云计算的即付即用或按需预定的价格模型，使用户只需支付使用的费用，就可以获得云端的各种丰富资源。而且资源存放在云端，由提供商的专门技术人员负责管理和维护，具有更高的安全性和可靠性。用户可以放心地把 IT 资源的基础设施交给云计算提供商，从而从繁重的 IT 投资、管理和维护等活动中释放出来，更能专注于自身核心竞争力和业务创新。

（2）可扩展性。云计算是一个巨大的数据中心。用户只需增加花费就可以快速地扩展计算能力，也可以很容易地缩减计算能力，从而减少花费。实现这些快速扩展的能力，不需要用户放置大量的硬件和软件以等待投入生产，也不需要为了跟上所需求的资源情况而花费数周乃至数月来安装、部署或更新。

（3）协作创新。存储在云端的资源具有随时随地的可获得性。只需一个简单的操作系统和完整功能的浏览器，用户就可以随时随地通过网络连接数据中心的资源和服务，也可以与他人进行资源的共享、协作，从而提高工作效率、实现业务创新。

1.1.2　云计算的架构分析

对用户来说，云计算就是通过网络获得的资源和服务，所谓的云计算与网络相近，只是这个云计算网络能提供包括基础设施在内的一切资源。就云计算内部的数据中心结构来说，它是由集群计算机使用分布式技术和虚拟化技术向网络中的各用户节点提供包括基础设施、平台和软件等资源的，如图 1-1 所示。

云计算内部的数据中心可以分为应用层、平台层和基础设施层，分别提供应用程序、平台和基础设施三种服务模式，即 SaaS（cloud software as a service），PaaS（cloud platform as a service）和 IaaS（cloud infrastructure as a service），这些服务模式定义了云计算提供服务的职能和性质[11]。

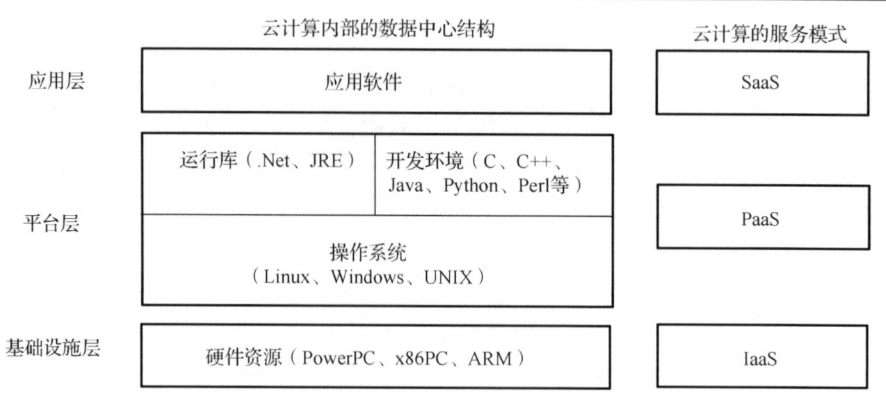

图 1-1 云计算的内部架构及服务模型

（1）基础设施层是面向基础设施的提供者和管理者的。它们应用虚拟化技术、分布式技术、自动化部署技术等，通过互联网向用户提供 IaaS 的技术方案与服务模式。对它们来说，云计算是通过 IP 网络进行连接的、大规模的、分布式的数据中心基础设施，通过虚拟机按需地向用户提供处理、存储、网络和其他基本的计算资源。云计算的 IaaS 实现了资源动态、弹性地供应，实现了资源的整合与共享，提高了资源的利用率。Amazon EC2 和 S3 是 IaaS 的典型代表。

（2）平台层是面向程序员和网络应用程序开发者的，是部署在基础设施上的应用程序，通过互联网向开发者提供运行平台的托管服务提供开发 SDK（软件开发工具包），包括应用程序开发、界面开发、数据库开发、存储、测试等。对开发者来说，云计算即 PaaS，是一个互联网规模的软件开发平台和运行环境，他们可在其中开发和部署自己的应用程序。如 Google App Engine（GAE），Microsoft Azure Platform，Salesforce 的 Force.com 等均提供了 PaaS 服务。

（3）应用层是面向最终用户的，它通过 Web 平台（如浏览器）将应用程序交付给最终用户。对最终客户来说，云计算就是 SaaS，它通过集中的数据中心向客户按需地提供可扩展的、弹性的应用服务。用户通过浏览器界面即可接入相应的应用程序，如 Google Apps，Salesforce CRM，Microsoft Online 和 IBM Lotus Live 等均属于 SaaS 服务。

目前市场上典型的云计算平台如表 1-1 所示。

表 1-1 典型的云计算平台

属性	Amazon EC2	Google App Engine	Microsoft Azure
专注	基础结构	平台	平台
服务类型	计算、存储（S3）	Web 应用程序	Web 和非 Web 应用程序
虚拟化	操作系统层次运行于 Xen 管理程序上	应用程序容器	操作系统层次通过结构控制器
动态 QoS 参数	无	无	无
用户界面	Amazon EC2 命令行工具	基于 Web 的管理终端	Microsoft Windows Azure 入口

续表

属性	Amazon EC2	Google App Engine	Microsoft Azure
Web API	有	有	有
附加价值服务提供商	是	否	是
编程框架	基于 Linux 的个性化 Amazon 机器镜像（AMI）	Python	.NET

根据数据中心的所有权及所面向用户，云计算可以划分为私有云（private cloud）、社区云（community cloud）、公有云（public cloud）和混合云（hybrid cloud）这 4 种部署模型[11]。私有云是指云计算数据中心专供某组织内部运作，外部组织无法获取这些资源。它可以存在于组织的内部或外部，可由该组织管理，也可以委托第三方管理。社区云是指云计算数据中心由几个组织共享，支持一个具有共同利害关系（如使命、安全需求、政策和法规因素等）的特定社区，促进社区利用群体智慧进行协调和合作。公有云是指云计算数据中心是由某个组织拥有，并将该数据中心的资源按即付即用（pay-as-you-go）的形式销售给公众或大型行业团体使用。混合云是指云计算数据中心由以上两种或更多种云（私有云、社区云、公有云）构成，保留各种云的一些独特的本质，但是又被标准化或专有技术捆绑在一起，以促进数据和应用程序的移植性。

对用户来说，公有云与私有云的根本区别在于对资源的控制权上。公有云资源的控制权归提供商，私有云资源的控制权归用户或用户所在的单位。一般来说，大型企业或组织，通过使用新的工具和技术，就有能力把组织现有的基础设施改造为一个私有云或混合云。但对中小型企业和个体客户来说，租用公有云或社区云提供的资源和服务，在经济和技术上都是比较符合实际的。

1.1.3　云计算的实例分析

云计算通过虚拟化技术、分布式技术等将数据中心的资源按需部署，实现不同的服务模式（包括 IaaS，PaaS 和 SaaS）供用户选择。本书通过 IaaS 的计算实例、存储实例、网络传输实例及 PaaS，SaaS 分别分析云计算的应用实例。

1. IaaS

IaaS 利用虚拟化技术提供基本的计算资源，如计算实例、存储实例、网络传输实例等。

1）计算实例

所谓计算实例就是逻辑上的计算机，也就是运行中的虚拟机。提供商利用虚拟化技术，将集群中的服务器虚拟为多个性能可配置的虚拟机（virtual machines，VM）[14]，在这台 VM 上预先配置包括 CPU、内存、硬盘和 I/O 总线等的计算资源，然后根据池中资源使用的情况和用户请求资源的情况，灵活地分配和调度资源[15]。用户租用一台 VM，就具有该 VM 资源的完整访问权限，包括针对此 VM 操作系统的管理员权限。例如，Amazon 的 EC2 为用户、开发人员提供了一个虚拟的集群环境，EC2 中的每一个实例代表一个运行中的 VM。用户租用的实际上是虚拟的计算能力或性能。EC2 按计算能力划分了 7 种实例类型（包括标准实例、微型实例、高内存实例、高 CPU 实例、集群计算实例、集群 GPU 实例和高 I/O 实例）14 个等级，其中标准实例类型（包含 4 个等级）的计算能力情况如表 1-2 所示[16]。

表 1-2　Amazon EC2 的标准计算实例

标准实例（standard instances）	内存/GB	ECU（虚拟内核）	本地存储/GB	平台总线/bit
小型（默认）	1.7	1(1)	160	32～64
中型	3.75	2(1)	410	32～64
大型	7.5	4(2)	850	64
超大型	15	8(4)	1690	64

其中，1 个 ECU 为 1.0～1.2 GHz 2007 Opteron or 2007 Xeon processor 的 CPU 性能。1 枚单核 CPU，相当于 1 个 ECU 的性能。

EC2 在后三种实例类型（即集群计算实例、集群 GPU 实例和高 I/O 实例）的配置中，还提供 10Gbit/s 的以太网连接。

目前为止，EC2 提供的实例等级最多，性能跨度大，可以满足不同层次的用户的需求。

2）存储实例

存储实例利用分布式技术，将整个云计算的存储资源进行统一整合管理，为用户提供一个统一的存储空间。具体实现主要是异构传统的存储区域网络（SAN）、网络附加存储（NAS）设备，将分散的存储资源按类型统一集中为一个大容量的存储资源，或将统一的存储资源通过分卷、分目录的权限和资源管理方法进行池化，再将虚拟存储资源分配给各个应用程序或最终用户使用[15]。存储实例可提供集中存储、分布式扩展、虚拟本地硬盘、安全认证、数据加密、级层管理等功能。如 Amazon EBS（Amazon elastic block store）专为 EC2 的计算实例提供额外的存储空间。用户可在 EBS 上创建 1GB～1TB 的存储卷到 EC2 计算实例的设备上，也可在同一实例上加载多个存储卷[17]。Amazon S3（simple storage service）是一种面向 Internet 的存储服务[18]。用户可通过它提供的 Web 服务界面，随时在 Web 上的任何位置存储和检索任意大小的数据。S3 将存储分为 6 个等级，并对每个等级根据每月的数据存储总量（GB）提供标准存储和去冗余存储（reduce redundancy storage）两种质量类型。前者数据存储的可靠性高达 99.999999999%，后者为 99.99%。Microsoft Windows Azure 也提供了 6 个等级两种冗余的质量类型[19]。其中，地域冗余是将数据存储在同一区域内的另一个子区域中，以提供最高级别的持久性；本地冗余是在单个子区域中提供持久、可用的存储。当然，不同的等级、不同的质量，其价格是不同的。对相同的质量等级，存储的总量越大，每单位存储的价格就越低。

3）网络传输实例

网络传输实例主要是配合虚拟机和虚拟存储空间为应用提供网络数据传输服务，具体实现是将一个物理的网络节点虚拟成若干个虚拟的网络设备，如交换机、负载均衡器等，同时进行资源管理。一般来说，为了实现数据的传输，用户在购买计算实例或存储服务时，也需要购买相应的网络传输服务。数据的传输包括数据的传入和传出。Amazon，Google 和 Microsoft 的云计算服务均提供了数据传输服务，并根据传入和传出的数据总量对数据传输收费，如表 1-3 所示。

表 1-3　Amazon（US Virginia 区）、Google（区域 1）和 Azure（区域 1）数据传出的价格

	Amazon(EC2/S3)				Google(GCE/GCS)			Microsoft Windows Azure			
等级/（TB/月）	<10	<40	<100	<350	<1	<9	<90	<10	<40	<100	<350
价格/（$ GB/月）	0.12	0.09	0.07	0.05	0.12	0.11	0.08	0.12	0.09	0.07	0.05

大部分数据传出的流量总是远高于数据传入的流量的。几乎所有的提供商都免费提供数据传入服务，而对数据传出至不同区域的服务收取不同的费用。为鼓励用户多购买数据传输服务，提供商设计了数据传出的“阶梯价格”，每月传出的数据总量越大，每单位的费率就越低。

云计算的计算实例、存储实例和网络传输实例实现了动态地划分和部署资源，满足了客户的动态需求，降低了系统的复杂度，提高了资源的利用率，并且使用统一的资源池管理，使数据更安全，给用户带来了多方面的好处。用户可以获得应用所需的足够多的计算能力，而且无须对支持这一计算能力的 IT 基础设施付出相应的原始投资成本。用户在需要时可以像购买服务一样购买这种计算能力，按使用付费即可，不用担心计算设备与资源的日常维护开销和闲置成本。

2. PaaS

PaaS 提供的是应用程序的托管平台服务，通常是面向开发人员的。它通常是一个应用程序框架，让开发人员在基础设施上构建并部署 Web 应用程序。如 Google App Engine（GAE）和 Amazon Elastic MapReduce（Amazon EMR）是典型的云计算平台服务。Amazon EMR 运行在 Amazon EC2 和 S3 上，按照每机器实例（machine-instance-hour）收费。GAE 运行在其基础设施 Google Compute Engine（GCE）上，按照每进程实例（process-instance-hour）收费[20]。尽管两者同属平台服务，但两者的收费模式不同，这是非常关键的。因为 EMR 可以并行运行几十个进程处理大规模数据，而不需担心费用的问题。但在 GAE 中，即使进程在等待 I/O 传输的过程中，费用仍在增长。这就意味着，同时运行的进程越多，等待的时间就越长，花费也会越高。因此，对 GAE 来说，更少的 CPU 消耗时间，等于更少的花费。这对于需要多线程处理多个 Web 请求的 Python 开发者来说，GAE 每进程实例的收费要比 EMR 每机器实例的收费昂贵[21]。

但从另一个角度来看，GAE 使开发者充分利用自己的 CPU，将主要精力放在优化 Web 程序上，而不是系统调优上。

当然，这是对收费模式的比较。在具体性能上，EMR 和 GAE 也各有优劣。首先，从存储的角度来看，GAE 严重依赖于 BigTable，它提供了一个 JPA&JDO 访问接口，但它不支持所有的 JPA&JDO 功能，特别是关系型数据库部分。而 EMR 支持 SQL 数据库，开发者可以在 EMR 中使用 Oracle，MySQL 等熟悉的关系数据库。其次，从运行维护的角度来看，GAE 很容易实现应用程序的维护和升级，一个程序可以拥有多个版本，每个版本都包括日志查看器和数据查看器等详细的管理面板。而在 EMR 中，所有维护和升级都必须由开发者亲自操作。再次，从开发限制的角度来看，GAE 受到平台的限制，它没有线程，提供的 SDK 也是受限的，有些类和功能不能使用，也不能写文件系统。而 EMR 提供了所有底层访问和控制权，开发者可自由地使用线程或写文件系统等应用。最后，从语言支持的角度来看，GAE 支持 Java 和 Python，任何可以转换成字节码、可在 JVM 上执行的任何编程语言都可以在 GAE 上运行。但如果开发者使用其他编程语言，最好选择 Amazon EMR。因为开发者可以在它的操作系统上安装语言运行的环境，也拥有几乎完整的硬件和操作系统控制权，而且，Amazon EMR 还托管了许多有趣的 C#，.NET，ASP.NET MVC/Visual Studio 项目。开发者可以根据自己的需求和预算，选择相对理想的开发平台。

3. SaaS

SaaS 提供了某些应用程序的使用，如 Amazon 的 SQS(simple queue service)。SQS 提供消息队列服务，是托管队列，增加不同任务应用在分布式组件之间的工作流，允许开发者移动数据而不丢失信息[17]。处于测试阶段的 Amazon SES（simple email sending）提供 Email 的收发服务；SWF（simple work flow）提供创建可扩展的、有弹性的应用程序工作流服务，用于整合应用程序组件的工作流；SNS（simple notification service）意在建立和借助 Push 机制发送来自云计算的通知，可用于网络中监视 Web 应用和时间敏感信息的升级；Amazon Cloud Search 为客户提供完全的云搜索服务，为用户的应用程序提供快速整合和高度扩展搜索功能。

Google 著名的应用程序服务 Google Apps 包括 Google Docs，Google Gmail，Google Calendar，Google Analytics 等，并且根据服务对象划分了不同的版本，如 Google Apps for Business，Google Apps for Education，Google Apps for Government 等[22]，已广泛应用在商业、教育和政府活动中。

Microsoft Office 365是 Microsoft 提供有关办公软件和商业软件的应用服务，其中包括基于网络的办公应用软件[23]，如 Word\Excel\PPT，支持 Email、通信和共享日历的 Exchange Online、用于共享和存储信息、文件和网页 Sharepoint、提供安全保障的 Forefront，提供声音、即时通信、视频、网络会议等功能的 Lync Interface。

云计算向用户提供了计算能力、平台和软件等的一条龙服务。它通过即付费即使用

（pay-per-use）的方式向用户出售这些强大的计算能力，大大地节约了用户在前期基础设施投资和后期管理维护的精力和成本，使资源的利用和工作的效率都得到了极大提高。

1.2　云计算的核心技术

从云计算的架构来看，按需部署是云计算的核心。要解决好资源和服务的按需部署，就必须解决好资源的动态可重构、监控和自动化部署等技术问题。云计算的核心技术不仅包括以资源虚拟化为基础的计算密集型技术，而且包括以分布式并行架构为基础的数据密集型技术。

1.2.1　虚拟化技术

虚拟化是将底层物理设备与上层操作系统、软件分离的一种去耦合技术。它通过软件或固件管理程序（hypervisor）构建虚拟层并对其进行管理，把物理资源映射成逻辑的虚拟资源，对逻辑资源的使用与物理资源相差很少或者没有区别。虚拟化的目标是实现 IT 资源利用效率和灵活性的最大化[24]。

虚拟化技术是实现云计算的核心技术。云计算提供商在虚拟化平台上，将服务器虚拟为多个可配置性能的虚拟机，单个服务器就可以支持多个虚拟机运行多个操作系统和应用，从而大大提高了服务器的利用率[14]，也可以根据资源实际使用的情况对资源池进行灵活分配和调度，并监控和管理集群系统中所有的虚拟机。因此，云计算的虚拟化技术主要分为物理资源池化和资源池管理两个层面。物理资源池化把物理设备由大化小，即将集群中的一个物理设备虚拟为多个性能可配的最小资源单位。资源池管理的对象是经过虚拟化后的最小资源单位，它按照一定的策略，根据池中资源使用的情况和用户请求资源的情况，灵活分配和调度资源，实现资源的按需分配。两个层面都可以解决诸如 SUN，IBM 的虚拟机与基于 X86 架构的虚拟化系统不兼容的问题。前者可以对不同架构的服务器和小型机进行虚拟化，将不同架构的资源池归于一个独立的组，针对不同的应用，分配特定的虚拟机资源。后者可以通过业务的定制和调度，通过管理融合不同架构的虚拟化平台，实现异构虚拟机的调度[15]。

1）物理资源池化

物理硬件设备的虚拟化主要是服务器、存储和网络等的虚拟化，分别解决不同角度的系统问题。

（1）服务器虚拟化。

服务器虚拟化是云计算中 IaaS 的基础技术，它可以使一台物理服务器虚拟成若干个同构的虚拟服务器来使用，同时对虚拟服务器的资源池进行管理。如多实例的服务器虚拟化、CPU 虚拟化、内存虚拟化、设备与 I/O 虚拟化等，从而实现云计算实例的相互隔离、资源的统一管理、故障的自动恢复、负载均衡和快速部署等功能。

云计算服务中提供的计算实例实际上就是服务器虚拟化的典型应用。所谓计算实例就是逻辑上的计算机，也就是运行中的虚拟机。提供商在这台虚拟机上预先配置包括 CPU、内存、硬盘和 I/O 总线等的计算资源，用户租用一台这样的虚拟机，就具有该虚拟机资源的完整访问权限，包括针对此虚拟机操作系统的管理员权限。例如，Amazon 的 EC2 为用户、开发人员提供了一个虚拟的集群环境，EC2 中的每一个实例代表一个运行中的虚拟机。用户租用的实际上是虚拟的计算能力或性能。EC2 按计算能力划分了 7 种实例类型 14 个等级，每个等级的计算能力情况如表 1-4 所示。

表 1-4　Amazon EC2 的计算实例

类别		内存/GB	EC2 计算单元（ECU）（虚拟内核）	本地实例存储/GB	平台总线/bit
标准实例（standard instances）	小型（默认）	1.7	1(1)	160	32～64
	中型	3.75	2(1)	410	32～64
	大型	7.5	4(2)	850	64
	超大型	15	8(4)	1690	64
微型实例(micro instances)	微型	613MB	2	EBS	32～64
高内存实例（high-memory instances）	超大型	17.1	6.5(2)	420	64
	双倍超大型	34.2	13(4)	850	64
	四倍超大型	68.4	26(8)	1690	64
高 CPU 实例（high-CPU instances）	中型	1.7	5(2)	350	32～64
	超大型	7	20(8)	1690	64
集群计算实例（cluster compute instances）	四倍超大型	23	33.5	1690	64
	八倍超大型	60.5	88	3370	64
集群 GPU 实例（cluster GPU instances）	四倍超大型	22	33.5ECU，2 × NVIDIA Tesla “Fermi” M2050 GPU	1690	64
高 I/O 实例（high I/O instances）	四倍超大型	60.5	35	2 × 1024 GB of SSD-based	64

ECU 是 EC2 Compute Unit。1 个 ECU 为 1.0～1.2 GHz 2007 Opteron or 2007 Xeon processor 的 CPU 性能。1 枚单核 CPU，相当于 1 个 ECU 的性能；1 枚 4 核 CPU，相当于 13 个 ECU 的性能；2 枚英特尔 4 核至强 X5570 CPU，相当于 33.5 个 ECU 的性能。后三种实例类型，即集群实例、集群 GPU 实例和高 I/O 实例的配置中，还提供 10Gbit/s 的以太网连接。

EC2 的实例等级多，性能高，可以满足不同层次的用户的需求。

（2）存储虚拟化。

存储虚拟化是云计算服务中提供存储实例应用的分布式技术。它实际上是一种将多个物理存储包装成单一逻辑单元的方法。它的核心工作就是实现物理存储设备到单一逻辑资源池的映射。一般地，它的虚拟对象是一些诸如磁盘、磁带、文件、文件系统或数据块等存储资源。其实现方式包括带内虚拟化（in-band virtualization），或称为对称存储池（symmetrical pooling）以及带外虚拟化（out-band virtualization），或称为非对称存储池（asymmetrical pooling）两种，如图 1-2 所示[25]。其中，带内虚拟是指数据流和控制流使用同一个通道，即在数据读写的过程中，在主机到存储设备的路径上实现虚拟存储，而在带外存储网络中这两者是分开的，即实现虚拟的功能部件（如软件或硬件）并不在主机到存储设备的访问路径上。通过存储虚拟化，可以为用户和应用程序提供虚拟磁盘或虚拟卷，并且可以根据用户需求对它进行任意的分割、合并、重组等，再分配给特定的主机或应用程序，为用户隐藏或屏蔽了具体物理设备的各种物理特性。因此，存储虚拟化主要具有以下功能和特点。

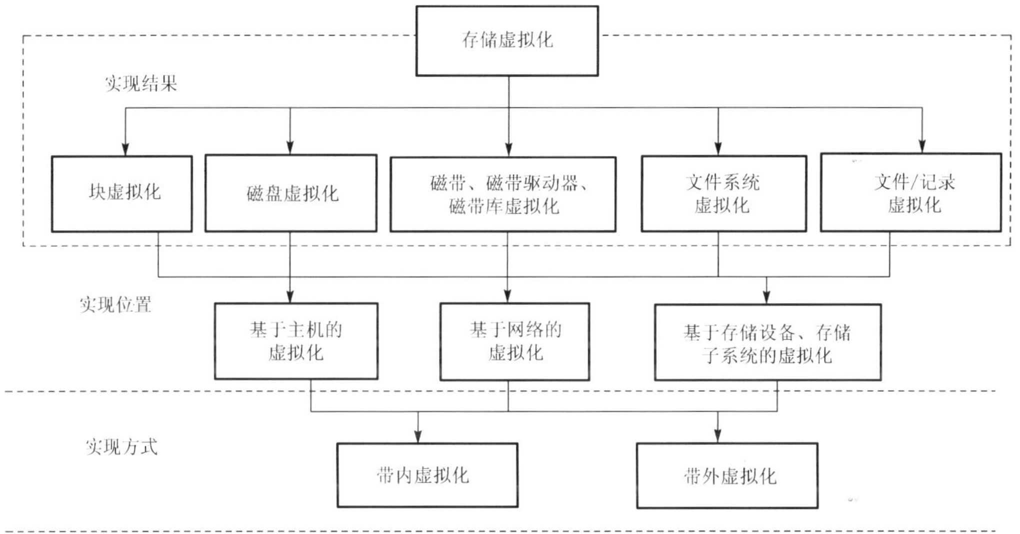

图 1-2 存储虚拟化实现的方式

① 集中存储：存储资源统一整合管理，集中存储，形成数据中心模式。

② 分布式扩展：存储介质易于扩展，由多个异构存储服务器实现分布式存储，以统一模式访问虚拟化后的用户接口。

③ 节能减排：服务器和硬盘的耗电量巨大，为提供全时段数据访问，存储服务器及硬盘不可以停机。但为了节能减排，需要利用更合理的协议和存储模式，尽可能减少开启服务器和硬盘的次数。

④ 虚拟本地硬盘：存储虚拟化应当便于用户使用，最方便的形式是将云存储系统虚拟成用户本地硬盘，使用方法与本地硬盘相同。

⑤ 安全认证：新建用户加入云存储系统前，必须经过安全认证并获得证书。

⑥ 数据加密：为保证用户数据的私密性，将数据存到云存储系统时必须加密，加密后的数据除被授权的特殊用户，其他人一概无法解密。

⑦ 级层管理：支持级层管理模式，即上级可以监控下级的存储数据，而下级无法查看上级或平级的数据。

大部分云计算提供商都应用了分布式的虚拟化存储技术提供云存储服务，如Google的应用托管服务、Oracle的数据存储服务、Amazon面向Internet的存储服务等。

（3）网络虚拟化。

网络虚拟化主要是配合虚拟机和虚拟存储空间为应用提供网络数据传输的云服务，具体实现是将一个物理的网络节点虚拟成若干个虚拟的网络设备，如交换机、负载均衡器等，同时进行资源管理。一般来说，用户在租用计算实例或存储服务时，也需要租用相应的网络连接服务，以传输数据。数据的传输包括数据的传入和传出。Amazon、Google和Microsoft的云服务均提供了数据传输服务，并根据传入和传出的数据总量对数据传输收费。大部分数据传出的流量总是远高于数据传入的流量的。因此，几乎所有的提供商都免费提供数据传入服务，而对数据传出至不同区域的服务收取不同的费用。

为鼓励用户多购买数据传输服务，提供商以“阶梯价格”来设计数据传出的费率，每月传出的数据总量越大，每单位的费率就越低。

2）资源池管理

资源池在云计算管理平台上实现统一管理、调度以及监控。资源池管理包括云计算管理平台的使用管理和维护管理，分为设备管理、资源管理、服务管理和租户管理四个层面[15]，如图1-3所示。

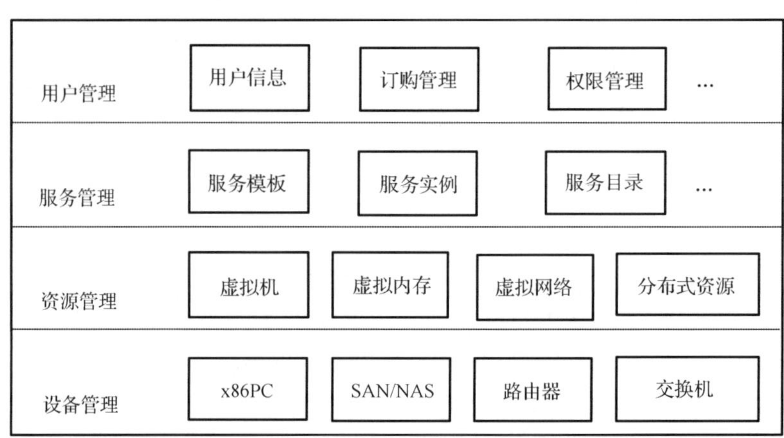

图1-3　云计算管理平台

（1）设备管理是管理云计算平台的硬件设备并提供警告功能，包括查询物理设备性能情况的日常维护和监控物理设备的关键指标，如应用服务器IO的情况、CPU、内存、硬盘、存储设备的空间及网络接口的使用率情况等。用户根据物理设备的实际配置，设置某一指标的监控阈值，系统就会自动地根据该指标的阈值启动对该指标的监控。

（2）资源管理是对虚拟资源的统一管理，不仅为各种应用程序灵活调度和分配虚拟资源，还包括虚拟资源的日常维护和监控应用虚拟机的关键指标，如 IO 情况、CPU、内存、硬盘、虚拟存储的空间及网络接口的使用率情况等。与设备管理类似，用户也可以根据虚拟资源的实际配置，设置某一指标的监控阈值，系统就会自动地根据该指标的阈值启动对该指标的监控。

（3）服务管理包括服务模板的管理、服务实例的管理和服务目录的管理等，是在虚拟资源的基础上，快速提供用户指定的操作系统、应用软件等软件资源。

（4）用户管理不仅管理用户对应的资源群，还对用户生命周期进行管理。用户资源群的管理内容包括管理资源的种类、数量和分布情况等，用户生命周期管理包括管理用户的申请、审核、正常、暂停和注销等。

云计算提供商用以上三种虚拟化的方式提供不同的模型服务，如表 1-5 所示。

表 1-5　代表性的云计算提供商虚拟化资源的方式

<table>
<tr><th></th><th>Amazon Web Service</th><th>Microsoft Azure</th><th>Google App Engine</th></tr>
<tr><td rowspan="2">计算模型</td><td>通过 Xen 虚拟机实现的 x86 指令集架构</td><td>Microsoft 通用语言运行环境 VM；在受控环境中执行的通用中间形式</td><td>基于 Web 的应用程序结构和框架；提供一些用 Python 编写的“处理器”，所有的持久状态存储在 MegaStore 中（Python 代码外）</td></tr>
<tr><td>弹性计算允许伸缩，但是开发者必须自己实现或者由第三方提供</td><td>机器的提供基于说明性描述（例如，可以复制哪个“角色”）；自动的负载平衡</td><td>自动向上或向下伸缩力和存储；网络和服务器允许故障转移；所有都与三层 Web 结构一致</td></tr>
<tr><td rowspan="4">存储模型</td><td>包括块存储方式（EBS）和键/值存储方式（SimpleDB）</td><td>SQL 数据服务（受限的 SQL Server）</td><td rowspan="4">MegaStore/BigTable</td></tr>
<tr><td>自动伸缩包括无伸缩和共享（EBS）和全自动伸缩（SimpleDB、S3），取决于使用的哪种模型</td><td rowspan="3">Azure 存储服务</td></tr>
<tr><td>一致性保证机制因存储模型的不同而不同</td></tr>
<tr><td>API 包括标准（EBS）和专有</td></tr>
<tr><td rowspan="4">网络模型</td><td>IP 层的拓扑结构规范；内部布局细节不可见</td><td rowspan="4">基于程序员对组件说明性描述（角色）的自动管理</td><td>适应三层 Web 程序结构的固定拓扑结构</td></tr>
<tr><td>安全组可以对允许通信的节点进行限制</td><td rowspan="3">向上和向下伸缩是自动的，并且是程序员不可见的</td></tr>
<tr><td>可用域提供了独立的网络故障抽象</td></tr>
<tr><td>弹性的 IP 地址提供了持续的可路由网络名称</td></tr>
</table>

云计算的虚拟化技术动态地划分和部署资源，满足了客户的动态需求，降低了系统的复杂度，提高了资源的利用率，并且使用统一的资源池管理，使数据更安全，给企业带来了多方面的好处。企业可以获得应用所需的足够多的计算能力，而且无需对

支持这一计算能力的 IT 基础设施付出相应的原始投资成本。企业在需要时可以像购买服务一样购买这种计算能力，按流量付费即可，不用担心计算设备与资源的日常维护开销和闲置成本。

1.2.2 分布式技术

分布式技术是将大量的机器整合成一台虚拟的超级计算机，提供海量的数据存储和处理事务。目前云计算的分布式技术包括分布式文件系统、分布式数据库系统、分布式计算编程模型 MapReduce 等。前两者属于分布式存储系统，分别负责海量非结构化的数据存储和结构化的数据存储。后者提供海量数据处理的编程方法和运行环境[15]。如 Google 的分布式并行架构让数以百万计的廉价计算机协同工作来提供海量的数据存储和处理事务，包括分布式文件系统 GFS（Google file system）负责实现海量数据的分布式存储、分布式数据库系统 Bigtable 负责实现海量结构化数据的存储、MapReduce 编程模型负责实现大型任务的分解和基于多台计算机的并行计算。此外，互联网运营商还使用了基于 Key/Value 的分布式存储引擎，用来实现无数的小存储对象的快速存储和访问。

1）分布式存储系统

云计算的分布式存储系统是建立在大规模服务器集群的基础上的，提供了海量数据的存储，实现多用户同时访问系统，兼容上层应用的开发，支持创建、删除、打开、关闭、读写文件等日常操作。

（1）分布式文件系统。

以 Google 的 GFS 为代表的云计算的分布式文件系统服务是专为特定的海量大文件存储应用而设计的。文件系统中设有一对主机和供应用程序访问系统的专用应用编程接口 API。主机是系统的主节点，主机内存保存所有文件的元数据信息，内存的大小决定了系统所能支撑的文件数，100 万个文件的元数据大约需要 1GB 的内存。在云计算的存储应用中，文件数以亿计，对内存的要求非常高，且文件的读写操作都要通过访问主机来实现，主机的响应速度直接影响着系统的 IOPS（每秒读入输出的次数）。

为了解决对主机的高依赖性，GFS 和 HDFS 都采取了一些优化策略。首先，利用在客户端缓存访问过的元数据方法，转移部分访问以减少对主机的访问频次。当应用程序访问系统时，不直接访问主机，而是先在客户端（Client）查找元数据。如果没有找到该元数据，再访问主机，从而减少对主机的访问，降低主机的负荷。其次，采用了高性能的固态硬盘，将元数据信息存放在主机的硬盘中，并在内存中进行缓存，有利于提升硬盘的可靠性并解决了元数据规模过大的问题。再次，采用 1 主多备的方式。主用主机（Master，或称为主控机，主服务器）存储全部的元数据，供系统进行改写访问，备用主机（或称为工作机，数据块服务器）存储数据，供只读访问（一般来说，对数据的读操作多于写操作），并根据主用主机的指令进行数据存储、迁移和计算等，有利于提高系统的整体性能，如图 1-4 所示[26]。

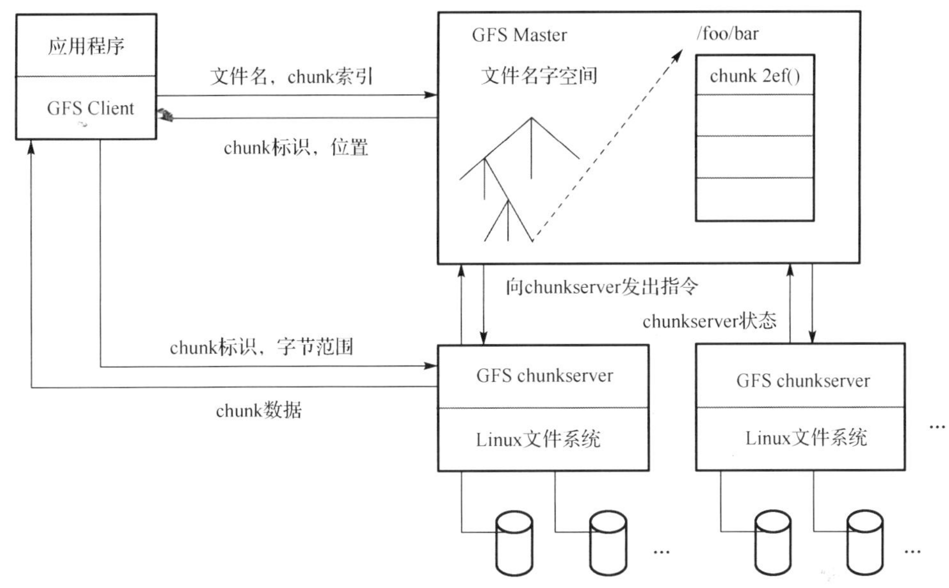

图 1-4　GFS 分布式文件系统的架构

GFS 将文件按照固定大小进行分块（大小默认是 64MB），每一块称为一个 chunk（数据块），每个 chunk 都有一个对应的索引号（Index）。为了避免大量的读操作使 Master（主用主机）成为系统的瓶颈，当客户端访问 GFS 时，客户端不直接通过 Master 读取数据，而是首先访问 Master 的文件名字空间（Namespace）获取目标 chunk 的位置信息和将要与之进行交互的 chunkserver（备用主机）信息，然后直接与 chunkserver 交互进行读操作。这样，GFS 实现了控制流和数据流的分离。客户端与 Master 之间只有控制流，没有数据流，大大地降低了 Master 的负载。而且，文件被分成多个 chunk 进行分布式存储，客户端可以同时访问多个 chunkserver，从而使得整个系统 I/O 高度地并行，系统整体性能得到提高[24]。

为了保证数据的可靠性，GFS 文件系统采用冗余存储的方式，在系统中为每份数据保存 3 个以上的备份，其中两份拷贝在同一机架的不同节点上，以充分利用机柜内部带宽，另外一份则拷贝存储在不同机架的节点上。为了保证数据的一致性，对于数据的所有修改需要在所有的备份上进行，并采用版本号的方式来确保所有的备份处于一致的状态。

分布式文件系统将容错的任务交给了文件系统来完成，利用软件的方法解决了系统可靠性问题，为云计算提供了海量存储，大大降低了存储的成本，无论是作为研究和开发的存储平台，还是作为生产系统的数据处理平台，都得到了广泛的应用[27]，成为云计算 SaaS 的典型。

（2）分布式数据库系统。

分布式文件系统是针对海量的非结构化数据的存储和处理，如办公文档、文本、图片、图像、音频和视频等。而许多云计算的应用还需要管理大量的结构化和半结构化的数据。为支持海量的结构化数据的存储和处理事务，面向海量数据管理的需求，Google 开发了分布式的结构化数据存储系统 Bigtable[28]，设计了基于元数据的分割和合并管理机制，使系统根据数据量自动调整资源用量，具有自动伸缩的功能，简化了数据管理系统的设计，提高了数据管理的性能，其基本架构如图 1-5 所示[24]。

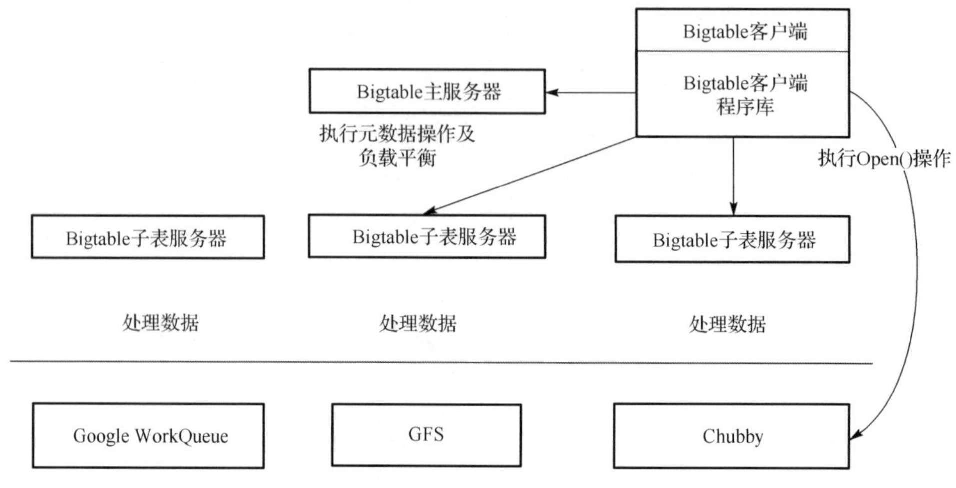

图 1-5　Bigtable 基本架构

Bigtable 依赖于集群系统的底层结构，一个是分布式的集群任务调度器，负责故障的处理和监控；一个是前述的 GFS 文件系统，负责保存字表数据及日志；还有一个是分布式的锁服务 Chubby，负责元数据存储及主服务器的选择。Bigtable 包括客户端程序库（Client Library）、一个主服务器（Master Server）和多个子表服务器（Tablet Server）三个主要的组件组成。与 GFS 分布式文件系统一样，实际的数据是存储在子表服务器上的，主服务器主要进行一些元数据的操作以及子表服务器之间的负载调度，包括为子表服务器分配字表、检测新加入的或过期失效的子表服务器、对字表服务器进行负载均衡以及对保存在 GFS 上的文件进行垃圾收集等[29]。每个子表服务器都管理一个子表的集合（几十至上千个子表），并负责处理这些子表的读写操作和分割工作。客户访问 Bigtable 时，首先执行 Open( )操作来开锁（Chubby），获得目标数据的位置信息，之后客户程序直接和子表服务器通信进行读写操作。客户端读取数据都不经过主服务器，客户程序几乎不需要和主服务器通信，使主服务器的负载大大降低。

Bigtable 的分布式存储架构可以根据需要，随时加入或撤销服务器，使系统具有较强的可扩展性、可用性和广泛的适用性。

2）分布式计算编程模型 MapReduce

MapReduce 是 Google 开发的 Java，Python，C++编程模型，它是一种简化的分布式编程模型和高效的任务调度模型，也是一个处理和生成超大数据集的算法模型的实现。MapReduce 架构的程序能够在大量普通配置的计算机上实现并行化处理[30]，实现输入数据的分割，调度集群中的大量计算机，处理集群中计算机的错误，管理集群中计算机之间必要的通信。云计算大部分采用 MapReduce 的编程模式。MapReduce 的思想是将要执行的问题分解成 Map（映射）和 Reduce（化简）两个阶段[31]。用户首先创建一个 Map 函数处理一个基于 key/value pair 的数据集合，输出中间的基于 key/value pair 的数据集合；然后再创建一个 Reduce 函数用来合并所有的具有相同中间 key 值的中间 value 值，如图 1-6 所示为 MapReduce 的执行流程[32]。

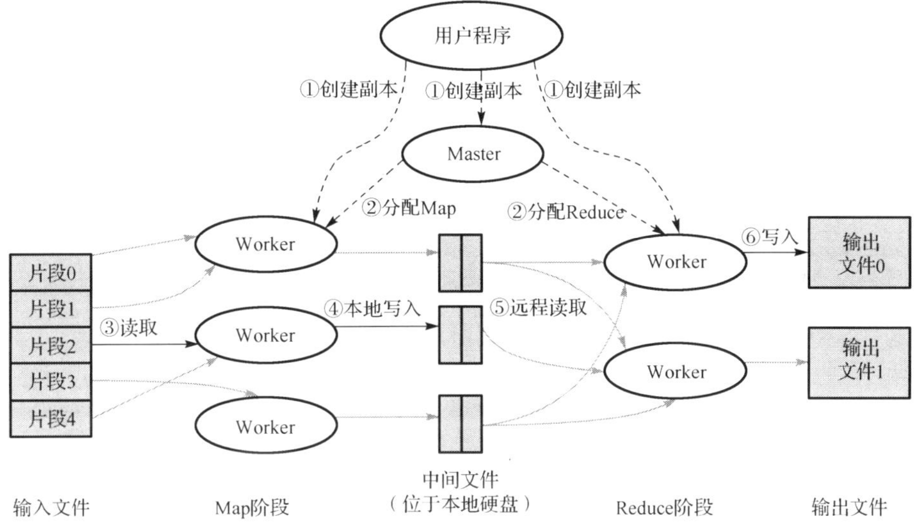

图 1-6 MapReduce 的执行流程

（1）用户程序首先调用 MapReduce 库，把输入文件分成 M 个数据片段，片段的大小为 16～64MB（通过可选的参数来控制）。然后用户程序在集群中创建大量的程序副本。

（2）所创建的大量程序副本中有一个特殊的程序 Master（主控程序），其他程序副本都是由 Master 分配任务的 Worker（工作机）。Master 存储每一个 Map 和 Reduce 任务的状态（空闲、工作中或完成），将任务分配给空闲的 Worker，并存储这些非空闲任务状态的 Worker 标识。总共有 M 个 Map 任务和 R 个 Reduce 任务需要分配。

（3）被分配了 Map 任务的 Worker 读取相关的输入数据片段，从输入的数据片段中解析出键值对（key/value pair），然后把 key/value pair 传递给用户定义的 Map 函数。由 Map 函数生成并输出一组中间 key/value pairs，缓存在内存中。

（4）缓存中的 key/value pairs 被分区函数分成 R 个区域，并周期性地写入到本地磁盘中，其在本地磁盘中的存储位置将被传回给 Master，由 Master 负责把这些信息再传送给 Reduce Worker。

（5）当 Reduce Worker 接收到 Master 发来的数据存储位置信息后，远程读取 Map

Worker 磁盘上的中间 key/value pairs 数据。根据数据的 key 值对数据排序，使 key 值相同的数据聚合在一起。

（6）Reduce Worker 将每个唯一的 key 值及其 value 值集合起来，传递给用户自定义的 Reduce 函数。Reduce 函数的输出被追加到所属分区的输出文件中（每个 Reduce 任务产生一个对应的输出文件，共 R 个）。一般来说，用户不需要将这 R 个输出文件合并成一个文件。他们可以把这些文件作为另外一个 MapReduce 的输入，也可以在其他可以处理多个分割文件的分布式应用中使用。

当所有的 Map 和 Reduce 任务都完成之后，Master 唤醒用户程序。此时，MapReduce 返回用户程序的调用点。Master 在整个过程中就像是一条数据管道。管道的两头是 Map 和 Reduce。存储中间文件 key/value pairs 的位置信息从管道的一头 Map 传递到另一头 Reduce。对每个 Map 任务，Master 存储 Map 任务所产生的 R 个中间文件存储区域的大小和位置信息，并将这些信息逐步地传递给正在工作的 Reduce 任务。

MapReduce 编程模型具有很强的容错性。当 Master 失效时，MapReduce 使用检查点（checkpoint）的方式周期性地将 Master 的数据结构写入磁盘，作为一个检查点。如果该 Master 失效了，可以从最近的一个检查点开始启动另一个 Master 程序继续运行。当 Worker 失效时，Master 就将所有由该 Worker 执行的 Map 或 Reduce 任务重新分配给其他 Worker。MapReduce 封装了并行处理、容错处理、数据本地化优化、负载均衡等技术细节，使那些没有并行计算和分布式处理系统开发经验的程序员也能有效利用分布式系统的丰富资源。且 MapReduce 能灵活部署和运行在大型的计算集群上，提高了集群上的丰富计算资源的利用率，适合用来解决像云计算这样一种要处理大量计算的问题。

分布式技术使云计算实现了更大范围的资源共享（包括硬件、软件和数据等资源），并能使云计算可以在多台计算机上平衡计算负载，使云计算具有良好的伸缩性和容错性，从而被广泛应用和接受。

1.2.3　浏览器技术

云计算就是通过网络将计算资源以服务的形式提供给用户。用户的数据存放在远程的云计算数据中心。用户随时随地都可以通过互联网，使用终端设备的浏览器连接到云计算的数据中心访问和处理这些数据。云计算使 IT 产业从以操作系统为核心的时代，转移到了以 Web 为核心的时代。云计算的所有应用都是通过浏览器执行的。终端设备只要有一个简单的操作系统和完整功能的浏览器，就可以使用到云计算的各种服务。云计算进一步提升了浏览器的重要地位。正如谷歌大中华区前任总裁李开复所说的“未来 95%的工作都将在浏览器中完成”[33]。

事实上，人们平时通过浏览器上网的行为就是使用云计算的行为，如 Google Apps 等服务，用户只需要通过浏览器连接到 Google，所有的存储和计算都在 Google 的服务器上。浏览器的功能主要是将用户选择的 Web 资源（通常是 HTML，PDF，Image 或其他格式）呈现出来。用户用统一资源标识符（uniform resource identifier，URI）来指定所请求资源的位置，浏览器负责向服务器请求资源，并将结果显示在浏览器的窗口中。目前主流的浏览器是 IE，Opera，Firefox，Safari 和 Chrome（目前总市场占有率已超过 98%，其中 IE 占 30.78%、Opera 占 1.26%、Firefox 占 21.89%、Safari 占 7.92%、Chrome 占 36.42%[34]）。为了使浏览器间相互兼容，W3C 的 HTML 规范和 CSS 规范指定了浏览器解释和显示 HTML 文件的方式，使浏览器具备了统一的基本架构，如图 1-7 所示[35]。

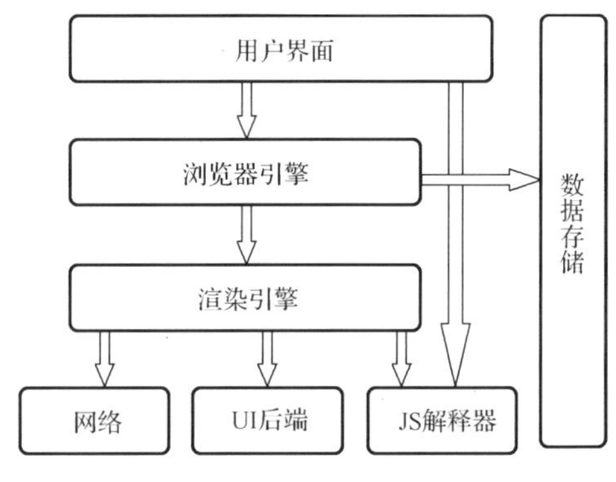

图 1-7　浏览器的基本架构

（1）用户界面。用户界面（user interface，UI）即浏览器所显示的除主窗口外的其他部分，包括输入 URI 的地址栏、前进和后退的按钮、书签菜单、刷新按钮和停止按钮、返回主页的按钮等。主窗口是用来显示用户请求的页面的，主窗口之外的其他部分都属于浏览器的用户界面。

（2）浏览器引擎。浏览器引擎（browser engine）是查询及操作渲染引擎的接口，在用户界面和渲染引擎之间传送指令。

（3）渲染引擎。渲染引擎（rendering engine），或称呈现引擎，负责显示请求的内容。如果请求的内容为 HTML，它就负责解析 HTML 及 CSS 内容，并将解析的结果显示出来，是浏览器最核心的部分。因此，渲染引擎又称为浏览器内核。

（4）网络。网络（networking）用来完成网络调用，例如，HTTP 请求，它具有平台无关的接口，为所有平台提供底层实现。

（5）用户界面后端。用户界面后端（UI backend）用来绘制如组合框和窗口的基本窗口小部件，显示非平台特定的通用接口。在底层使用操作系统的用户界面方法。

（6）JS 解释器。JS 解释器（JavaScript interpreter）用来解析和执行 JavaScript 代码。

（7）数据存储。数据存储（data persistence）这是持久层。浏览器需要在硬盘上保存各种数据，例如，Cookie。HTML 规范（HTML5）定义了“网络数据库”，这是一个浏览器内的轻量级完整的数据库。

渲染引擎的作用是在浏览器的屏幕上显示请求的内容，因此，渲染引擎决定了浏览器显示的网页内容和页面格式。默认情况下，它可以显示 HTML 文档、XML 文档和图片。如需显示其他类型的内容，则需额外安装浏览器的插件或扩展程序，如 Flash 插件可显示多媒体数据、PDF 查看器插件可以显示 PDF 文档等。

但不同浏览器的渲染引擎对网页编写语法的解析不同，因此，即使是同一网页的内容，在不同的渲染引擎的渲染下，其展示的效果也可能不同。目前市场上主流的浏览器渲染引擎有 Trident，Gecko，Presto 和 Webkit。IE 浏览器使用的是 Trident 内核，Firefox 浏览器使用的是 Gecko 内核，Operat 使用的是 Presto 内核，Safari 浏览器和具有"云计算时代的 Windows Explorer"[36]之称的 Chrome 浏览器使用的是 Webkit 内核，使 Chrome 具有稳定、安全、快速和有效率的用户界面的特点，为云计算的发展和普及提供了较好的应用基础。

1.2.4　云计算与其他计算模式

在云计算刚出现之初，很多研究者试图将其与其他的计算模式联系起来。在定义上，云计算的定义与许多已有的技术有重叠，如集群、网格计算、效用计算、服务计算，以及一般意义上的分布式计算。云计算是网格的发展，并且依赖于网格的技术和基础设施支持。这种发展是将注意力从传递计算力和存储的基础设施向传递更多抽象资源和服务的基于经济考虑的目标转移的结果。效用计算通常使用其他的计算基础架构（如网格）加上其他的会计和监测服务实现。对于效用计算来说，云计算不是一种新的计算基础架构，而是一种将计算资源，如计算力和存储资源打包计量的商业模式。一个云架构可以在一个公司内部使用，或者作为效用计算显露给外部。

粗略地看，云计算似乎是集群、网格和诸多计算的结合。但实际上并非如此。云计算显然是一种拥有通过虚拟机等管理程序虚拟的节点，动态地按需提供个性化的资源集合以满足特定的服务水平协议的下一代数据中心。表 1-6 列出了集群、网格和云的关键特征。图 1-8 显示了云计算和其他计算架构的关系的概貌。Web 2.0 几乎涵盖了基于服务的应用程序和所有方面，云计算位于大规模计算的区域，超级计算和集群计算则更加专注于传统的非基于服务的应用程序，网格计算包含所有这些方面，只是相对于超级计算和云计算来说规模相对较小。

表 1-6　集群、网格和云计算的关键特征

特征	集群	网格	云计算
组成	普通计算机	高端计算机（服务器、集群）	普通计算机和高端计算机以及在线存储
容量/可伸缩性	100s	1000s	100～1000s
节点操作系统	标准操作系统（Windows 或者 Linux）	标准操作系统（由 Linux 主导）	运行在管理程序（VM）上的多系统
所有权	单一	多个	单一
内部网络和联接速度	低延迟、高带宽的专有联接	大部分者是高延迟低带宽的因特网连接	低延迟、高带宽的专有联接

续表

特征	集群	网格	云计算
安全性/隐私	传统的用户名/密码验证。中等程度的隐私，依赖于用户的权限	基于公钥/私钥对的认证，将用户映射到一个账户。对隐私的支持有限	每一个用户/应用程序都有虚拟机提供。保证高度的安全性和隐私。支持设置针对文件的访问控制列表（ACL）
获取	成员服务	集中的索引和分散的信息服务	成员服务
服务协商	有限	基于 SLA	基于 SLA
用户管理	集中的	分散的，基于虚拟组织（VO）	集中的并能由第三方代理
资源管理	集中的	分布的	集中的/分布的
分配/计划	集中的	分布的	两者都有
标准性/互操作性	基于虚拟界面架构	一些开放的网格标准	Web 服务（SOAP 和 REST）
性能	稳定和有保证的	不稳定但是很高	按需要提供
故障管理	有限的（通常故障的任务/程序被重启）	有限的（通常故障的任务/程序被重启）	高度支持容错和数据冗余。虚拟机可以轻易地从一个节点转移到另一个节点
服务定价	有限的，非开放市场	由公共利益主导或私下指派	按使用收费
交互工作	一个组织内部的多个集群	采用较少，有一些研究工作如 GridBus InterGrid	有很大发展潜力，第三方解决方案能够轻松将不同云的服务连接起来
主要应用	科研、商业、企业计算，数据中心	合作性的科研和高流量计算程序	Web 应用程序和内容传递
成立第三方和附加价值服务的潜力	僵硬的架构带来的限制	科研计算定位带来的限制	很有潜力——可以作为云计算与用户的中介增加附加价值服务

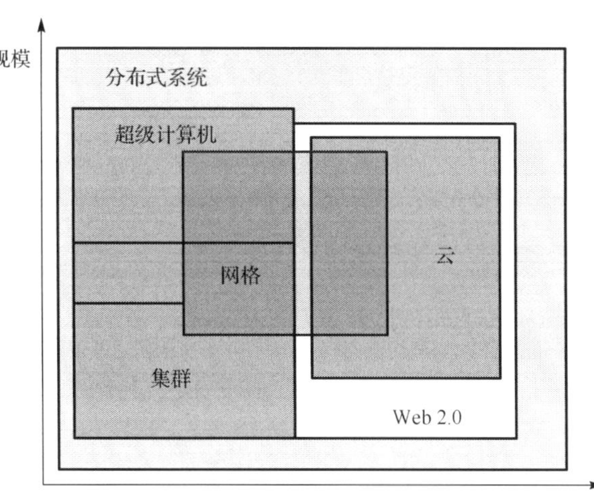

图 1-8　云计算与其他计算架构关系概貌

1.3　云计算服务质量的挑战分析

云计算具有很多优势，但也有很多问题困扰着提供商和用户[37]。Amazon 的 EC2 和 S3、Google 的 App Engine、微软的 Azure 和 Salesforce.com 等都出现过不同程度的故障、从而被迫中断服务多次[38]。云计算被宣传为安全可靠的工具，但是多次云服务中断的事件，似乎动摇了用户对云服务的信心。事实上，用户的担心并非不无道理。早在 2008 年 10 月，互联网数据中心（Internet Data Center，IDC）就发布了关于云计算所面临的挑战的调查数据[39]，如图 1-9 所示。国内 CSDN 对云计算应用所存在的问题进行了调查[40]，如图 1-10 所示。这些数据均直接反映了人们对云服务的担忧，表达了人们对云服务质量的不满。

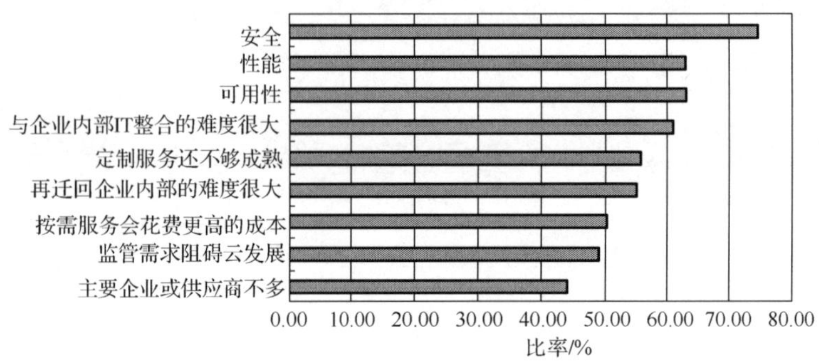

图 1-9　IDC-云计算面临的挑战的调查数据

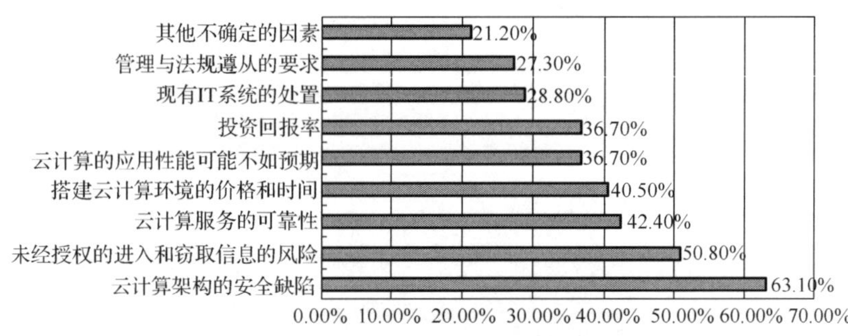

图 1-10　CSDN-云计算应用存在的问题

云计算发展的确还存在一些有待解决的问题，Michael Armbrust 等指出发展云计算 10 大障碍的同时，也指出了解决这些障碍的方法和机遇[13]，如表 1-7 所示。

表 1-7　云计算发展的 10 大障碍与机遇

障碍	机遇
服务的可用性	使用多个云提供商的服务，用弹性来阻止分布式拒绝服务（distributed denial of service，DDOS）
数据锁定	标准化 APIs、使用兼容的软件以促进过负荷计算

续表

障碍	机遇
数据机密性及审计能力	实施加密技术、虚拟局域网和防火墙、区域的数据存储等
数据传输瓶颈	快存磁盘、数据备份/归档、更高带宽的交换机
性能不可预测性	改善 VM 支持、闪存，联合调度多个虚拟机
存储的可扩展性	开发可扩展的存储器
大型分布式系统的缺陷	开发依赖于分布式虚拟机的调试程序
快速伸缩	开发依赖于机器语言的自动定标器及保存快照
信誉共享	提供信誉报警服务，如提供 Email
软件许可	提供按使用付费的许可证服务，大使用量销售

总的来说，云计算面临的挑战主要体现在以下几个方面。

（1）安全和隐私。由于用户没有直接控制权，安全就意味着交付云计算的基础设施可能会泄露用户的信息。云计算提供商支持加密、用户名和密码级别的安全，甚至基本的身份管理。但人们依然不愿意将机密性的资料交由第三方管理，包括国家机密、商业机密等。

（2）控制权。用户使用云计算提供商的服务，放弃了对 IT 基础设施的控制权。这对用户来说，无疑增加了依赖其他公司的风险。

（3）成本。尽管具有成本效益，很多人仍然认为云计算并非真正地具有成本效益。在一些情况下，长期使用云端的应用程序比用户自身拥有的应用程序的成本还要高。

（4）开放性。很多云平台事实上都是专有的。目前云计算提供商间还缺乏统一的标准。用户有时候很难将在一个提供商平台上编写的系统迁移到另一个提供商的平台或自身的平台上，即使可以迁移，也要付出过高的成本。

（5）服务等级协议。服务等级协议描述了云提供商和云用户间有关服务、优先等级、责任、义务及承诺等条款。很多云服务提供商却还没有提供这样的服务等级协议。

1.4　基于 SLA 的云计算服务质量的保证措施

面对服务质量带来的种种挑战，提供商要在技术上加强提供服务的能力，如构建健壮的服务平台，建立和管理基础设施，研究数据分布计算技术和高效的、可靠的、可扩展并自动支持异地随时按需存取的在线数据访问服务等。但这还远远不够，还必须在其他方面加以管理和约束，克服提供商自身所存在的缺陷，提高用户对服务质量的满意度。云计算环境下，提供商引入了电信管理领域的服务等级协议，从管理上制定了保证服务质量的措施——云计算服务等级协议。

云计算服务等级协议（service level agreement for cloud computing，SLA）是云计

算提供商和用户之间为保证服务质量而签署的一份关于服务内容、双方的责任与义务、质量水平与价格等服务细节的协议[4]，用于约定服务质量的指标及服务双方的职责。它明确了与 QoS 有关的一些定义，量化了 QoS 的指标，避免对 QoS 的标准存在歧义。

云计算服务质量的维度很多，包括服务的可用性、安全性、可扩展性、灵活性、响应时间、CUP 性能、虚拟硬盘的大小、速度、延迟、计算频次、应用程序的周转时间、负荷能力、准确性及带宽等。Amazon，Google 及 Microsoft 等云计算服务提供商均把云计算的服务可用性作为衡量云计算 QoS 的关键维度。他们把云计算的服务可用性描述为“服务或组件在一定的时间点或时间段内提供所需功能的能力”[41]。从这个定义可以看出，服务可用性是一个抽象的概念，它不能直接观测、测量，而是由某时间段内服务正常运行时间的百分比来反映的。如 Google 的云计算服务、Amazon EC3 和 S3 服务正常运行时间百分比的计算办法分别如式（1-1）～式（1-3）所示。

$$\text{每月正常运行时间百分比} = \frac{\text{月历的总分钟数} - \text{月历中停机期的总分钟数}}{\text{月历的总分钟数}} \times 100\% \quad (1\text{-}1)$$

$$\text{年度正常运行时间百分比} = 100\% - \text{一年内区域不可用状态持续5 min的百分比} \quad (1\text{-}2)$$

$$\text{每月正常运行时间百分比} = 100\% - \text{出错率} \quad (1\text{-}3)$$

当然，不同的服务提供商，其具体测量服务可用性的变量和计算办法各有不同。但通过 Google 和 Amazon 的计算办法可以归纳服务正常运行时间的百分比的总计算公式，如式（1-4）所示。

$$\text{服务正常运行时间的百分比} = \frac{\text{服务正常运行的总时间} - \text{服务中断的总时间}}{\text{服务正常运行的总时间}} \times 100\% \quad (1\text{-}4)$$

云计算服务提供商将衡量服务质量的服务可用性维度及其计算办法，明确地列在提供商和用户所签订的服务等级协议中，以统一的 QoS 测量标准。

SLA 除在不同用户间实现统一测量 QoS 的标准外，还明确了提供商对服务可用性的承诺。如 Google Apps SLA 明确使用每月执行时间的百分比来描述服务可用性，并承诺每月正常运行时间的百分比为 99.9%。该承诺的每月正常运行时间百分比即是提供商所应履行的职责。这有助于用户提前了解提供商的 QoS 能力及水平，树立客观、合理的期望，缩小用户在使用前对 QoS 的期望与使用后对 QoS 感知间的差异。

然而，承诺的服务质量与最终实现的服务质量往往是有差距的。尽管 Google Apps 单方面承诺每月执行时间的百分比为 99.9%，但在实际交付使用的过程中，由于 Google Apps 多次遭遇了服务中断的情况，使得其可靠性往往无法实现 99.9%。而且，提供商实现的服务质量与客户感知到的服务质量之间也是有差距的。因此，SLA 还需明确双方评价服务质量的细则，避免双方对服务质量的误解和因此产生的纠纷，保证客户方面的服务质量，或保证服务质量在不达约定标准的情况下，客户所能获得提供商的赔偿。如 Amazon EC2 SLA 中描述“保证 Amazon EC2 每年正常运行时间的百分比不低于 99.95%，如果 EC2 没有实现承诺，客户将获得 10%的服务折扣”。在云计算服务中，提供商一般使用服务折扣（service credit，或称为服务折抵）来代替服务赔偿。表 1-8 描述了 Google，Amazon 和 Microsoft 的云计算 SLA 中服务可用性的测量变量、质量水平等级及服务折扣等级。

表 1-8　云计算服务等级协议的质量水平及服务折扣等级

<table>
<tr><th colspan="2">服务质量 / 云计算 SLA</th><th>测量变量</th><th>服务质量等级</th><th>服务折扣程度</th></tr>
<tr><td rowspan="8">Google</td><td rowspan="4">Apps SLA/
GCS SLA</td><td rowspan="4">每月正常运行时间百分比</td><td>等级 0——99.9%以上</td><td>0</td></tr>
<tr><td>等级 1——99.0%～99.9%</td><td>折抵 3 天的服务费用</td></tr>
<tr><td>等级 2——95%～99.0%</td><td>折抵 7 天的服务费用</td></tr>
<tr><td>等级 3——95.0%以下</td><td>折抵 15 天的服务费用</td></tr>
<tr><td rowspan="4">GAE SLA/
GCE SLA</td><td rowspan="4">每月正常运行时间百分比</td><td>等级 0——99.95%以上</td><td>0</td></tr>
<tr><td>等级 1——99.0%～99.95%</td><td>折抵 10%的服务费用</td></tr>
<tr><td>等级 2——95%～99.0%</td><td>折抵 25%的服务费用</td></tr>
<tr><td>等级 3——95.0%以下</td><td>折抵 50%的服务费用</td></tr>
<tr><td rowspan="5">Amazon</td><td rowspan="2">EC2　SLA</td><td rowspan="2">年度正常运行时间百分比</td><td>等级 0——99.95%以上</td><td>0</td></tr>
<tr><td>等级 1——99.95%以下</td><td>折抵 10%的服务费用</td></tr>
<tr><td rowspan="3">S3 SLA</td><td rowspan="3">每月正常运行时间百分比</td><td>等级 0——99.9%以上</td><td>0</td></tr>
<tr><td>等级 1——99%～99.9%</td><td>折抵 10%的服务费用</td></tr>
<tr><td>等级 2——99%以下</td><td>折抵 25%的服务费用</td></tr>
<tr><td rowspan="9">Microsoft
Windows
Azure</td><td rowspan="3">Storage</td><td rowspan="3">每月正常运行时间百分比</td><td>等级 0——99.9%以上</td><td>0</td></tr>
<tr><td>等级 1——99.0%～99.9%</td><td>折抵 10%的服务费用</td></tr>
<tr><td>等级 2——99%以下</td><td>折抵 25%的服务费用</td></tr>
<tr><td rowspan="6">Compute</td><td rowspan="3">每月联机可用时间百分比</td><td>等级 0——99.95%以上</td><td>0</td></tr>
<tr><td>等级 1——99.0%～99.95%</td><td>折抵 10%的服务费用</td></tr>
<tr><td>等级 2——99%以下</td><td>折抵 25%的服务费用</td></tr>
<tr><td rowspan="3">每月角色执行个体执行时间百分比</td><td>等级 0——99.9%以上</td><td>0</td></tr>
<tr><td>等级 1——99.0%～99.9%</td><td>折抵 10%的服务费用</td></tr>
<tr><td>等级 2——99%以下</td><td>折抵 25%的服务费用</td></tr>
</table>

表 1-8 中，Google Apps SLA 和 GCS（Google cloud storage）SLA 明确了测量服务可用性的变量是每月正常运行时间百分比，其计算办法见式（1-1）。此外，Google Apps SLA 和 GCS SLA 还规定了服务的 4 个等级。等级 0 为承诺的质量水平，即每月正常运行时间的百分比为 99.9%，此时，提供商履行承诺，不存在服务赔偿问题。等级 1～3 为未达到承诺的水平，其服务折扣随着具体实现的质量水平变化，反映了赔偿力度的高低。如等级 1 为每月正常运行时间的百分比处于 99.0%～99.9%的情况，此时，用

户可获得 3 天免费使用服务的赔偿。同理，等级 2 为实现的质量水平在 95.0%～99.0%的情况，用户可获得 7 天免费使用服务的赔偿。等级 3 为实现的质量水平低于 95.0%的情况，此时，用户可获得 15 天免费使用服务的赔偿。

与 Google Apps 和 GCS 不同，GAE，GCE 及 Amazon，Microsoft 等的云计算 SLA 的服务赔偿时折抵服务费用百分比的形式。如 GAE 所实现的服务质量等级低于 95%，则用户可获得的赔偿是，折抵 50%的服务费用。如在 95%～99%，则可以折抵 25%的服务费用。

显然，不管是折抵服务费用，还是折抵免费服务的天数，它们在本质上是一致的。3 天的免费服务即免交 3 天的服务费用，以每个月 30 天来计算，豁免 3 天的费用即 10%的服务费用折扣。

正因为云计算具有许多优势，且用户可通过服务等级协议获得服务质量的保证。云计算因此受到了极大的欢迎和好评。它在科学研究领域、医学、网络安全、互联网和图形图像处理等领域都有着广泛的应用前景[42]。其中，科学研究领域的应用包括地震监测、海洋信息监控和天文信息计算处理等[43]；医学领域的应用包括 DNA 信息分析、海量病例存储分析和医疗影像处理等[44]；网络安全的应用病毒库存储和垃圾邮件屏蔽等；互联网的应用包括 Email 服务、在线实时翻译和网络检索服务等；图形图像处理方面的应用包括动画素材存储分析、高仿真动画制作和海量图片检索等。这些领域都利用云计算强大的、高性能的计算能力及其低廉的成本，提高本领域的工作效率，促进领域的创新和发展。

图书馆向来都是新技术的最早采用者之一。在云计算的应用上也不例外。云计算的服务等级协议，有利于图书馆获得有保证的云计算的服务质量。目前，图书馆在云计算上已有了初步的应用，包括租用的各种 IaaS，PaaS 和 SaaS 实例，以及构建专门的基于云计算的图书馆服务管理平台。其中，租用云计算的解决方案如 OhioLINK（俄亥俄州图书馆咨询系统）和 DCPL（哥伦比亚特区公共图书馆）[45]、PITT（美国匹兹堡大学）图书馆[46]、EKUL（东部肯塔基大学图书馆）[47]和 Caltech（加州理工学院）[48]等。构建基于云计算的图书馆服务管理平台的解决方案如 OCLC WMS、ExLibrisALma、Innovative Interfaces Sierra、Serial Solutions 的 Intota、VTLS 的 Open Skies、Kuali 的 Open Library Environment 等。本书将这些基于云计算的图书馆服务平台的解决方案称为图书馆云的解决方案，简称图书馆云。图书馆云为图书馆提供了更好的信息服务管理平台，充分了利用云计算的优势，实现图书馆资源的共建共享、图书馆工作效率的极大提高。

图书馆承担着社会公众利用知识和传播知识的责任，其服务质量的保证尤其重要。因此，这些图书馆应用云计算解决方案时，必须与提供商签订云计算服务等级协议，获得服务质量的保证，从而履行自身的职责。

第2章　图 书 馆 云

云计算的发展为图书馆提供了超越自动化、计算机化手工操作的机遇，允许图书馆关注自身的核心业务，而把一般的计算维护交给云计算提供商或一些主要的 IT 企业。这是图书馆自动化的一个根本性转变。在 20 世纪 90 年代早期，“自动化的图书馆”意味着计算机化传统的图书馆职能，如流通、编目、公共目录、采购、期刊借阅等，以实用图书馆的数据库作为基础。它以本地系统的开发为中心，强调对各个分离的图书馆的资源的控制和存取，或者定义图书馆间的网络关系，而不是对远程数据库和图书馆目录的存取。当前，图书馆自动化已经超越了这个概念，它可存取任何地方的信息，意味着客户端可以用所有的形式获得资源和信息，不管它位于何处、来自何处、在何时。它实现了一个更为广泛的定义，用户通过连接的网络就可以随时随地访问本地馆藏，乃至全球的、互联的信息和知识库[49]。

2.1　云计算给图书馆带来的机遇

云计算带来了计算的极大变化，它改变了图书馆及其他组织获取、配置、管理和维护资源的方式，使图书馆从繁杂的基础设施管理和维护的活动中解放出来，提高了图书馆的工作效率，节约了图书馆的 IT 成本。图书馆早在 20 世纪 60 年代就开始构建“云”服务，如共享编目、共享资源、在线参考咨询等。在云计算的环境下，图书馆还可以比以往都要做得更多，可以自由地关注核心业务的创新工作，可以发挥更大的作用。

2.1.1　图书馆的“云”思想

图书馆的思想与云计算的思想具有很多相似之处，甚至可以认为，图书馆的思想，就是基于“云”的思想，图书馆的形成和发展，是逐步地扩大“云”的构建和利用的过程。

1）“云”的雏形

图书馆最初的形成就是将书籍等资料集中在某处存放，以保存人类的文化遗产，这“集中的某处”被命名为图书馆。图书馆实际上就相当于一朵云，是“云的数据中心”，在“云端”，只不过这朵云履行的职责是保存图书资料等数据。为促进知识的传播和利用，图书馆扩大了其自身的职能，不仅收集、保存图书资料，还实行图书资料的开放，供某一地域范围内的人们借阅、共享、利用。这时，图书馆这朵云的职责，从负责保管图书资料扩展到将图书资料以服务的形式，提供给某地域范围的人们。人们来到图书馆，借阅、浏览图书及其他文献资料，享受图书馆提供的各种服务。这“某地域范围”就相当于图书馆覆盖的网络，只要在这网络的范围内，人们就可以访问、获得图书馆的服务，如图 2-1 所示。

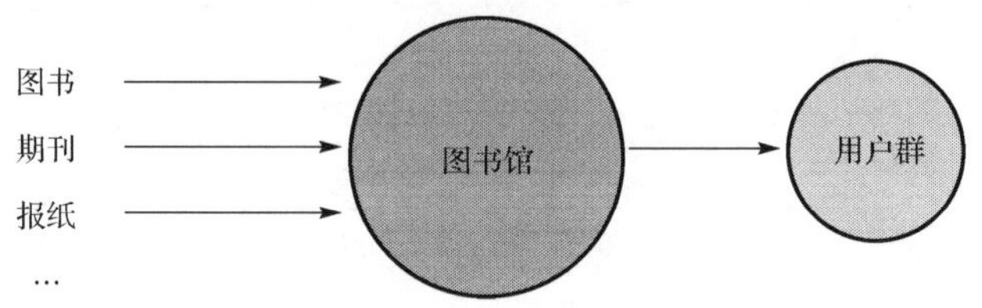

图 2-1　图书馆的形成

2）“云”的发展

为了更好地提供服务、简化操作、降低成本、促进资源的共享和最大化利用，图书馆一直走在技术的前沿。它们一方面继续扩大“云”、丰富“云端”的资源，将存放在“云端”图书馆的资源从印刷型文献发展到电子型文献；另一方面积极开发“云”与“云”之间的联系、开发人们到达云端的途径或渠道。早在 20 世纪初，图书馆界就生产出了印刷性目录卡片，开始了共享编目、实施资源共享规则。20 世纪中叶，馆际互借服务的出现以及 MARC 格式机读目录磁带、OPAC（联机公共目录查询系统）、馆际互借系统、图书馆网站、图书馆技术博客等计算机技术的应用，有利于更好地共享、查询、发现和获得资源，如图 2-2 所示[50]。

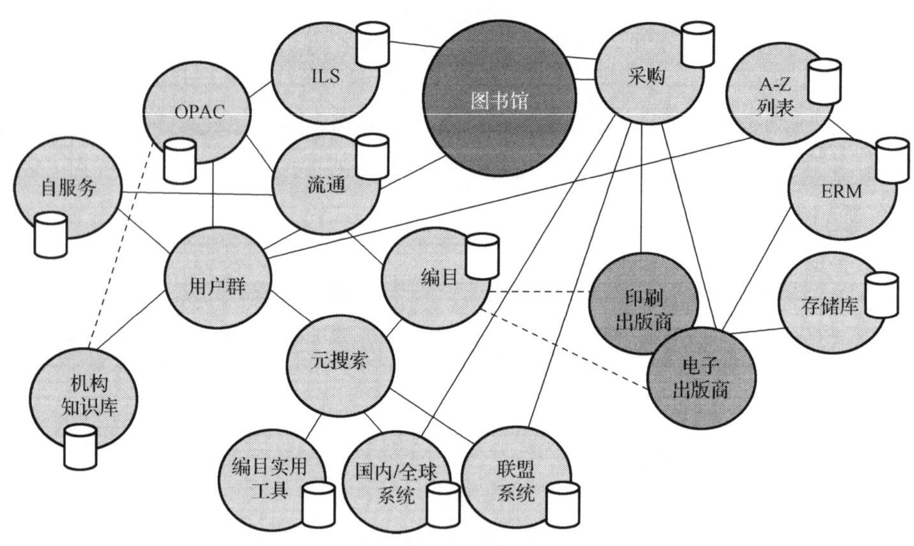

图 2-2　当前的图书馆结构

图书馆与印刷出版商、电子出版商和用户等通过各种图书馆系统发生交互。图书馆系统包括图书馆网站（由简单的 HTML 网页或一个内容管理系统构建，如 Drupal，

Joomla或PHP，Perl，ASP，JSP系统等）[50]、集成图书馆系统（intergrated library system，ILS）提供图书馆的传统核心工作，包括编目、采购、报告、审计和用户管理等、联机公用检索目录（online public access catalog，OPAC）提供图书馆馆藏目录的查询、馆际互借系统（interlibrary loan，ILL）、参考咨询系统（reference tracking systems，RTS）以及各种存储库等。企业数字权限管理（enterprise rights management，ERM），是电子出版商对数字化资源进行有效管理与控制的系统。各种系统、数据库错综复杂，也不免出现工作流和程序的中断。图书馆因此要做很多相关的整合活动，也要为此完成相当繁重的运营和维护任务。其中的存储空间、运营维护的成本、时间需求、工作效率低下等，严重限制了图书馆的发展。

3）"云"的成熟

如果将所有的数据资源集中起来存储，形成如最初图书馆的简单模式，将会有利于解决图书馆需处理各种复杂计算机系统的问题，如图2-3所示[50]。

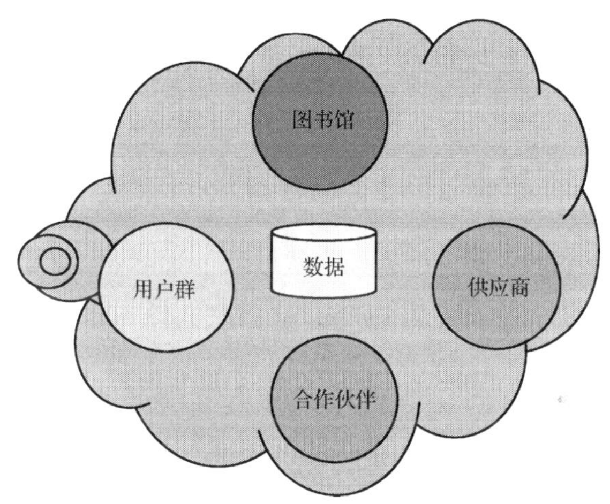

图2-3　图书馆的"云"结构

云计算使这种简单的图书馆的"云"结构成为可能。OCLC 2009年开始将云计算思想与图书馆服务结合起来，构建图书馆管理服务平台——万维网规模的图书馆管理（webscale management service，WMS）[51,52]，并于2010年成功运行。WMS目前已更名为全球共享管理服务平台（worldshare management service），提供基于云计算的图书馆协作管理服务，使用包括WorldCat Local数据库在内的多种OCLC服务，通过共享服务、集成应用和简化的方法为图书馆的集体创新提供网络平台[53]；管理图书馆的供作流程，使资源的采购、编目、流通、用户管理资源共享和电子资源管理等都能在通过网络自动地实现[54]，消除了传统运营方式的弊端，大大地降低了图书馆各种复杂系统的集成、运营和维护工作，提高了图书馆重要流程的工作效率；并以新的万维网规模（web scale）方式实现图书馆的运营和管理，使图书馆摆脱了本地硬件和软件的束缚，有利于图书馆把精力集中在用户和社区等服务的创新上；实现图书馆与提供商和合作伙伴间的协作和共享，促进了更大规模的全球图书馆社区的创新活动[55]。

OCLC 一直致力于世界各国图书馆之间合作和资源共享的工作。OCLC 的创建者 Fred Kilgour 早在 20 世纪 60 年代初就提出了促进图书馆利用计算机网络建立共享编目系统和 WorldCat 数据库，以消除重复任务，实现全球资源共享的战略目标、显然，OCLC 早已在履行一个云计算提供商的角色了[56]。它于 1967 年创立了 WorldCat 数据库[57]，目前成为世界上最大的联合目录，展现了世界图书馆的“集体馆藏”；20 世纪 70 年代开始集体编目，它创建的集中数据库 MARC 记录通过网络提供编目工具并允许会员利用其集中的数据存储，在不同图书馆间实现书目记录的共享[3]；2005 年开放 WorldCat，通过 Google，Yahoo 及其他合作伙伴将信息搜寻者与图书馆联系起来；2006 年推出 WorldCat.org；2007 年 WorldCat Local 提供本地馆藏概况并提供全球馆藏的访问入口[58]。2009 年，在共享数据 WorldCat 的基础和云计算的支撑下，OCLC 抛弃了传统的 ILS 系统，实现了 WMS，促进了图书馆共享基础设施的成本和资源，并以解放了本地硬件和软件的限制的方式进行协作、交互，意味着图书馆“云”思想的成熟。

2.1.2 图书馆对云计算的需求

随着资源数据和用户的积累，图书馆正面临着有限经费与用户需求不断增加的矛盾与压力，具体体现在以下三个方面。

（1）图书馆受经费的制约。周小平老师在 1996 年就指出图书馆经费的主要来源是国家和地方财政拨款[59]。它不仅受国家、地方经济发展的限制，还受到政府对图书馆的重视和支持程度的影响。一些图书馆面临着馆舍陈旧、藏书饱和、书价上涨、IT 应用成本高与经费总量不足等问题。

（2）用户对计算需求的不断增加。现代技术的广泛应用和普及，改变了人们获取知识、利用知识的方式。在使用图书馆时，人们仍然需要大量的 PC、软件来进行文档处理、图像处理，使用浏览器、声频、视频软件等[50]。而图书馆为满足这些用户需求，必须在前期 IT 硬件、软件的购置和后期 IT 的运行和维护中投入巨大的成本。

（3）图书馆面临的 IT 管理压力越来越大。首先是图书馆网站构建和管理的压力。当前图书馆的网站基本上就是一个 ILS（图书馆集成系统）的搜索接口（OPAC），这个 ILS 是在 Web 时代之前设计的，是一个针对物理馆藏的管理系统。而在 Web 时代，数字馆藏剧增，ILS 难以有效地处理和适应用户的需求。用户更倾向于使用网络提供商的搜索引擎来查找信息，而不是使用图书馆的 OPAC。甚至连很多图书馆自己也都是使用 Web 来发现资源。图书馆的网站不应只是一个简单的 HTML 网页，应包含各种内容管理功能，并应符合 Web 时代人们的使用习惯。这是一个复杂的任务，对 IT 部门及人员的技术要求越来越高[51]，也不是单个图书馆就能解决的问题。其次，图书馆集成系统的难度增大[60]。图书馆的管理系统越来越多，包括各种图书馆自动化系统

（提供图书馆的传统核心工作，包括编目、采访、报告、审计和用户管理）、联合检索系统、读者管理系统、馆际互借系统、参考咨询系统、越来越多开源软件等。根据Raymond Berard的调查，在法国的学术图书馆中，不受总馆控制的学院图书分馆使用的图书馆系统就有17种之多，市场上这些ILS的提供商就有超过40家[61]。各种系统、数据库错综复杂，也不免出现工作流和程序的中断。图书馆要做很多相关的整合活动，也要为此完成相当繁重的运营和维护任务。再次，图书馆面临着书库资源存储系统空间和成本的压力[61]。随着数字馆藏资源的增加和积累，图书馆的存储系统需要越来越大的空间，以提供提交、访问、共享、数字化和备份等功能，其存储空间已经要求从GB向TB级转换，而且还需要提供大量的网络带宽来支持不同的输入、输出密集行为及数据查询密集行为。

图书馆所面临的资金与需求、管理负担等困境，严重地阻碍了图书馆的发展。这些不仅仅是ILS过时的问题，更重要的是，图书馆已经处于失去信息管理核心地位的危险之中了[61]。图书馆为实现其目标、功能和职责，必须寻找资源管理和维护的新方式。正如Annette Dortmund所说，云计算的出现和发展，带来了计算方式的根本变化，它改变了组织获取、配置、管理和维护计算资源的方式以实现它们的目标[62]。它使组织可以集中精力关注它们的核心业务，而将那些一般的资源管理和维护活动交给IT企业。云计算向图书馆提供了这样一种新的方式，使图书馆从繁杂的基础设施管理和维护的活动中解放出来，有利于图书馆工作效率的提高和IT成本的节约，图书馆从而可以自由地关注自身核心业务的创新工作。

2.1.3 图书馆使用云计算的可能性

云计算的特征和优势非常适用于图书馆的服务环境。它的按需自服务、广泛的网络接入的特征，适于图书馆用户随时随地自主地选用图书馆服务；它的资源池化及其多租户模型、快速弹性的特征，适于同时服务许多图书馆用户，并使图书馆高峰期的服务具有可靠性。它的成本效益优势适于解决图书馆当前所面临的管理困境，它的协作创新优势适于实现图书馆提供信息服务的核心竞争力。所有这些“非常适用”，源于图书馆与云计算两者的构建思想是高度一致的。图书馆一直在利用计算机网络、消除重复任务、建立共享编目系统和WorldCat数据库、促进网上互借等图书馆服务。以至于OCLC认为，图书馆早就构建了“云”服务[3]。图书馆服务的深入和发展，是逐步地扩大“云”的过程。

实际上，图书馆从产生之日起，就担负着“云”的职责。图书馆一词最早产生于拉丁语中，即Libraria，其意思是指“藏书的地方”[63]，实际上就相当于一朵云，是一个“图书中心”，履行的职责是保存图书资料等数据，如图2-1所示。

随着技术的应用和发展，图书馆一方面将存放在“云”端图书馆的资源从印刷型文献发展到电子型文献，另一方面积极开发“云”（图书馆）与“云”（图书馆）之间的联系，如共享编目的印刷性目录卡片、馆际互借服务的出现、MARC 格式机读目录磁带、OPAC（联机公共目录查询系统）、馆际互借系统、图书馆网站、图书馆技术博客等的应用[50]，有利于更好地共享、查询、发现和获得资源，如图 2-2 和图 2-3 所示。

2.1.4 云计算在图书馆中的应用

云计算带来了计算的极大变化，它改变了组织为实现其商业目标而获取、配置、管理和维护计算资源的方式。云计算提供商允许组织关注他们的核心业务，而将那些一般的计算维护交给主要的 IT 企业。云计算的出现，为图书馆带来了重要的机遇。一方面，图书馆可租用提供商的云计算服务来提供强大的计算能力、托管巨大的馆藏资源；另一方面，图书馆可以利用云计算构建基于云计算管理平台，实现图书馆工作流程的网络化、云端化。

1）图书馆租用云计算服务的解决方案

如前所述，OhioLINK 图书馆联盟已经使用 AWS 来托管其大量公共数字资源（digital resource commons）的存储实例，如肯特州的百年收藏；哥伦比亚特区公共图书馆采用 Amazon 的 EC2 托管其网站主页，用 Amazon S3 服务来备份他们 ILS 的存储；东部肯塔基大学图书馆采用 Google Apps 来管理日常事务，用如 Google Docs 收集 Web 表单的响应，用 Google Calendar 安排指令和会议，用 Google Analytics 收集网站的统计数据、目录和博客信息等；在甘尼森科罗拉多州的西方国家大学使用 Google 的 GAE 来支持其 eLibrary，同时也将两个 Microsoft Access 数据库迁移到该服务上。图书馆只要愿意，就可以订购云计算高质量的服务。这种租用云计算服务的解决方案，实际上是把图书馆的服务、职能外包给云计算提供商，由提供商代替图书馆承担保存图书馆资源、提供图书馆资源的责任。图书馆正在采用不属于自己的计算资源和服务来提供新的、创造性的服务。其优势具体体现在以下几个方面。

（1）云计算为图书馆带来了极大的灵活性。哥伦比亚特区公共图书馆的信息技术主管 Tonies 描述采用 EC2 和 S3 的体会，“图书馆网站的镜像版被备份在另一个数据中心中，如果数据中心出现了故障，将在 30min 内恢复另一个数据中心所备份的网站服务，实现了快速的弹性、冗余性”[56]。诸如硬盘存储、CPU、RAM 等计算资源在需要时即可增加。“服务器虚拟化加上云计算，具有极大的速度和灵活性”。

（2）云计算有助于图书馆在 IT 基础设施和管理上节约成本。云计算的即付即用模式，没有更多的投入，为图书馆在 IT 基础设施和管理上节约了大量的前提投入、整合服务的费用和运营维护的费用。图书馆已经从自身拥有硬件和软件的模式转向基于服务的每单位使用模式，“比构建自身数据中心的基础设施要便宜得多”[56]。

（3）云计算改进了图书馆的服务质量、性能、可用性等。诸如 Amazon，Google，Microsoft 等云计算提供商拥有更好的资源。图书馆租用云计算服务时，与云计算提供商签订服务等级协议，获得提供商承诺的服务质量（每月可用的时间通常在 99.9%以上），远远超出了图书馆自身所能做到的程度。且云计算可为图书馆提供快速开发和快速部署的能力，图书馆可以根据需要快速地增加或减少资源。

（4）云计算使图书馆的资源更为安全。图书馆可以购买位于数千里之外的数据中心的存储，预防自然灾害或其他因素，增加了数据的安全性。这种策略对于图书馆传统的异地备份是很难做到的。

（5）云计算允许图书馆具备处理大规模数据的能力。云计算即付即用的商业模型，允许图书馆及相关的科研机构使用拥有成千上万计算机的分布式计算，短时间内即可分析 TB 级的数据。

（6）云计算使图书馆可以关注核心业务和创新。图书馆将一般的 IT 工作交给云计算提供商，从 IT 基础设施的管理上释放出来，可以将自己的资源（人力、资金和精力等）集中在图书馆的核心工作、业务创新、图书馆间的协作、资源共享等事务上。

2）基于云计算的图书馆服务管理平台的解决方案

现在很多的图书馆计算机系统都是建立在预先部署的 Web 技术的基础上的，使用这种预先部署的 Web 技术需要在基础设施的购买、运营和维护上投资大量的金钱，而这些基础设施能力的利用率通常只有 10%[64]。各家图书馆运行各自独立的系统，图书馆之间的合作非常困难，而且系统和图书馆数据都分散在不同的网络上，增加了系统、资源整合的难度，即使整合起来也要付出很高的代价。除此之外，每家图书馆几乎做的都是很多相同数据的重重复复的存储和维护工作。

如果将系统和数据联合到云计算的环境中，构建专门的云端图书馆管理平台，使所有的图书馆团体联合起来，形成一个统一的状态，不仅可以增强图书馆团体之间的合作能力，消除图书馆间的重复劳动，还有助于图书馆简化工作流、节约时间和金钱。这种基于云计算的图书馆管理平台，为图书馆带来了在改进技术、数据和图书馆关系上的重要机会。

（1）基于云计算的图书馆部署方案[64]。首先，各图书馆不需要总是租用云服务、依赖提供商或第三方来利用云计算的解决方案。几家或多个图书馆系统以云计算的解决方案进行联合部署后，图书馆领域就可以自行扩展自身的核心服务，还可以在团体间共享这些核心服务。其次，各家图书馆可以甩开业务技术的包袱，把精力、资源集中在馆藏的构建、读者服务和业务创新上。图书馆可以撤销自己内部的服务器，也不需要为每 5 年就更换一次服务器烦恼，不需要专门维护服务器上复杂的软件包以保证本地系统的运行了，更不用担心软件在更新后的兼容性问题了。

（2）基于云计算的图书馆数据效率[65]。首先，图书馆数据存储在云端的基础设施上，通用数据（如书目、馆藏和用户建立的数据等）很容易在服务和用户间共享，图书馆无需本地存储、维护和备份这些数据。对那些被认为是私有的数据，可以通过签订协议的方式保证数据不被他人访问。这样的云端数据存储，使同样的数据不再被重复存储和维护。维护和备份数据只需做一次，当数据发生变化时，只需一个图书馆根据变化作出修改，就可以在所有的图书馆间进行共享，大大地降低了图书馆之间的重复、重合的劳动。其次，数据存储在云端为图书馆带来了更多的合作的机会。图书馆团体间可以达成一致，构建合作的馆藏、典藏、数字化资源和合作的资源等，形成一个共享数据池。共享的数据可以吸引更多用户参与交流数据、增加数据、重复使用数据，实现图书馆数据的网络效应。

（3）基于云计算的图书馆社区力量[66]。图书馆社区反映了图书馆与其他实体的交互关系。图书馆可以在云计算的平台创建一个在线交流的图书馆社区网络，包括图书馆的内部社区和图书馆的外部社区。内部社区是单个的图书馆内部和图书馆之间的联系与合作，如文档和版权控制的联合维护。外部社区是图书馆和其他组织机构的联系与合作，利用社会媒体的优势，为图书馆在馆藏的发展、保护、数字化等方面即时做出共同决定。图书馆内部和外部的相互联系和合作，可以产生更多的规模节约和规模效应（scale savings and efficiencies）[64]，为图书馆的决策和创新提供协同智能。如 OCLC 的 QuestionPoint 虚拟参考咨询服务，图书馆间可以 24 小时协作以帮助读者，超越了图书馆的围墙空间及开放时间的限制，将服务扩展到全世界，成为了一个真正的云计算服务。

OCLC 在图书馆云的构建上作出了重大的贡献。它抛弃了传统的 ILS 系统，实现了 WMS，提供基于云计算的图书馆协作管理服务。目前 WMS 拥有 5 个数据中心，位于美国俄亥俄州 2 个、英国伦敦 1 个、澳大利亚悉尼 1 个、加拿大多伦多 1 个。截至 2013 年 6 月 28 日，在欧洲、南美洲以及澳大利亚已经有超过 120 家图书馆正在使用 WMS 服务，有 200 多家图书馆已经签订了使用 WMS 的协议[67]。

除 OCLC 外，各图书馆组织包括 IFLA（国际图联）、WLD（全球数字图书馆）、OPAC（联机公共检索目录）及各种公共图书馆（如美国国会图书馆、中国 CALIS 中心等）、高校图书馆以及图书馆产业公司等，纷纷开始建设基于云计算的图书馆服务平台。他们采用以服务为导向的基础架构、SaaS 模式的运作系统及网络化的接口，管理各种类型的馆藏数据，已初具规模。如 Innovative Interfaces 的 Sierra、ExLibris 的 Alma、Serial Solutions 的 Intota、VTLS 的 Open Skies、Kuali 的 Global Open Knowledge Base 等[68]。这些基于云计算或 SaaS 的图书馆管理平台，支持图书馆的选择/采购、实施/流通、描述/编目、发现、ERM、ILL、预定、分析、知识库等功能[69]，成为新一代的图书馆自动化管理平台[70]。

这种引入云计算的思想，构建具有基于云计算的计算能力、数据效率和社区力量的图书馆部署方案，有人将其称为“图书馆服务平台”[69]。Matt Goldner[64]将其称为图书馆云解决方案（library cloud solution）。为了突出强调云计算的特征，本书从“library cloud solution”中取“library cloud”一词，将其称为图书馆云（library cloud）。图书馆云以网站的形式呈现给用户，用户通过连接的网络即可访问该系统，获取图书馆的相关服务。

2.2 图书馆云及图书馆云服务的定义

图书馆云是基于云计算的图书馆服务管理平台，它构建在一个共享数据模型的基础上，通过网络将计算资源、图书馆的馆藏资源及其他图书馆服务交付给用户。它运用云计算的理念和技术，在区域范围或全球范围内，聚集图书馆领域所有的资源、数据、功能和服务，使之成为一个虚拟的图书馆中心（即共享的数据中心），将与图书馆有关的信息资源以服务的形式，通过网络提供给用户使用。这些由图书馆云提供的、通过网络以服务的形式交付的、与图书馆相关的服务，称为图书馆云服务（library cloud service）。从用户的角度来看，图书馆云就是图书馆网站上的一个界面，通过接入该界面就可以获得各种各样的资源或服务。但从提供商内部的角度来看，图书馆云是一个网络化的图书馆服务管理平台或管理系统，负责运营所有硬件资源或软件服务的交付使用。因此，图书馆云又称为图书馆云平台（library cloud platform）、图书馆云系统（library cloud system）或图书馆云网站（library cloud website）。用户只要通过图书馆云提供的访问入口（网站）就可以获得图书馆云提供的各种服务。

2.2.1 图书馆云的特征

与传统的图书馆管理系统相比，图书馆云具有一些独有的特征，这些特征有利于判断一项服务是否属于图书馆云服务。

（1）数据中心及多租户模型。包括基础设施、系统软件以及书目、馆藏数据、供应商数据、用户创建的知识库、评价内容等信息资源，均被虚拟化集中在图书馆云中心中。一个软件的应用实例可同时服务多个用户（即租户），租户可定制软件的某些部分或特性。相对于传统的应用软件相互独立、只能应用在所安装的本地服务器中，这样的数据中心和多租户模型具有较高的经济性，不仅共享了数据中心的资源，还共享了软件开发和维护的成本。

（2）SaaS 服务模式。所有的服务都托管在图书馆云的数据中心，以 SaaS 的形式呈现给用户。用户利用图书馆云平台的访问入口获得相应的服务。而且，平台具有创建扩展服务的功能，用户可在平台上创建、共享新的图书馆应用程序，或修改其他用户共享的应用程序。图书馆还可以在平台上构建一个可行的工作流引擎，让与信息资源的获取与提供有关的工作流都可以在云端统一地实现。图书馆的关系转变成为了一个协作的社区：图书馆云的构建者可添加数据、服务和基础设施等资源，使用者可添加数据、应用程序及其他服务等。不同用户间可获得社区范围内的协同智能，不同的图书馆间、组织间可以合作完成工作流。

（3）安全保证。图书馆云具有足够的能力来为服务提供安全保证。它们有专业的 IT 技术队伍对数据做加密、备份等安全保障工作。且它们具有多个数据中心，在不同的数据中心上实现对数据的冗余备份，有利于防止不可抗因素的影响。这些安全保证是单个图书馆所无法做到的。图书馆云为各机构图书馆提供了相应的协议来保证服务交付过程中的安全。

图书馆云的数据中心及多租户模型、SaaS 服务模式和安全保证等特征，使图书馆云服务的优势显而易见。

（1）节约了技术和资金[61]。图书馆云共享计算能力，提供可共享的 IT 基础设施和信息资源，有助于图书馆从系统硬件和客户端软件的购买、维护、更新、兼容等问题中解放出来、从购买各种昂贵的文献资源、电子数据库等束缚中解放出来，缓解了图书馆资金短缺、经费紧张的资金压力。

（2）获得灵活性。图书馆以即付即用的价格模型购买图书馆云端的基础设施和数据，并可根据需求随时扩展或缩减规模，具有任何单个图书馆都不可能具备的灵活性，使得图书馆可以把人力、财力集中读者身上，为读者提供灵活多样的图书馆服务。

（3）数据更有效。图书馆利用当前的新兴云计算技术，充分地参与到基于 Web 的信息的设计、提供和利用的活动中，将自身的信息资源呈现在 Web 上，降低了单个图书馆网络技术服务和馆藏管理的重复工作，简化了工作流，提高了数据的重复利用，使数据更有效。

（4）共享创新。图书馆可以与其他图书馆进行广泛的交互，促进协同智能和服务等级的改善。所有的图书馆服务均通过图书馆云平台提供，图书馆与图书馆、图书馆与信息资源供应商、图书馆与社会网站、图书馆与购物网站、图书馆与用户等，“见面越来越少，协作却越来越多、服务越来越好”[71]。

2.2.2　图书馆云与图书馆租用云计算的解决方案

图书馆云不同于图书馆租用云计算服务。图书馆租用云计算服务时（最常租用的是数据存储服务、计算服务和应用软件等服务），图书馆是服务的使用者，是图书馆将部分职能外包给第三方云计算提供商，让第三方代替履行这些职责。而图书馆云是由某图书馆机构或图书馆联盟联合构建的基于云计算的图书馆服务管理平台，该管理平台是专门面向图书馆领域的，是用来处理或管理图书馆事务的，包括单个图书馆、用户以及供应商等都是图书馆云的使用对象。

2.2.3　图书馆云与数字图书馆

图书馆云不同于数字图书馆。数字图书馆是一个为社区用户提供连续访问大型信息和知识存储库的系统[72]。它是一个实实在在存在的信息资源系统，与某个特殊的用户群体或社区相联系。而图书馆云是利用虚拟化技术将存储在分布式计算机上的数据、软件和硬件构建成的一个虚拟数据中心，这个中心的资源是以服务的方式通过互联网络交付给全球的用户使用的，它提供的是全面的图书馆服务，包括图书馆 IT 方面的硬件资源（如服务器、存储、传输等）和软件资源、图书馆的馆藏资源及图书馆服务等。但两者的目标是一致的，即实现资源共享、资源利用的最大化。

2.2.4 图书馆云与万维网规模的图书馆

图书馆云服务与万维网规模的图书馆[58]（library at webscale）也是有区别的。万维网规模的图书馆具有这样一些性质：首先，它是通过大量整合数据来创造价值的；其次，它是通过连接用户来创建大规模的、交互社区的；最后，它通过可扩展的、共享的基础设施来支持社区和数据。因此，万维网规模的图书馆是以图书馆云为基础的。图书馆云的平台为万维网规模的图书馆提供了底层的基础设施和架构。万维网规模的图书馆利用图书馆云获得平台、服务和数据分析的接口，在图书馆云的基础上聚集图书馆内外部的资源、进行广泛地协作和交互，从而创造新的价值。可以说，万维网规模的图书馆是图书馆云的深入应用。

总之，在图书馆云的平台上，图书馆的大部分事务都能通过该Web平台开展。数据资源存储在平台的基础设施上，所有的参与图书馆事务的实体（包括用户、供应商、合作伙伴等）均通过平台交互，图书馆的核心工作，包括采购、编目、流通、交付、参考咨询、馆际互借等流程在平台上自动完成。平台上可以实现图书馆管理，包括支撑图书馆服务的IT基础设施的硬件和软件的管理、图书馆的核心工作流程的管理、图书馆内部事务的管理，以及图书馆与用户（本地用户、本地访问者、全世界范围的用户）、供应商（图书销售者、批发商、整合者）和合作伙伴（其他图书馆、社团联盟、社会网站、搜索引擎、实用工具）的关系管理等。图书馆云既改善了实体的交互、促进了实体间的协作、资源共享，又使图书馆的工作流程在平台上显得更为简单、高效。

2.3 图书馆云的构建——以OCLC WMS为例

目前市场上初具规模的图书馆云服务应用主要有OCLC的WorldShare Management Services、Innovative Interfaces的Sierra、ExLibris的Alma、Serial Solutions的Intota、VTLS的Open Skies、Kuali的Open Library Environment等。此处以OCLC的云服务WMS为例，说明要构建具有以上特征和优势的图书馆云，必须遵循的原则及其架构。

2.3.1 OCLC WMS简介

OCLC WorldShare Mamagement Services（WMS，原名为WebScale Management Services），使用基于云计算的应用程序来管理图书馆全部馆藏的生命周期[54]，建立在WorldCat，WorldCat Local，WorldCat.org等基础上[58]，在WorldCat Share Platform上提供基于Web环境的编目、采访、许可权管理和流通等工作流，并提供下一代发现工具（next-gen discovery tool）[73]，如图2-4所示[74]。

OCLC的WMS一方面取代并抛弃了传统的ILS系统，将以前独立的服务数据，存储在一个中心系统中供反复使用。另一方面，它嵌入了WorldCat记录和出版商数据，简化了选择和采访过程，也没有软件需要安装、维护和下载。图书馆可与同行机构、终端用户和读者一同共享数据、应用程序和工作流改进。此外，它建立在一个开放的、协作的平台之上。图书馆可以在平台上增加用于支持他们独特特征和功能的程序，没有开发资源的图书馆可以利用图书馆社区的成员开发的这些应用程序。WMS 促进了图书馆共享基础设施的成本和资源，使图书馆以解放受本地硬件和软件限制的方式进行相互的协作和创新。OCLC 描述了 WMS 具有以下特征。

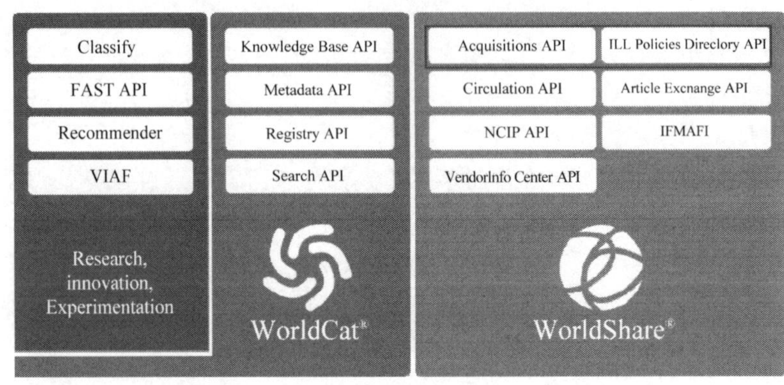

图 2-4　WMS 平台

（1）WMS 共享基础设施和资源，承担了各个图书馆的 IT 任务，图书馆不需再管理硬件、软件和更新，可以重新安排资源到核心事务上。

（2）WMS 建立在 WorldCat 的整合数据、WorldCat 知识库、提供商题录、规范记录等基础上，使得其用户可以共享 WorldCat 的数据。

（3）WMS 无缝地整合了采购、接收和编目等工作流程，根本性地改进了工作流，节约了时间，改进了效率。

（4）WMS 具有直观、精简的员工界面，管理所有实体、电子和数字资源。

（5）WMS 使用 OCLC WorldShare Platform 的应用程序，用户可以在该平台上创建、共享和使用新的应用程序，增强了用户的使用体验。

（6）WMS 使用类似 Google 式的搜索，提供来自各个图书馆和全世界图书馆馆藏的内容，提高了图书馆及其资源的网络可见性。

2.3.2　WMS 的构建原则

要构建具有以上特征和优势的 WMS，OCLC 遵循了一些关键原则[62]。

（1）合作性原则。WMS 要以一种可控制的方式，使图书馆与其他图书馆和合作伙伴可以共享资源和服务。

（2）数据丰富原则。WMS 要为所有已购买的、得到许可的和数字化的内容提供数据池和整合工作流。

（3）开放性原则。WMS 应支持基于云计算解决方案的互操作，支持与图书馆开发的应用程序/服务的互操作性，或支持通过 API 与第三方应用程序/服务的互操作性等。

（4）可扩展性原则。WMS 应可通过由供应商、图书馆或合作伙伴提供的应用程序进行扩展。

通过这些原则构建的 WMS，可以为图书馆节约 IT 管理的技术和资金，获得图书馆云的灵活性、数据的有效性，实现图书馆集体创新。

2.3.3 WMS 的架构

WMS 的架构如图 2-5 所示[60]。

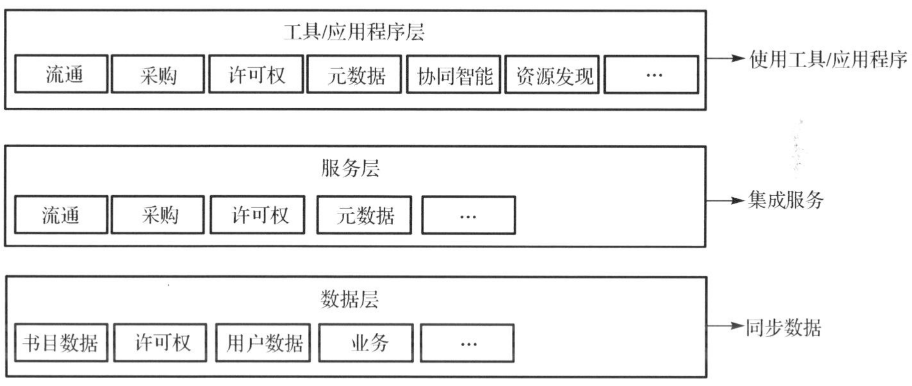

图 2-5 WMS 的架构

其中，底层是数据层，负责同步包括书目记录、馆藏信息、知识库数据、统计数据、注册数据等数据；服务层负责集成包括知识库、WorldCat API、供应商管理、许可权管理等服务；顶层是工具/应用程序，负责提供元数据管理、许可权管理器、发现、协同智能等工具或应用程序。

从 WMS 的架构可以看出以下几个方面。

（1）它是完全基于 Web 技术[75]开发的，使用高可扩展和容错的架构，易于整合第三方 Web 服务。

（2）它是面向服务的。WMS 服务封装了应用程序的功能，通过 Web API/Interfaces 访问，提供与第三方服务（如财务系统、IDM、B2B、NCIP 等）整合的界面。

（3）它提供灵活工作流，支持各种图书馆类型的管理过程，允许个人根据本地商业过程的需求改编工作流及管理过程，支持商业过程的通信。

（4）它管理所有媒体的类型，包括传统商业过程印刷文献、电子资源的、许可权、数字文献等。

（5）它具有网络效应。它通过集中化的数据服务、公共资源、应用程序、提供商数据和工作流的共享使用、通信平台等关联起来，促进图书馆人员可以在不同的平台上联合数据、共享创新、利用专门的应用程序来最大限度地满足自身的需求，从这些创新性的应用程序和服务中获利，具有网络效应，从而创造一个良性循环，使效应又积累回到图书馆社区中。

WMS 是一个完全的云计算解决方案，支持所有类型的图书馆及各种形式的标题、流通和用户数据，提供数据分析服务。所有的数据均来自 WorldCat、WorldCat 知识库、WorldShare 提供商信息中心、WorldCat 注册和其他集中数据存储库。它提供了大量开放的 API 以利于与其他应用集成。与其他平台不同，OCLC 开源架构包含一个服务通用框架（F4S），可传输给外部开发者开发新的可持续的扩展程序，并且可以直接上传给 WMS 接口。WMS 的架构获得 ISO27001 和 Lloyds 质量保证认证，具有安全性。

2.3.4 其他图书馆云的应用实例

（1）ExLibri Alma。与 OCLC 的 WMS 一样，ExLibri Alma 也是一个完全的云计算解决方案，目前拥有位于英国、美国、澳大利亚的 3 个数据中心，每个数据中心都获得了 SAS70 安全认证。它主要实现了以下几方面的功能。

① 综合统一的资源管理平台。将多个分散的方案整合成一个统一的方案，包括 Aleph/Voyager, Verde/Meridian, DigiTool, SFX and SFX KnowledgeBase, MARCit，以基于云计算服务的方式在一个单一的管理点交付所有图书馆的资源。它消除了在多个系统上集成数据的重复、沉重的工作，消除了图书馆在硬件和维护上的投资。ExLibri Alma 不需本地硬件、客户端和更新等管理，所有的接口都是通过 Web 浏览器实现，降低基本管理活动专业技术需求，有助于员工把精力专注在所需的工作上、专注于决策。

② 提供社区地带（community zone）的交互协作，在多个图书馆间共享/存储元数据编目。它以需求驱动馆藏开发，提高馆藏的利用率，以集成数据服务的方式促进流线型的订购和编目，提供共享/本地数据的混合环境。

③ 是一个开放的平台，提供基于 Web 的服务及 API，用于与外部系统的交互，用户可通过 EL Commons 网站的开源软件来扩展服务。

④ 提供基于共享数据的分析，它采用 Oracle 的分析工具，使图书馆能更好地了解和预定未来的使用模式。

ExLibris Alma 不回收来自传统系统主要组件，对图书馆系统及其相关的服务产品进行了重新设计，使用新的技术架构，为学术与研究型图书馆提供了新式的工作流程与功能。它于 2009 年开始运行，2012 年正式上市，目前已经拥有 100 多家图书馆的使用合同。

（2）Serial Solutions Intota。Serial Solutions Intota 也是一个真正的云计算解决方案。它提供多租户软件操作，共享数据容量、提供强有力的分析和分析引擎。Intota 进入图书馆服务平台市场较晚，目前还相对弱小。但它具有更多的创造性思维，更能实现工作流和过程的全面整合。它关注工作流（选择、采购、描述编目、实施、知识库和发现等），提供集成的、有效率效益的工作流，同时实现物理馆藏和数字馆藏的数据处理。此外，它还关注系统维护和评估，提供分析功能，有助于更好实现图书馆的价值。它还提供了开放的 API。尽管它计划有多个数据中心，但数据中心的位置和数据安全等级的认证还有待明确。

（3）Innovative Interfaces Sierra。Innovative Interfaces Sierra 是一个基于 SaaS 的开发平台，它既可以 SaaS 的方式获得，也可以安装在本地。Sierra 是建立在以前 Millennium 系统的基础上，将 Millennium 系统进行重新装配、修改，如使用了新的开源索引引擎 Lucene，添加了一些新的 API，开放了一些现有的 API，更新了一些接口，添加了一些新的功能模块，使之适用于运行在新的开源数据库 PostgreSQL 上。但在工作流方面没有作出太大的变化。

（4）Kuali OLE。Kuali OLE（open library environment）也是一个基于 SaaS 的图书馆云服务平台，主要是面向学术和研究型图书馆，提供包括采访、流通、编目、库存、资金处理和 ERM 等功能，支持各种学术信息的互操作和整合。与 Sierra 一样，图书馆需要有自己的主机服务，也没有实现数据整合和分析、多租户架构和数据中心的安全和冗余等，它还不是一个真正的云计算系统。

（5）VTLS Open Skies。VTLS Open Skies 既可以在本地安装，也可以通过 SaaS 模式提供。它整合了现存的 VTLS 技术、重新装配了以前的技术，并构建新的能力。与 Sierra 一样，它适用于那些不着急重组系统的图书馆，既保存现有的功能不消失，又整合了物理文献和数字内容。它关注多媒体、多格式元数据、移动服务、通过开放 API 和 SOA 扩大与第三方系统的互操作性。它能支持支持多租户，但没达到完全的云计算解决方案的程度。

（6）CALIS Nebula。Nebula 是 CALIS（china academic library and information system）正在构建的应用开放资源和基于云计算技术的数字图书馆云服务平台。它通过整合分布在互联网中各个图书馆的资源和服务，形成一个可控的自适应的新型服务体系[76]，如图 2-6 所示。

CALIS 将通过对各种服务进行动态管理和分配，使 Nebula 可以满足不同层次和规模的数字图书馆需求、支持馆际透明的协作和服务获取、支持各馆用户的聚合和参与、支持多馆协作的社会化网络的构建、支持多馆资源的共建和共享、具有自适应扩展的能力等[77]。

此外，Nebula 还将具有动态、可管理、自适应的系统组成能力和集成机制，虚拟化分布式的数字图书馆资源及服务，将在更大程度上实现数字图书馆间资源的共享和协作，将有利于数字图书馆的进一步应用和发展。

各图书馆通过购买以上的图书馆云应用实例，图书馆云提供商就会将该实例部署在图书馆网站的界面上，具有该图书馆使用权限的用户和图书馆员，就可以通过该界面的接口接入图书馆云服务，从而获得图书馆云的丰富资源，或实现本馆资源管理。

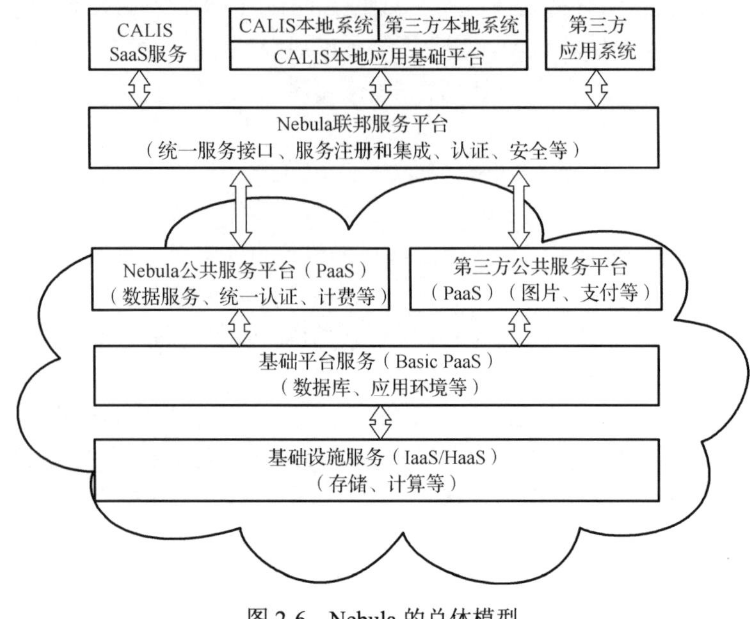

图 2-6 Nebula 的总体模型

2.4 图书馆云的服务过程

用户使用图书馆云服务的过程，是服务在不同实体间交互的过程，是图书馆云的价值的实现过程。该实现过程伴随着实体间相互作用的关系，即业务关系。交互过程及业务关系均是服务实现过程的具体表现。

2.4.1 交互过程

传统的图书馆服务是一个个独立的图书馆通过整合本馆的资源向本馆的用户提供服务。这些资源和服务仅在馆内流动、共享。图书馆云服务创建了多馆整合的、可共享的计算资源、馆藏和供应商等数据，统一管理包括纸质文献和电子文献在内的工作流，提供统一检索和交付资源的用户界面，允许图书馆间的协同工作、合作工作流，使工作流更灵活、可扩展。图书馆云服务的交互过程如图 2-7 所示[60]。

图 2-7 中，机构图书馆通过工作流引擎获取图书馆云数据中心的资源，也可以将自身的资源上传到数据中心中，供其他机构图书馆利用。同时，图书馆云数据中心定期更新供应商、合作伙伴、机构图书馆及用户群等创建的新数据。

如果图书馆云的数据中心没有满足机构图书馆所需的资源，那么机构图书馆可以通过工作流引擎直接浏览、选择、采购供应商的纸质版或电子版的资源，获得资源的许可权。此时，机构图书馆可以联合供应商数据库的资源记录，将采购得来的资源进行登记、描述、著录等，并将记录共享到数据中心。此外，机构图书馆还可以联合如Google，Yahoo等合作伙伴，发现资源，将资源通过数据中心呈现给所有的网络用户。用户通过机构图书馆网站的图书馆云服务界面，访问数据中心的资源。

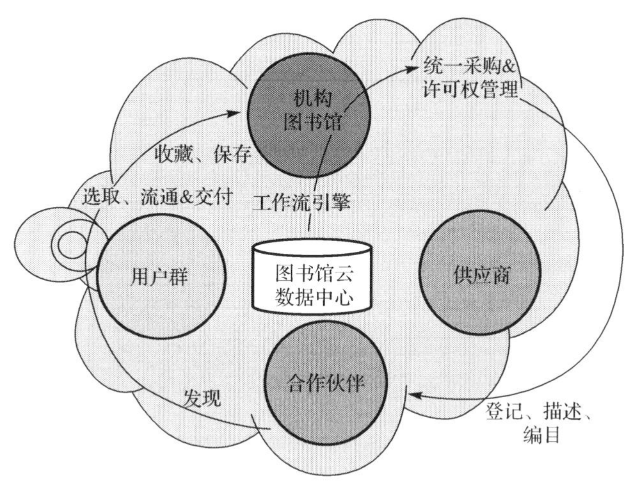

图 2-7 图书馆云服务的交互过程

这种基于图书馆云的服务过程，使图书馆不仅可以获得其供应链上游的编目数据，共享图书馆间的馆藏数据、供应商数据，还改变了图书馆的工作流和提供资源的形式，使图书馆云的工作流过程更为灵活、有效和节约，图书馆因而有更多的精力来创造和开发新的服务。

2.4.2 业务关系

图书馆云服务的交互过程显示了参与图书馆云服务过程的实体主要包括图书馆云提供商、机构图书馆、供应商、合作伙伴及用户群等。图书馆云提供商购买供应商的数据及服务（如馆藏数据、内容提供服务、网络提供服务等），与合作伙伴（如搜索引擎提供商、网络服务提供商等）一起，将数据及服务呈现给用户群体，向机构图书馆及其用户群提供硬件、软件等基础设施的解决方案及共享的馆藏数据。图书馆云提供商与其他实体进行充分的交互，形成以图书馆云提供商为中心、与各参与方进行资源交互的业务关系模型，如图 2-8 所示[78]。

图 2-8 中，图书馆云提供商位于业务关系模型的中心。在图书馆云这个平台上，提供商构建可供实体互相交流、交互的社区，形成一个集中的、可协作、可共享的数字环境，使其能根据市场的供需变化迅速和有效地进行调整和配置新的业务关系，实现图书馆云的自由、灵活、可扩展和协作等特征。

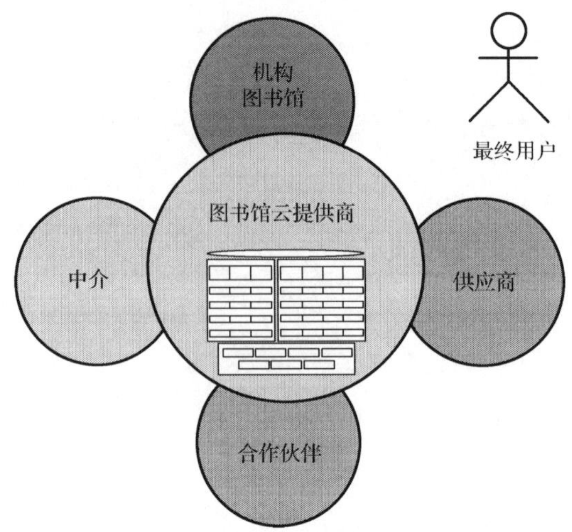

图 2-8 图书馆云服务的业务关系模型

2.4.3 服务质量的挑战

然而，图书馆云提供商在提供服务的过程中，面临着一些新问题。图书馆云服务本身就是一项复杂综合的信息服务，包括底层 IT 基础设施（硬件、软件、系统等）的建设、馆藏资源的建设、各种集成服务及应用程序和工具，仅靠图书馆云提供商自身就提供全套的信息服务方案，已经越来越不可能了。图书馆云服务一般是以组合服务的形式、由一群服务提供商共同提供服务。如底层的 IT 基础设施由云计算服务提供商提供，与合作伙伴一起提供馆藏数据和各种集成服务，或由成员图书馆创建各种应用程序和工具等。在这种组合服务的环境中，一个客户可能会面对多个服务提供商，服务场景复杂，服务关系复杂，管理困难，各方的角色又动态变化以至于难以明确各方的职责，信息服务的质量（包括安全和知识产权等）得不到保障，严重地阻碍图书馆云服务的顺利开展。这些问题主要体现在以下几个方面。

（1）图书馆云服务的参与方众多，关系复杂。

图书馆云服务的参与方包括：网络服务提供商（ISP）、通信服务提供商（TSP）、云计算服务提供商（CSP）、信息资源服务提供商（IRSP，如各种出版社、商业引文索引资料库、开放存取引文系统和各图书馆等）及终端客户（Customer，如图书馆用户、一般用户群、信息搜寻者等）。这些参与方不仅与图书馆云提供商发生交互，相互之间也存在复杂的交互关系，如图 2-9 所示。

CSP 对于 ISP 是接受网络服务的客户（但不是终端客户），但对于 IRSP 则是信息服务平台的提供者。且同类参与方也会存在服务的交互，如提供馆际服务的两个图书馆，一个是服务提供方，一个是服务接受方，而这两个图书馆与 ISP，CSP 和 TSP 都有往来交互的关系。此外，有些信息服务有第三方的支持，由第三方负责监测和衡量指标，负责管理双方的保证条款或服务的偏差，监测相互的转换条件。这种情况下，信息服务就存在提供方、接受方和支持方等多方关系。

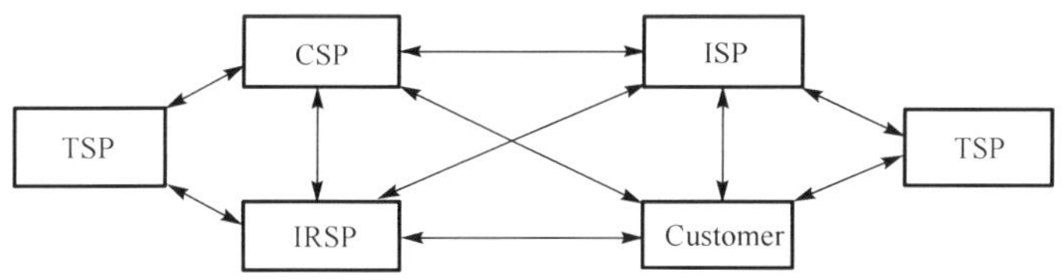

图 2-9　图书馆云服务参与方的交互关系

（2）服务缺乏差异性，服务等级划分不明确，服务缺乏针对性。

图书馆云服务的对象囊括各行各业的组织或用户群，他们的需求各不相同。不同领域的用户对服务的内容及需求的层次也不尽相同，同一领域的用户对服务的需求层次也不同。分别为这些用户提供个性化的服务及服务等级，以满足不同层次的用户需求，成为了制约图书馆云服务发展的瓶颈。

（3）角色具有多重性，职责不清晰，服务质量难以保证。

图书馆云服务的参与方可同时是提供方和接受方的角色。它既可能是某服务的提供方，也可能是另一服务的接受方，还可能同时是多种服务的提供方和多种服务的接受方。这种多重角色形成了一条复杂的关系链[79]，如图 2-10 所示。

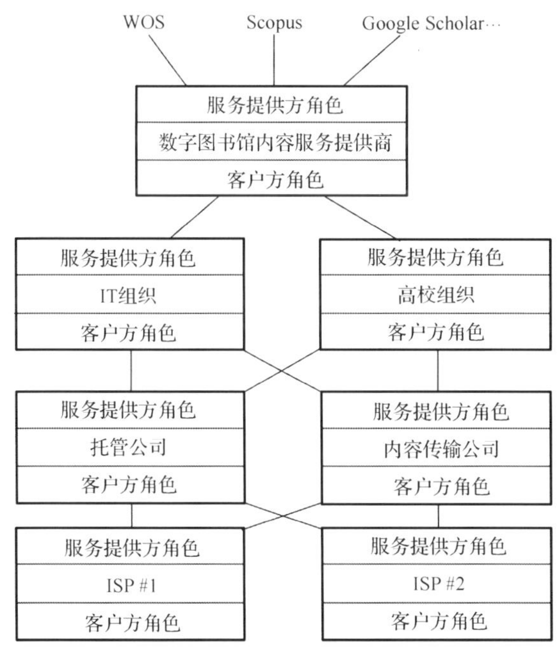

图 2-10　角色的多重性

图 2-10 中，数字图书馆的 CSP 是 WOS，Scopus 和 Google Scholar 等一系列引文

资料库或引文系统服务的接受方，同时也是一些 IT 企业、高校图书馆等组织的信息服务提供方，企业和高校图书馆又是其他服务的接受方。这种角色具有多重性，使得相互间的职责不清晰，服务质量难以得到保证。

（4）服务质量的隐患。

基于云计算架构的图书馆云服务的确使其具备了云计算的优势，如共享了计算能力、获得了灵活性、节约了技术和资金、数据更有效等，但也使其与云计算一样面临着服务质量方面的巨大挑战，包括服务的可用性、安全性、可靠性及数据的灵活性和机密性等方面。此外，图书馆云服务还面临着网络信息提供商的激烈竞争。对图书馆云服务来说，方便、易用的信息服务及让用户获得满意的服务质量是自身获得竞争优势的关键，也是图书馆在网络信息服务环境下获得竞争优势的关键。前者可以通过技术手段构建健壮、有效、便利的图书馆云服务。后者则需要从管理角度对用户评价服务质量的标准加以约束，尽量减少不同用户、或同一用户在不同时段对服务质量评价的差异。

以上问题单靠技术的发展是难以解决的。如果能通过管理和制度方面加以约束，对各方的职责和义务进行严格的定义，并辅以相应的利益补偿或惩罚机制，即使是在现有的技术条件下，也能克服这些缺陷，提高图书馆云服务的质量及用户的满意程度。这正是 SLA 的价值所在，也是将 SLA 思想引入图书馆云服务领域以保证服务质量的原因。图书馆云服务提供商及其参与者相互间签订 SLA 服务合同，从而形成一条 SLA 链[80]，促进服务等级的划分和服务的针对性，明确参与者间的职责和义务，对保证图书馆云的服务质量有重要意义。本书正是基于从管理角度约束用户评价服务质量标准的目的，提出构建评测图书馆云服务质量的模型，旨在构建一个能充分反映图书馆云服务质量各个方面的结构模型，描述服务质量各方面的关系，以利于提供商和用户了解和评估服务质量，并在此基础上寻求保证用户服务质量的相关措施，以保证用户的满意度和忠诚度。

第二篇 服务质量

第3章 服务质量概述

随着社会服务经济的出现与发展，特别是与计算机、网络技术服务有关的非实体服务经济的快速发展，促使服务的内容和形式增加，服务的周期缩短，用户选择服务的范围增大。用户对服务的满意度影响着用户对服务的选择，从而导致服务的用户的动态性变化。然而，决定用户忠诚度的关键是用户对服务质量的预期和满意程度。服务达到或超出用户的预期，用户就感到满意，他们对服务的忠诚度就越高，那么，这项服务用户动态变化的可能性就越小。反之，如果用户对这项服务感到不满意，他们必然会将服务的需求转向其他同类的服务，从而导致这项服务的用户忠诚度低，用户动态性的特征明显。对服务提供商（service provider，SP）来说，服务质量（quality of service，QoS）是他们从技术角度和客户满意度角度来衡量服务性能的一个重要手段。SP 提供不同的 QoS，意味着不同的服务等级及服务种类，有助于用户平衡自己所愿意支付的成本和对服务的期望。因此，追求以用户的满意为目的的服务质量，是企业获得和保持竞争优势的关键因素。

3.1 QoS 的概念

从质量的概念和 QoS 的四个视角进行分析，有助于理解 QoS。

1）质量

国际标准化组织（ISO）定义质量（quality）是“一个实体特性的总和，这些特性影响其满足用户显性和隐性需求的能力”[81]。显然，这个定义是从用户的角度出发，衡量实体的特性满足用户需求的程度。其中，这些特性（characteristics）应该是可观察的或可测量的。只有可观察或可测量的特性，才能被用户感知，因而才能衡量其实现的程度。特性在经过定义以后将成为衡量质量的可量化的准则和参数。

质量的另一个特性是差异性。某实体的质量必须是经过用户使用后才能获得，并实现其价值。由于不同用户的知识水平、认识观念等不同，从而导致使用实体的方式和行为等具有差异性，因此，同一质量的实体给予用户的感知也会具有差异性。

2）服务质量

QoS 在质量的基础上，从用户的角度出发，将衡量质量的实体扩展到无形的服务中，描述这些服务满足用户需求的能力。国际电信联盟（ITU）在此基础上，定义 QoS 是“使用服务的总体效果，这些效果决定了一个用户对这项服务的满意程度”[82]。

QoS 包含质量的一般性质，如从用户角度的质量的差异性、可观察性、可测量性及具有显性和隐性的用户需求等。此外，QoS 还可以从服务提供商的角度来描述，即服务提供商可以提供的 QoS 及其实际实现的 QoS。对服务提供商来说，其可以提供的 QoS 以及其实际实现的 QoS 会存在一定的差异性，导致这种差异性的原因包括服务提供商的观点的改变、地域的差异、季节的差异等。

结合用户和提供商及服务前后角度，可以得出 QoS 的四个视角。

3）QoS 的四个视角

QoS 可以从用户使用服务的前后、提供商提供服务和现实服务这四个角度来审视，如图 3-1 所示[80]，描述了四个视角的顶层关系。

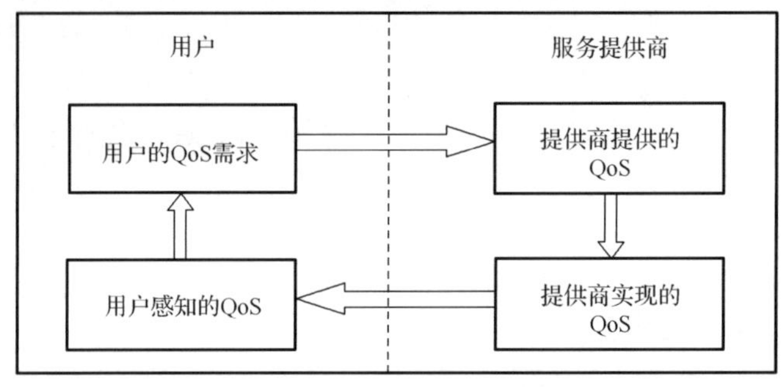

图 3-1　QoS 的四个视角

（1）用户/客户的 QoS 需求（QoS requirements of user/customer，QoSR）。

QoSR 是有关用户需要的质量水平的表述，这些表达很可能是非技术性的、非专业的表达。能使用专业描述性术语来描述服务的用户很少，但他们的描述表达了他们对服务的需求，这些需求对服务提供商来说是极其重要的。服务提供商可以根据用户需求的优先次序将需求转化为与业务相关的准则、参数或衡量标准。

QoSR 表明用户对某特殊服务的质量需求的程度，一般来说，用户不会关心服务提供和设计的细节问题，他们只关心他们使用服务的效果和质量。从用户的角度来看，QoS 只与用户感知的效果有关，用户不会去关心服务内部影响效果的因素，更不会依赖服务的设计来定义自己的 QoS 需求。因此，服务提供商必须从用户的角度来考虑和设计服务的方方面面，作为提供服务的依据。服务提供商根据自己所获得的用户对 QoS 需求的描述，转化成为相对独立业务术语，创建一种可以被双方都能理解的共同语言，定义用户的 QoS 需求，并向用户作出保证 QoS 的承诺，其承诺的文档形式如合同。

（2）提供商提供/计划的 QoS（QoS offered/planned by provider，QoSO）。

QoSO 是有关服务提供商计划向客户提供的质量水平的表述，是用与具体业务有关的衡量参数的目标值或范围表述的、服务提供商计划实现并向用户提供的 QoS 水平。

QoSO 描述了服务提供商期望提供给用户的质量水平，其质量水平可以用一些指定的 QoS 参数值来表示，记录在规定的文档中，如服务等级协议（service level agreements，SLA）就是用 QoS 参数值描述电信服务 QoSO 的基本文档形式（当然，SLA 现已广泛用于 Web 服务和云服务中，有关 SLA 的内容将在 3.2 节详细介绍）。每项服务都有自己的 QoS 参数集，不同服务的 QoS 参数集的元素不同，其目标值、范围或水平也有差异。正如前面 QoSR 所述，用户对业务专业的、技术性的术语并不十分了解，如果 QoSO 一味使用服务提供商的业务术语来表述，用户就会很难理解和选择。为了使服务双方都能共同理解服务的内容、形式和预期的服务质量等，使服务能更好地开展下去，服务提供商应为 QoS 准备至少两种形式的 QoSO。一种是给用户使用的 QoSO，采用非技术性的、非专业的、能被用户所理解的语言；另一种是供提供商内部使用的 QoSO，采用技术性的、专业性的术语，有利于准确地定义各项业务活动，便于服务的提供和实施。

QoSO 可以被用在计划文档中，特别是那些衡量/评价系统，也可以用上面提到的 SLA 的基本形式来表述。如从用户利益的角度出发，服务提供商会在 SLA 中描述，"每年计划提供的基本通话服务的可用性高达 99.95%，任何情况下，一年内都不出现超过 3 次的中断服务，总时间不超过 15min"。

（3）提供商实现/达到的 QoS（QoS delivered/achieved by provider，QoSD）。

QoSD 是有关提供商实际上为客户实现的或提供的 QoS 水平的表述，是服务提供商实际交付给用户的服务所达到的质量水平。这里需要注意的是，用户和提供商均能影响所实现的 QoS。对提供商来说，可能由于其技术水平或人员水平等因素，影响其所承诺的 QoS，使实际交付给用户使用的 QoS 达不到或超出当初计划的水平。对用户来说，由于实际使用中的复杂因素的影响，使其实际消费的 QoS 水平低于或超过计划需求的 QoS 水平。

当然，与 QoSO 一样，QoSD 也可用一些指定的参数及其数值来表示，这些参数就可以作为衡量实际实现的 QoS 标准。有了参数及其数值这些量化的指标，通过比较 QoSO 和 QoSD，就可以知道所使用的服务的实际性能情况，而这些性能情况可以作为某时期总结的基础，这样，不管是提供商还是用户，都可以根据前一时期的服务性能，制订下一阶段的 QoS 水平。如服务提供商可能会描述某一季度其"所达到的服务可用性为 99.95%，服务中断了 5 次，其中一次持续了 65min"。

（4）用户/客户体验/感知的 QoS（QoS experienced/perceived by user/customer，QoSE）。

QoSE 是关于用户认为他们所体验到或感受到的质量水平的表述，是用户对服务质量水平的评价，通常用"满意度"这样的非技术性术语来表示。服务提供商通过 QoSE 来决定用户对服务质量的满意程度，从而调整自身的 QoSO 和 QoSD。

获取用户的 QoSE 的方法有很多，如采用用户调查法，或直接从用户对服务的评分意见中获取。实际上，用户的评分意见即反映了用户对服务的评价等级，不同的评分表示了用户所体验或感受到的服务质量的水平。正如“体验”和“感受”这样的词所暗含的意思一样，影响 QoSE 的因素主要有两个方面。一方面是量的因素，即客观因素，是可量化的因素，是服务性能本身的体现，如服务的可用性、响应时间和可靠性等。另一方面是质的因素，是不可量化的因素，属于用户方面的主观因素，如用户预期、使用环境及条件、用户的心理、应用背景等[83]。因此，QoSE 也被看作受主观的质化因素影响后，用户所接受和理解的提供商 QoSD。

（5）QoS 四个视角的关系。

QoS 的四个视角是切实有效的服务质量管理的基础，将四个视角整合起来有利于促进服务质量的衡量与评价。其中，用户的 QoSR 是服务的逻辑起点，在没有受到关注以前，它们是被孤立地对待的。一旦受到关注，它们则成为服务提供商 QoSO 的决定性依据。但服务提供商并不能一一提供用户所需的 QoS，毕竟提供服务会受到其质量等级的成本、业务战略、业务基准等因素的影响。此外，用户的需求还决定了在监测系统确定衡量 QoSD 的参数。在服务交付使用的过程中，需要监测系统来衡量实际使用的服务及其质量水平，从而定期生产质量情况报告，作为衡量和评价 QoS 的文档依据。

（6）QoS 四个视角的应用。

QoS 四个视角在用户和提供商中作为他们选择/提供、评价/测量 QoS 的准则，其应用情况可以用表 3-1 来描述[84]。

表 3-1　QoS 四个视角的应用

QoSR	是对用户所需的 QoS 水平的一种表述，可转化为提供商所确定的准则和参数
QoSO	是服务提供商的 QoSO 的准则和参数，是明确规定的正式术语，可用于以下方面 （1）作为服务提供商与客户之间的 SLA 的基础 （2）作为服务提供商提供的、广大用户可预期的质量水平的公开声明 （3）作为性能水平规划和维护的基础 （4）作为用户按需选择需求的质量水平的依据
QoSD	是服务提供商实现的或交付的实际质量水平，可用于以下方面 （1）作为用户、监管方比较已交付服务与所提供服务的依据，检查 SLA 的实施情况 （2）作为服务提供商今后提供服务行为及质量水平的依据
QoSE	用基于客户调查结果的等级评定来描述，是用户认为其所获得的或感受到的质量水平，可用于以下方面 （1）所交付服务质量的比较，并确定有关任何含糊不清事项的原因 （2）作为用户今后选择服务质量水平的依据

QoS 的四个视角均可以用相应的参数来表示。因此，用户或提供商应结合实际，考虑 QoS 四个视角的相互关系，有选择地应用这些视角来评价和衡量服务质量的水平。

3.2　QoS 的准则

前面曾多次提到过“准则”这个概念。所谓准则（criterion）即是一个产品或一项服务的单个特性描述，该特性是可观察的与/或可测量的[82]。准则也可称为服务质量准则（QoS 准则）或质量准则。准则与特性相对应，用户的 QoS 特性是提供商制定 QoS 准则的依据，QoS 准则又为 QoS 参数提供依据。这里，QoS 参数是对 QoS 准则范围所做的定义，具有清楚的边界和明显的测量方法，可以被赋予一个定量或定性的值[82]。同理，QoS 参数也可简称为质量参数或参数。

QoS 的视角为确定 QoS 的准则和参数提供了所需考虑的方面。对某项服务（如电信服务）的某个 QoS 视角的特定的应用时，又应使用相关的 QoS 准则和参数。因此，QoS 的视角与 QoS 准则和参数是相互依存的。QoS 视角可用 QoS 的准则和参数来描述；反过来，QoS 的准则和参数可以反映 QoS 不同视角，可以解释不同的质量水平。

3.2.1　制定 QoS 准则的原则

正是因为 QoS 存在不同的视角，因此，在确定 QoS 的准则和参数时，需要遵循一些原则，如下。

（1）不同服务、不同视角的 QoS 准则和参数有差异。因为不同的角度、不同的服务及服务的流程，其 QoS 准则和参数的侧重点不同。

（2）确定 QoS 准则和参数时应以用户可理解的方式进行。若是使用过于技术的术语来描述准则和参数，用户则很难理解和选择。如果有必要，可以将准则和参数分为面向用户和面向企业内部两种版本。在企业内部使用的版本则可以使用更多的技术性术语来规定其 QoS 准则和参数。但不管是用哪种版本，都应预先对相应的术语进行定义，以减少歧义，消除不确定性，便于用户明确的、有效的理解。

（3）不同的用户（群）可能需要不同优先级的性能参数。不同用户对服务的需求不同、需求的质量水平存在差异，QoS 参数就会有所不同，其首选的性能等级也不尽相同。因此，企业最好提供不同质量等级的服务，以满足尽可能广泛的用户需求。

（4）同一用户（群）的 QoS 特性需求可能随时间、地点或环境的变化而变化。其中，QoS 特性包括（3）中提到的 QoS 参数的优先级及对每个参数首选的性能等级。对服务提供商来说，只有确定用户不断变化的需求，才能有针对性地制定 QoS 准则和参数，提供准确的 QoS 水平。

遵循制定 QoS 的这些原则，注意到可能存在的一些问题，并在制定的过程中有效地避免或解决它们，有利于准则和参数的准确性和有针对性。

3.2.2　QoS 准则的制定

在提供商定义 QoS 参数之前，必须首先确定与用户相关的 QoS 特性，制定 QoS

准则。制定 QoS 准则的方法有三种，即通用模型法、性能模型法和四种市场模型法。三种模型法均提供一个矩阵或表格，记录用户需求的描述。可通过专家咨询法、调查问卷法、面对面和电话访谈法、分析投诉或案例等方法来记录用户需求，这样有利于建立一个对 QoS 有影响的、设计方方面面的问题列表。服务提供商根据这个列表，可确定质量准则并将其分配给服务的各功能要素来实现。

通用模型描述了所有 QoS 准则的共同类别，如性能准则、审美准则、外观方面和伦理方面等，是一般性、概念性的模型，可适用于各种服务。性能模型是通用模型的扩展，主要适用于基于网络的服务，如电信服务、Web 服务及云服务等。四种市场模型将服务划分为传输、供应、内容和终端设备四个要素，确定各自的质量准则，以构成总体服务的 QoS 准则，其更多地适用于 IP 网络上所提供的多媒体服务。当然，对于某项特定的服务，提供商可以同时使用这三种模型或其中的一两种，以确定大多数的问题列表。本书的主题是云计算技术及其服务，因此，本书重点介绍性能模型。

性能模型实际上是一个矩阵模型，水平轴上是服务质量的准则，垂直轴上是服务的一系列功能。服务的功能是服务唯一可以确定的性能要素，将这些要素综合起来，就是服务的整体特性，ITU-T G.1000 将此模型定为通信服务的标准质量模型，如表 3-2 列出了移动电话业务的性能模型[84]。

表 3-2　移动电话业务的性能模型

		服务质量准则						
		速度 1	精确性 2	可用性 3	可靠性 4	安全性 5	简易性 6	灵活性 7
业务功能								
业务管理	销售和预签合同	处理时间						
	供货	供货时间		覆盖范围				
	变更	处理时间						改变合同内容的简易程度
	业务支持	响应时间		呼叫中心的可用性			帮助热线的专业化程度	
	维修	响应时间						
	终止	处理时间					合同终止手续的简易程度	
连接质量	连接建立	呼叫建立时间	不成功呼叫率	业务的可用性				
	信息传送	单路延迟	话音质量		某个特定时间周期内的丢失呼叫率			
	连接释放	释放时间	未释放呼叫率					

续表

	服务质量准则						
	速度 1	精确性 2	可用性 3	可靠性 4	安全性 5	简易性 6	灵活性 7
计费	计费频次	账单正确性投诉 账单表述质量		某个特定时间周期内的计费投诉数量	欺诈保护/预防		不同计费方法的可用性（如在线计费）
客户对网络/业务的管理						软件更新的简易程度	

在移动电话业务中，为避免误解，QoS 参数需对 QoS 准则的每一项作出明确的定义。ITU_T E.800 对表 3-2 的准则作了如下定义：速度（speed）描述的是执行某项功能（如连接建立）所需的时间间隔或该项功能的执行速率；精确性（accuracy）又称为准确性，描述的是执行某项功能的正确程度；可用性（availability）是指在一个给定的时刻里（包括给定时间间隔内的任意时刻），执行某项功能的有效性；可靠性（reliability）是指在给定的时间、给定的条件下，执行某项功能的能力或服务按要求运行的可能性；安全性（security）是指对信息可用性、完整性和机密性的保护；简易性（simplicity）是指服务在功能实现上表现为简单而不复杂；灵活性（flexibility）是指在业务技术和操作特性的范围内功能的变化程度[83]。

性能模型使用结构化的方法详细分析了服务性能方面的问题，从而转化为服务质量的准则。由于质量准则详细、具体，又与网络性能参数和管理功能相近，提供商可以很容易地将其转化成为 QoS 的参数集，这对电信服务、网络服务及云服务有较高的利用价值。本书在后面介绍云 SLA 中，定义服务质量等级及其指标就是使用了性能模型的方法来制定 QoS 的参数集。

3.3　QoS 的参数

综上所述，QoS 参数是对 QoS 准则范围所作的定义，具有清楚的边界和明显的测量方法，可以被赋予一个定量或定性的值。QoS 准则是用户和提供商对服务质量的认识的联系纽带，但准则是描述性的，只有明确定义其范围和边界，才能准确地理解其功能特性。因此，提供商在将用户的质量需求转化为 QoS 准则之后，还必须将准则转化为定量或定性的参数，这对 QoS 准则和 QoS 准则的使用方（如用户、服务提供商、监管方等）来说，都是必要的。利用这些可比较的质量数据，有利于准确、直观说明待确定的质量范围，实现可重复的测量和评价。

定义和明确 QoS 准则的范围和边界之后，它就成为了一个参数。定义 QoS 参数是必要的，它消除了对质量水平和质量准则的模糊的解释，并且任何使用者都可以对它进行测量和评价。当然，用户、电信服务提供商或网络运营商或云服务的提供商以及第三方监管者，都可能会根据自己的目标和需求设计自己衡量 QoS 的参数集。为了便于交流和沟通，各方应尽量相互合作，通过协商和谈判以确定共同的 QoS 参数集，并使之和国际上认同的参数标准相一致，有利于服务质量的衡量和评价。本书如没有特别强调，则认为 QoS 参数集即是多方一致认定的、共同的 QoS 参数集。

然而，同样的 QoS 参数，对各方的使用目的却不尽相同。用户用 QoS 参数来衡量自己所使用的服务是否已经达到了合同或协议中所规定的质量水平；负责监测服务质量情况的第三方监管者通过 QoS 参数集来监测和检查服务所实现的质量水平，并生成相应的质量报告，提供给用户和提供商；服务提供商除了用 QoS 参数来检查自己的服务质量水平，还可以使用 QoS 参数来促进自身管理并提高其提供服务的方式。

在为某个特定的目的选择参数种类和参数数量的时候，会受到相关因素的影响，如参数的使用目的（如表现 QoSE、用在 SLA 中规定交付的质量或作为服务提供商规划服务的基础等）、用户所期望的质量和性能、测量和报告参数所需的成本、参数的应用领域和技术潜力，以及用户对参数的有效性和相关性的认可程度。其中，用户所期望的质量和性能与 QoS 准则相关。因此，本小节根据 ITU-T E.802 中提出的"确定和应用 QoS 参数的框架和方法"，首先介绍 QoS 准则转换为 QoS 参数的规则，然后再逐步介绍与 QoS 参数相关的内容，如发布和测量。

3.3.1　QoS 准则转换为 QoS 参数的规则

将 QoS 准则转化为 QoS 参数时，一般要依据以下几个规则。

（1）定义方法。使用不同的参数定义方法，准则转化为参数就会存在不同的可能性。例如，在移动电话业务中，移动用户描述了其在"一年内可容忍的服务中断次数"。这种描述转化成参数时，会有不同的定义，如"累计一年周期内的服务中断次数不超过 n 次"，或"用户不能享用的服务周期大于 b 个时间单位"，或"任何一次中断的最长持续时间不超过 p 秒"，或"两次中断时间的间隔为不小于 q 小时"等。

（2）衡量方法。对同一定义的参数的范围，使用不同的测量方法，会导致很可能只测量到 QoS 准则的其中一个方面，导致测量的结果不同，从而影响参数所提供的信息。因此，为了确保可重复、可比较的质量水平，应把定义 QoS 的方法和测量 QoS 的方法视为一体，并尽可能使用国内或国际上的共同标准，如 ITU-T G.1000 中规定了通信网络服务中定义和描述 QoS 应明确、详尽，从任何角度都找不到第二种理解。根据这个原则，可将上述例子描述为"累计一年周期内的服务中断次数不超过 n 次，每次中断的最长持续时间不超过 p 秒，两次中断时间的间隔为不小于 q 小时"，这样就可以更准确、清晰地描述和定义用户的质量水平需求。

（3）参数的优先级。当准则转换为参数之后，如何确定参数的优先级，以反映用户 QoS 需求的强烈程度呢？这里就会遇到参数优先级的排序问题。影响这个问题的因素也有很多，首先，用户因素是主要的影响因素，每个用户对 QoS 参数的首选值不同，其他参数的优先级也会不同，如在移动网络服务中，大部分用户会把 GPRS 流量作为首选值，也有用户会把安全性作为首选值。因此在确定 QoS 参数的优先级时，首先应确定用户群的 QoSR。可以从 SIC（标准行业分类）中获得与服务有关的用户群的分类，获得其不同的 QoSR，采用加权法排列其结果，即可得到有优先次序的 QoSR，再将其依次转化为 QoS 准则和 QoS 参数。其次，还应考虑地理因素。不同的地区其经济发展的程度不同，对同一服务的需求程度也不同，因而，考虑服务的 QoS 参数时，要根据服务所在的区域，对 QoS 参数赋予不同的权重，从而确定不同的 QoS 参数优先级。再次，成本因素也是一个重要的影响因素。太多的参数将增加无谓的成本，但太少的参数又影响 QoS 的准确测量，因而要适当控制参数的数量，这需要在数量、成本和测量结果之间进行平衡。

将表 3-2 转化为移动电话业务的 QoS 参数，结果如表 3-3 所示[84]。

表 3-3　移动电话业务 QoS 参数示例

业务	QoS 参数	
适用于任何业务	固定网络接入的供应时间 国际互联网接入的供应时间 带号码可携带性程序的问题比例 每条固定接入线路的故障报告率 固定接入线路的故障修复时间 运营商服务的响应时间 号码簿查询服务的响应时间 管理/计费查询的响应时间	账单正确性的投诉 预付费账户信用正确性的投诉 账单表述质量 客户投诉的频度 客户投诉的解决时间 用户关系 求助热线的专业化程度
语音电话 （以及与音频相关的业务，如传真、数据传输和 SMS）	语音连接质量 呼叫建立时间 不成功的呼叫率 传真连接质量 （其中，SMS 是指信息的存储和转发服务）	拨号接入国际互联网的数据率 SMS 的成功率 SMS 的完成率 SMS 的端到端交付时间
移动业务	（上述语音电话参数仍适用） 不成功的呼叫率	丢失的呼叫率 覆盖范围
国际互联网接入	获得的数据传输率 不成功的数据传输率 登录时间	成功登录率 延迟（单向传输时间）

在移动电话业务中，除了提供基本通话功能，还提供数据应用的服务，因此，QoS 参数集也包含了数据应用的相关参数。限于篇幅问题，本书对各参数的相关说明不再一一解释，详情请参看 ITU-T Rec E.800[85]。

3.3.2　QoS 参数的测量

确定了 QoS 参数后，用户、提供商或第三方监测方就可以根据服务的过程来测量 QoS 参数的实现情况。QoS 参数的测量，既可以使用客观的技术手段或工具（如探针）来测量电路、网络、网络要素或信号等可量化的性能参数或其他 QoS 参数，称为客观测量；也可以通过用户调查的主观测试方法来测量，获得用户的 QoSE。

有人可能会简单地认为 QoS 反映的是用户对服务的满意程度的测量，所以应采用主观测量法来测量服务的质量。然而，主观测量法可能会高估了个体的意见，由于用户背景的差异，他们很可能会误解服务的质量，从而导致测量结果的不真实性。因此，一般来说，不管在何种情况下，都应使用客观测量法。可以在主观测量结果的基础上辅以客观测量法的测量结果并加以仔细地分析，使两者的结果具有良好的相关性。

1）客观测量

对移动电话服务中的呼叫的建立时间、呼叫的失败次数、服务中断时间及次数等这些可量化的 QoS 参数，通过在适当的位置中进行适当的探测，就可以轻松地获得相关数据。这里强调了适当的位置和适当的探测，说明探测的结果会因位置而异。例如，呼叫的建立时间。从呼叫请求开始计算，与从成功建立呼叫后再计算，两者的结果是不同的。这里就应根据实际情况，设置探测工具的触发机制，从而获得相对一致的测量结果。

客观测量有几种类型。

（1）侵入式测量（intrusive measurement）是基于人工生成的通信流量的测量。通过人工裁剪通信流量的方法，来检验可能出现的各种问题，可以提供许多测量结果的信息。但它在实际通信流量的基础上，额外增加了人工的通信流量，无疑增加了额外的测量成本，并且可能干扰了正常的测量结果。

（2）非侵入式测量（non-intrusive measurement）是基于真实通信流量的状况的测量。它能提供更加接近实际 QoS 状况的结果，但由于无法检验所有可能的情况，所以很可能会遗漏某些重要的问题。

（3）信令信息测量（signaling information measurement）是基于对信令信息的监控和分析，测量的依据是客户真实的通信流量，是与网络相关服务（尤其是电信服务）的一种客观测量方法。其中，信令信息是指通信系统中的控制指令，它可以指导终端、交换系统及传输系统协同运行，在指定的终端之间建立临时的通信信道，并维护网络本身正常运行[86]。信令消息是指完成呼叫控制和相关业务功能的消息[87]。可以使用网络要素计数器来获得相应的测量结果。对信令信息的监控通常是提供商的内部监控，其优势是可以收集大量的用户记录，每天都可以对他们的网络性能作出评估。但这种方法无法检测音调或语音，因而也无法完整地反映所有呼叫的部署情况。

（4）测量模型（measurement model）根据主观意见客观地对网络性能进行测量的模型，即非侵入式测量设备（in service non-intrusive measurement device，INMD）客户意见模型。其客观测量的结果可以通过 INMD 测量获得。测量模型有利于将客观的网络性能和主观的客户感知的性能很好地关联起来。

2）主观测量

主观测量法是用来评估用户的 QoSE 的唯一手段，包括无法用技术手段测量的问题，和因测量点的减少而被忽视的问题，如计费的精确性、用户支持的质量或帮助服务中回答问题的中肯程度等。它可以指明是否需要提高网络的性能，或是否需要对用户进行培训，这是客观测量法无法做到的。但是，由于用户个人的判断特点和个体差异，使之往往不能反映实际的质量问题，结果的可靠性低。因此，使用主观测量法测量总体 QoS 时，除非专门获得用户的 QoSE，否则应与客观测量法结合使用。

3）测量 QoS 参数的实体

一般来说，用户只能对与自己 QoSE 有关的参数进行测量，却无从测量其他的 QoS 参数。通常情况下，测量 QoS 参数的实体是服务提供商，他们自己测量，以便于将 QoS 参数用于促销自身的产品或服务，监测服务或 SLA 的实施等情况。但有时候，服务提供商为了提高测量结果的可信度，他们会将测量 QoS 参数的工作交予第三方负责，定期生成 QoS 报告提供给服务提供商或用户或相关的质量监管部门。

因此，除上述的客观测量法和主观测量法两种测量方法外，根据测量 QoS 参数的实体的不同，可以将测量分为直接测量和间接测量。

（1）直接测量是第三方负责测量，即一个监管权威机构亲自执行测量工作，如国家质量监督的相关部门。这意味着第三方有责任采取必要的步骤来指导和实现测量工作，并且对数据进行分析，以便计算参数的质量等级。其优点是所提供的信息的可信度高，但是如果需要很多提供商和服务来协助完成测量的话，那么其测量的成本将会非常高。

（2）间接测量是第三方授权其他方来执行测量工作，如服务提供商自己或一些独立的认证组织或审核公司，如电信测速中心。此外，还应考虑是否要对测量结果经过有资格的、独立的组织进行认证。对已经认证的测量结果，其所提供的信息的可信度仅次于直接测量的可信度。未经认证的结果的可信度低，花费的成本也很低。

较好的做法就是在测量的成本和可信度之间折中，选择经过认证的间接测量法。在需要的时候，还可以随机或附加地实施直接测量。

3.4　QoS 的管理

为了使 QoS 的水平能实现预定的目标水平，需要对 QoS 的相关因素进行管理，以确保各种因素的运转良好。这样有利于消除用户与提供商对服务质量认识的差距，保证服务的可持续性。在电信服务中，QoS 管理的内容通常包括 QoS 的政策管理、资源管理、客户关系管理和等级管理等。

1）QoS 的政策管理

QoS 政策的管理实际上是对 QoS 参数的管理，是调整参数以适应技术进步和用户观念变化的要求，必要的时候，还要调整质量的目标（用于确定最低和最高的性能限度及期望的（最优的）QoS 参数性能水平）。显然，QoS 政策的管理包含信息反馈的过程，如用户观念的变化，技术进步的程度或国际服务质量水平的提高等，如图 3-2 所示[84]。

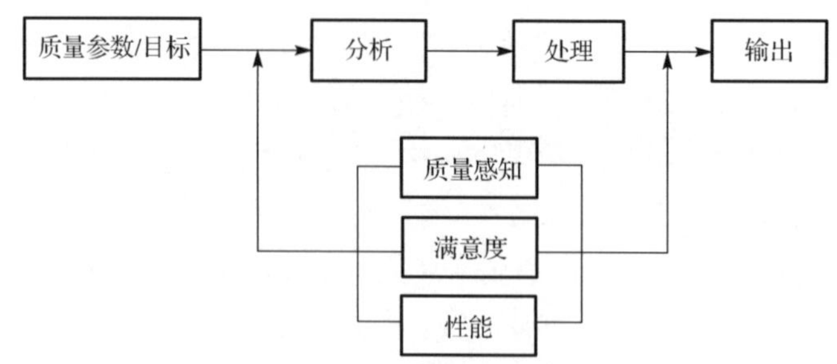

图 3-2　QoS 政策管理的过程

其中，质量目标是服务提供商或监管机构首先定义适用于服务的目标值。他们可以根据已经创建好的 QoS 参数，观察客户的要求、质量的历史变革和基准等，从而确定合理的质量目标，反映某一时间内，普遍可用的服务质量。分析是提供商根据质量的目标以及反馈的信息，研究、思考、权衡和比较 QoS 参数的行为。处理是提供商根据 QoS 参数或目标所确定的质量水平，提供相应的服务的行为。输出是作为质量过程的结果、由服务提供商提供给客户的有效的质量。质量感知、满意度和性能是三种反馈渠道，质量感知提供用户对服务质量的感知信息，满意度提供客户对服务的满意度信息，性能提供处理结果的质量参数信息，如所达到的值、测量的难度和观察期的进展情况等。

2）QoS 的资源管理

要使服务顺利进行，并达到预定的 QoS 水平，必须保证所需资源的可用性和可控性。资源的可用性是指资源可以被有效地利用，不可用的资源形同虚设，无法实现其价值。资源的可控性是指资源可以被控制以实现资源的有效配置和合理地利用。在移动服务中，所需的资源包括用户端的移动设备、提供商的网络基础设施设备以及各种应用程序等。如用户选择的移动数据应用服务，但如果用户的移动设备不支持数据应用服务的话，服务将无法实现。

3）QoS 的客户关系管理

进行 QoS 的客户关系管理目的是保证用户对服务的满意度和忠诚度，从而提高服务的效益。客户关系管理（customer relationship management，CRM）主要是确定并解决服务提供商与用户在提供和消费服务中所出现的一些问题，包括账单的定制、资费的选择、故障修复的安排等。此外，当提供商无法提供合同中规定的质量水平时，应对用户进行适当的补偿，包括物质补偿或精神补偿，以此消除用户的不满意心理。而且提供商应设立用户投诉、建议业务，让用户对使用服务的预期与实际获得的差距表示不满或提出相应的建议，一方面有利于平衡用户心理，另一方面为提供商提高服务质量提供了参考。

4）QoS 的等级管理

等级是指质量性能的取值。按照某种标准，将一项服务的参数性能根据取值，划分为几个等级，一般为3～5个，不同的等级提供的质量水平不同，向用户收取的费用也不同。QoS的等级管理也称为服务等级管理（service level management，SLM）主要是对服务等级协议（SLA）的管理，确保服务的质量达到SLA的规定。SLA（service level agreement）是一份正式的合同文件，其中列出了服务提供商将为一项服务或服务的组合提供的特性、目标值或范围。关于SLA和SLM将在本书下面章节中详细介绍。

当然，对QoS的管理离不开对QoS的评价。评价与测量都是衡量QoS的方法，其中的区别是，测量偏向于可量化的参数，而评价包含主观意愿，与测量方法中的主观测量相似。在QoS中，涉及QoSE的时候，就可以采用主观测量和实体评价的方法来衡量QoS的水平。目前著名的质量评价模型有Gronoroos的客户感知的服务质量模型（customer perceived service quality）[88]、P，Z，B的服务质量差距模型（gap modle）[89]及其后来提出的SERVQUAL评价模型[90]。其中，客户感知的服务质量是客户对服务期望（expectation）与感知的服务性能（perceived performance）之间的比较。如果感知的服务性能大于服务期望，则客户感知的服务质量是良好的[91]。这种模型与前面提到的衡量用户的QoSE的方法是一致的。服务质量差距模型是分析产生服务质量问题的原因及如何改进的方法。其包含5个质量差距：用户预期的服务质量与提供商对用户预期服务质量的感知的差距、提供商对用户预期服务质量的感知与具体服务质量的差距、具体服务质量与服务质量传递的差距、服务质量传递与用户外部沟通的差距、用户感知的服务质量与预期服务质量的差距等。SERVQUAL评价模型是PZB根据服务质量的5个要素（可靠性、响应性、保证性、移情性和有形性）设计一个测量表来评价服务质量的方法，该测量表中包含用户期望和用户感知方面的22个评测要素。

提供商采用了一整套的QoS管理的办法，以保证QoS，吸引新客户，保持现有客户。但是对客户来说，怎样才能在客户对QoS的期望和感知中保持平衡，从而获得客户的满意度呢？提供商制定了服务等级协议，在客户使用服务前，将服务的内容细节、质量评价的依据以及双方的职责和义务均明确描述出来，一方面有利于客户对服务形成客观地认识，另一方面有利于客户在评价服务质量时，能有据可依。事实证明，服务等级协议的签订，有效地保证了客户对服务的满意度。

第 4 章　云计算的服务质量

云计算服务的目标是满足用户随时可访问资源和服务的需求，按需地向用户提供服务。云计算只有以服务的形式，将其特征和优势展现出来，用户才可以感知其存在，也是其自身价值得以实现的形式。云计算技术将其自身展现给用户的具体实现形式称为云计算服务（简称云服务）。云计算环境下，用户可通过链接的网络，根据自己的需要随时随地选择不同的服务内容和服务形式。然而，云计算服务并不是唯一的，也不总是免费的。对云计算服务提供商来说，为抢占云计算服务这个肥沃的领域，他们以不同的云计算服务内容和形式进行着激烈的竞争。Amazon，Google，Microsoft，IBM，Sun，HP 和 Salesforce 等这些大型的 IT 厂商均推出不同的云计算服务，如托管虚拟服务器服务（Linux 或 Windows）、托管应用程序服务（CRM 或 Messaging 报文发送）、托管数据服务等，需要投入大量的资金和资源成本。

对用户来说，琳琅满目的云计算服务可以满足用户随时按需使用的需求。但对用户来说这并不是一件随意的事情。用户访问云计算服务会受到各种因素的制约，如用户需求以及必须支付的费用和自身有限的预算，用户会平衡成本支出与所获得的服务质量水平，选择性价比较好的云计算服务及其提供商。而且，用户必须即时支付费用才能获得使用云计算服务的权利。因此，他们希望自己的付出能获得相应的回报，即获得相应的云计算 QoS 的保证。同时，提供商为保留现有的客户、吸引新客户，必须保证云计算的服务质量，才能从云计算市场中获得收益。

在云计算环境中，可借鉴以上与电信 QoS 相关的方法，来确保云计算 QoS 达到用户支付的相应水平。云计算服务中的质量控制策略之所以能借鉴电信服务的质量控制策略，是因为云计算服务与电信服务在某种程度上具有较大的相似性和关联性。如两者均使用分布式的终端设备，通过宽带网络或无线网络，访问远程的网络、数据服务中心。两者均使用各种手段和技术，将无形的服务有形化。两者服务因客户需求的不同均具有差异性和等级性。此外，两者还可以相互结合。一方面，云计算服务中，要访问云端服务器需要电信的移动互联网和移动终端设备，需要学习和借鉴电信服务中成熟的资源管理和控制模式、用户配置模式和计费模式等，为云计算服务的计算、存储和网络带宽资源等内容提供有效的管理模式。另一方面，电信服务可以利用云服务来提升自身的服务。电信运营商需要将创新的云计算技术（包括虚拟化技术、并行计算技术、分布式技术，以及新的资源管理与监控与用户配置方式等）引入现有的数据中心，同时引入宽带自动调整技术，以实现电信资源的按需提供。云计算的收费模式——自动资源调度与调整，按资源使用计费出租给企业用户，给电信服务陈旧的计费模式带来了新观念。因此，电信运营商利用其带宽资源的优势，迫切地希望将云服务模式与自身的服务模式结合起来，借助云计算服务提供更丰富、更高质量的信息服务，吸引更多的用户，获得更多的利润。

电信对服务质量的控制策略，如使用SLA承诺提供给客户的服务质量，给云计算服务的质量控制带来了很多启发。为此，提供商将服务等级协议的思想引入云计算服务领域，制定各自的云SLA，以保证云服务的质量。如Amazon，Google，Microsoft等云计算巨头将SLA引入云计算服务中，制定各自的云计算SLA，以保证云计算服务的质量，提高用户的满意度，从而使自己获得竞争优势。如Microsoft Azure云平台服务制定了系列SLA，从Storage，Compute，SQL，AppFabric和CDN等方面来明确服务双方的职责与义务；Amazon S3存储服务制定了Amazon S3 SLA，从功能、可靠性和价格等方面来明确其存储服务；Google App制定Google App SLA，明确了App产品提供的服务等级及违例的情况。各种云计算SLA的实施，使云计算SLA成为目前云计算提供商保证QoS的重要手段。据调查显示，注重服务质量、用SLA来保证服务质量的云计算企业中，Amazon，Google App和Microsoft Azure在美国的云计算市场渗透率分别为44%，28%和23%[92]。因此，云计算服务的质量有助于云计算服务提供商获得用户的满意度，有助于加强用户和提供商间的长期合作关系，有助于提供商建立服务品牌的形象，获得市场份额。追求以用户的满意为目的的服务质量，是企业获得和保持竞争优势的关键因素。

4.1 云计算服务质量的定义

本书根据ITU的QoS的定义，将云计算的服务质量定义为“用户使用云计算服务的总体效果，这些效果决定了一个用户对该云计算服务的满意程度”。

云计算的服务质量包含着质量的一般性质，如从用户角度的质量的差异性、可观察性、可测量性及具有显性和隐性的用户需求等。对用户来说，与其他非实体的服务一样，云服务的内容和形式多，用户选择服务及服务提供商的弹性大，动态变化快。导致某云服务的用户动态变化的原因是用户对云服务的满意度。而决定用户满意度的关键是用户对云计算服务质量的预期及其感知。当用户对云计算服务质量的感知达到或超出预期时，用户就感到满意，他们对该服务的忠诚度就越高，其动态变化的可能性就越小。反之，如果用户对这项服务感到不满意，他们必然会将服务的需求转向其他同类的服务，对该服务的忠诚度低，用户动态变化的特征就明显。

用户形成云计算服务的需求和期望之后，选择提供商及相应服务时，会参考不同提供商的云服务能力以及他们的价格，尽量在需求、期望和成本支出间达到平衡。因此，对提供商来说，云计算的服务质量是他们从技术角度和客户满意度角度来衡量服务性能的一个重要手段。提供商能提供不同的服务质量以及最终实现的不同服务质量，意味着不同的服务种类及服务等级，有助于满足不同用户的不同级别的服务需求。

对云服务提供商来说，其可以提供的服务质量以及其实际实现的服务质量会存在一定的差异性。导致这种差异性的原因包括云服务提供商的观点的改变、地域的差异、季节的差异、规模的差异、管理能力的差异等。

因此，对云计算服务质量的理解，需理解包括用户方面需求的服务质量和感知的服务质量，以及提供商方面提供服务质量的能力和实现服务质量的能力。这四个方面也就是理解云计算服务质量的四个视角。

4.1.1　云计算 QoS 的四个视角

结合 ITU 的 QoS 的四个视角（图 3-1），可以得出云计算服务质量四个视角的关系，如图 4-1 所示[84]。

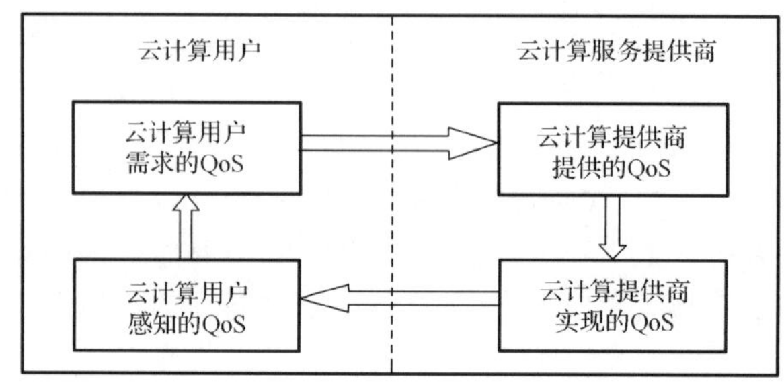

图 4-1　云计算 QoS 的四个视角

其中，云计算用户需求的 QoS 为用户使用云服务前的需求，云计算用户感知的 QoS 是用户使用云服务后的感知；云计算提供商提供的 QoS 是提供商提供云服务前的综合能力，云计算提供商实现的 QoS 是提供商提供云服务后的实际能力。

4.1.2　IaaS 服务质量驱动的云计算研究

张玉超等[93]结合虚拟化技术的相关研究，分析了基础设施层（IaaS）的服务质量驱动的云计算研究现状，提出了服务质量驱动的云计算（简称为服务质量云）研究主要包含如图 4-2 所示的四个类别：即 QoS 评价与标准化技术基础、客观 QoS 因素驱动的保障技术、主观 QoS 因素驱动的保障技术和云安全 QoS 相关的技术。

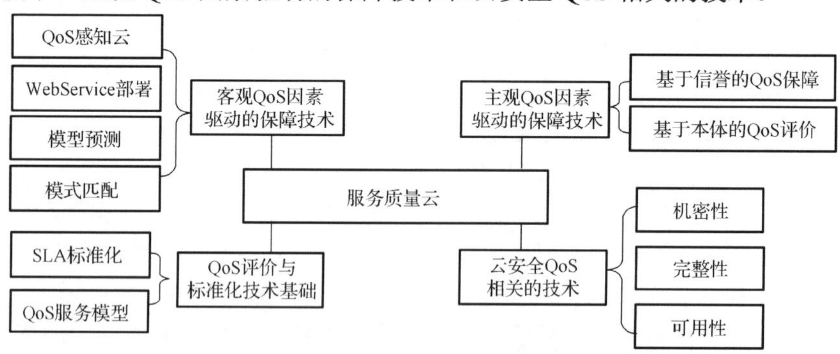

图 4-2　服务质量驱动的云计算研究类别

张玉超等[93]指出，在业界，主流的 IaaS 云计算服务商均提供了保障 QoS 的相关方法，它们均是围绕服务可用性而开展的 QoS 保障技术，具体也可以分为资源动态分配与预留、负载均衡策略、实施迁移与备份和准入控制四个类别，如表 4-1 所示。

表 4-1　IaaS 云计算 QoS 保障技术

提供商	IaaS	SLA 内容	关键技术
Amazon	EC2	每年 99.95%可用	ELB，EBS
RackSpace	CloudServer	每月 100%可用	Cloud Load Balancer
Google	CloudStorage	每月 99.9%可用	Chubby 机制
IBM	SmartCloud	99.5%可用	Virtual IP，Anti-collocation，Virtual LAN
VMware	vSphere	第三方 QoS 组件保证	Distributed Resource Scheduler、HA 组件、vMotion 组件
OpenStack	Openstackcloud	N/A	Quantum，Nova Scheduling 组件
Eucalyptus	Eucalyptuscloud	N/A	VMcontrol 组件耦合状态模型和事件处理机制

张玉超等指出，尽管 Rackspace 宣称 100%的可用性，但在实际运营过程中，更多的是把违背 SLA 的举证责任转嫁给用户，使得 QoS 难有实质性的保障。

4.2　云计算服务质量面临的挑战

尽管云计算服务与电信服务存在极大的关联，并且云计算服务可以借鉴电信服务的质量控制策略。但这些控制并非就能解决所有问题。云计算服务的质量问题仍然面临着巨大的挑战，如 Amazon 的 EC2 和 S3 近几年多次遭受服务中断的困扰；Google 的 App Engine、微软的 Azure 和 Salesforce.com 等，都出现过不同程度的故障，从而被迫中断服务，如表 4-2 所示[37,38]。

表 4-2　典型的云服务断网故障

时间	事故
2009 年夏季	PayPal 的断网故障，让全球数百万台机器无法销售商品。这项服务在大约一小时的时间里完全不可用，在后来的几个小时里仍是断断续续的。PayPal 称硬件故障是事故的原因
2009 年 6 月	Rackspace 遭受了严重的云服务中断故障，如供电设备跳闸，备份发电机失效，不少机架上的服务器停机。此外，Rackspace 这家云提供商在 2009 年全年遭遇了四次引人瞩目的断网故障，使该公司客户的断网时间达到几个小时。Rackspace 不得不向用户赔偿了将近 300 万美元的服务费
2009 年 10 月	微软拥有的 T-Mobile Sidekick 遭受了将近一个星期的服务中断，用户不能访问电子邮件、日历信息和其他个人数据。微软承认它完全失去了云存储的数据并且也许不能恢复这些数据。此前的 3 月份，微软的云计算平台 Azure 也曾停止运行约 22 小时
2010 年 1 月	Salesforce.com 报告了一次全面的故障，也就是说几乎 6 万 8 千名的 Salesforce.com 用户经历了宕机、备份等全套服务中断至少 1 小时
2010 年 3 月	Terremark 公司的 vCloud Express 服务在迈阿密的数据中心断网了大约 7 小时。在这段时间里，用户不能访问存储在这个数据中心的数据

续表

时间	事故
2010 年 6 月	Intuit 的基于云连接的服务，包括 TurboTax、Quicken 和 QuickBooks 等在线记账和开发服务流行平台在一个月内发生两次断网事故。第一次事故由于电源故障断网持续 36 小时。不到 1 个月，又发生了第二次明显的电源故障
2010 年 12 月	微软 Hotmail 出现了数据库错误，导致数万个收件箱都被清空。微软称，这个故障是一个脚本错误造成的。这是为自动测试创建的一个删除虚账户的脚本。这个脚本却删除了 1.7 万个真正的账户。微软用了三天时间恢复了大多数用户的账户。大约 8%的用户再等待三天后才能恢复自己的数据
2011 年 3 月	Google 的 15 万 Gmail 用户在登录自己的账户之后只看到一个空白页，没有邮件和文件夹，没有任何东西表明他们实际上在看自己的收件箱。对于某些受影响的用户来说，谷歌修复这个故障用了 4 天时间。此外，谷歌的 Gmail 在 2009 年 2 月也曾爆发过全球性故障，服务中断时间长达 4 小时
2011 年 4 月	亚马逊位于北弗吉尼亚州的数据中心出现故障，包括回答服务 Quora、新闻服务 Reddit、Hootsuite 和位置跟踪服务 FourSquare 在内的 AWS 完全无法使用，故障持续了大约 4 天时间。这一事件被认为是亚马逊史上最为严重的云计算安全事件
2011 年 5 月	微软基于云的办公套件 BPOS 故障。在 5 月 10 日左右，微软 BPOS 服务开始出现断断续续地工作的情况。一些用户的电子邮件因此延迟了 9 小时才收到。两天后，就在 BPOS 好像排除了故障的时候，延迟的现象又发生了，向外发出的信息也阻塞了。此外，微软还经历了另一个故障，阻止用户登录基于 Web 的 Outlook 门户网站。此类事故在 2010 年 9 月也同样发生过至少 3 次

除此之外，Google App Engine 在 2008 年 6 月曾中断服务 5 个小时，其 Gmail 服务在 2008 年 8 月曾中断服务 1.5 小时，且在 2009 年和 2010 年 Google 分别发生文档错误共享、社交网络 Buzz 泄露用户好友隐私以及多次宕机事件[94]。Amazon 在线计算服务的主要组件简单存储服务（S3）在 2008 年和 2009 年多次出现服务中断，并且其基于云计算的 EC2（弹性计算云）服务在 2009 年先后被黑客攻击、旁道攻击和僵尸网络攻击[95]。

云计算被宣传为安全可靠的工具，但是多次云服务中断的事件，似乎动摇了用户对云服务的信心。事实上，用户的担心不无道理。根据 Michael Armbrust 的研究，云计算发展的障碍主要表现在以下十个方面。

4.2.1 障碍一 服务的可用性

由于担心云计算能否提供足够的可靠性，一些企业对是否采用云计算持谨慎态度。另一方面，已有的 SaaS 产品对此设置了一个很高的标准。Google 搜索现在已经成为因特网的“拨号键”，如果用户使用 Google 进行搜索，而 Google 这时候却不可用，用户就会认为服务不可用了。

就像大型因特网服务提供商使用多个网络服务商以保证一个公司的失败不会导致整个服务的不可用一样，合适的解决方案是使用多个云计算提供商的服务。虽然高可靠性社区很早就在高唱“无单点故障”的颂歌，然而由一家公司管理云服务就是一种单点故障，即使这家公司在不同的地区都有数据中心，并使用不同的网络提供商，它仍可能有单一的软件架构和会计系统，甚至可能会破产。在这种情况下，如果没有可以保证服务持续性的策略，大型的用户可能不会愿意迁移到云。对独立的软件提供商来说，最大的可能是采用多家公司的服务，因为一家公司很难公平地为你创建和维护两个不同的平台。

另一个可靠性的障碍是分布式拒绝服务攻击（DDoS）。犯罪分子以阻碍 SaaS 提供商的服务可用性进行勒索，这样的攻击通常使用大型的“机器人（Bot）网络”，使用假用户对服务器进行洪水攻击。云计算通过使服务快速伸展让 SaaS 提供者可以免于 DDoS 攻击。应用这种弹性，云计算可以将攻击目标从 SaaS 提供者转移到云计算的提供者，而云计算的提供者更容易吸收这种攻击，并且作为一种核心竞争力很可能已经具备防御 DDoS 攻击的能力。

4.2.2 障碍二 数据锁定

虽然软件的跨平台性已经得到了改善，但是云计算的编程接口仍然是专有的，至少还没有成为活跃的标准化目标。因此，用户不能轻易地将他们的数据和程序从一个平台转移到另一个平台。对从一个平台向另一个平台转移的困难性的考量也在阻碍一些组织采纳云计算。用户锁定对云计算提供者来说也许很具吸引力，但是云计算用户对价格、可靠性等方面承受能力很弱。

最显而易见的解决方法是标准化编程接口（API），从而使 SaaS 提供者将服务和数据部署到多家云计算提供者，这样一家公司的失误就不会导致客户数据的丢失了。但是目前，一部分人们担心 API 标准化会导致恶性竞争从而降低云计算提供者的利润，以下两点可以缓和这种顾虑。

第一，服务的质量和价格同样重要，所以消费者不会轻易转移到最便宜的提供商。一些因特网服务提供商和价格比同行高上十倍是因为他们提供的服务更为可靠并提供额外的服务以改善可用性。

第二，除去对数据锁定的担心，标准化的 API 还能产生新的应用模型，在这种模型中同样的软件架构可以同时在私有云和公共云中使用。从而使“混合计算”成为可能，云计算就作为数据中心的补充，处理由临时的高负荷导致的数据中心不能处理的任务。

4.2.3 障碍三 数据安全与可审计性

由于云都处于公共网络中，许多人对云计算的安全持怀疑态度，但是要让云和大部分私有 IT 环境一样安全并不存在根本性的阻碍，许多的障碍也能通过现有技术轻易跨越，如加密存储、虚拟局域网（VLAN）和网络中间层（防火墙、包过滤等）。

类似地，可审计性就可以通过加入虚拟客体操作系统（虚拟应用环境）而获得，它将与安全性和可审计性相关的特性集中到一个独立的逻辑层。它所提供的安全性远高于成为应用程序一部分的审计程序所提供的安全性，突出了云计算从特定硬件提供安全性转移到利用虚拟能力提供安全性的特性。

4.2.4　障碍四　数据传输瓶颈

应用程序变得越来越数据密集。假设应用程序被分拆在不同的云中，这将加深数据布局和传输的复杂度，每 TB 数据 100～150 美元的传输费用将使数据传输成为一项重要的支出，云的用户和提供者都需要在系统的每一个层面认真考虑数据的布局和流动，以降低成本。这样的现象可以从 Amazon 新服务 CloudFront 的开发中体现出来。解决网络传输高昂费用的解决办法之一是利用快递运送硬盘。另一个方法是找到一些理由让数据保存的云中更具有吸引力，一旦数据都保存在云中，它就不再是一个瓶颈了，而且能促进新的需要大量购买计算能力的服务的产生。Amazon 最近开始在 S3 上免费托管大规模的公共数据集（如美国人口统计数据），因为 S3 和 EC2 的数据传输是免费的，这就会吸引一些 EC2 应用。第三个根本的解决办法是尝试降低广域网的带宽成本。有人估计大约 2/3 的广域网带宽成本是高端路由器的成本，而网络的成本只占约 1/3。研究人员正在尝试使用普通机器组成的简单路由器作为高端路由器的低成本替代方案。如果这样的技术能够被广域网提供商所采用，带宽的成本就会比现在下降得更快。

4.2.5　障碍五　性能的不可预测性

针对“性能的不可预测性”的解决方案是云计算内部的多个虚拟机能够非常出色地共享 CPU 和内存，然而 I/O 的共享则存在很多的问题。一个解决方案是改进架构和操作系统以更有效地虚拟化中断和 I/O 通道。像 PCI Express 这样的技术很难虚拟，但是对云来说却非常关键。IBM 的大型机和操作系统在 20 世纪 80 年代基本解决了这个问题，所以有成功的实例可以学习。另一种方案是通过闪存可以减弱 I/O 干扰。闪存可以像机械硬盘一样在断电后保存信息，因为它没有运动的部件，所以可以获得更快的进入速度并使用更少的能量。由于闪存相对硬盘可以承受更多的输入/输出，多个带有相互冲突的 I/O 负载的虚拟机可以在同一台物理机器上共存，而不产生干扰。这种技术也可以移植到闪存上来，从而可以增加在一台虚拟机上运行的应用程序数量，有利于降低云计算提供商的成本，并最终降低云计算用户的支出。

4.2.6　障碍六　存储的可扩展性

云计算提供者从不同方面解决这个存储可扩展性的问题，包括查询和存储接口的丰富性、提供的性能保证以及存储系统直接支持的数据结构的复杂性（如关系数据库和键-值存储），其目标是建立一个不仅可以满足这些需求，而且能够结合云计算可以任意向上或向下伸缩的优势，并满足程序开发人员对伸缩性的资源管理、数据持久性和高可用性的预期的存储系统。

4.2.7　障碍七　大型分布式系统存在的缺陷

云计算的挑战之一就是从这些超大型分布式系统中消除缺陷。通常这些缺陷不能在小型系统中重现，因而调试只能在大规模的生产系统中进行。这种问题产生的原因可能在于云计算对于虚拟机的依赖。许多传统的SaaS提供者都没有使用虚拟机进行系统开发，原因有可能是他们的系统优于现有的虚拟机或者他们不能承受由虚拟机带来的性能冲击。因为虚拟机是效用计算所必需的，这种级别的虚拟化可以使人们从没有虚拟机的系统中获得无从得到的宝贵信息。

4.2.8　障碍八　快速伸缩

即用即付显然适用于存储和带宽的使用，这两者可以通过测量使用的字节数获得，计算力则稍有区别，取决于虚拟化的层次。Google App Engine能根据负载的上升和下降自动进行伸缩，并且按使用的CPU周期收费，AWS按占据的实例数量和时间收费，即使这些机器在闲置。

解决这个问题的途径是根据负载快速地自动伸缩，以节省金钱，但是不违反服务水平协议。实现自动伸缩的另一个原因是节约资源。一台闲置的机器使用的能量相当于一台满负载工作的机器的2/3，所以对资源的节约可以减少数据中心对环境的冲击，这在当前已经吸引了很多关注。效用计算通过按小时和字节计费鼓励程序开发人员注意程序的效率（如只有在必要的时候才释放或者获取资源），并且可以获得评价运行和开发效率的更为直接的方案。

意识到支出是节约的第一步，但是由于配置的复杂性，程序开发人员通常会让机器整晚闲置，这样隔天继续工作的时候就不需要再做多余的工作。一个能够快速并且容易使用的快照/重启工具有助于更进一步资源节约。

4.2.9　障碍九　信誉共享

信誉没有很好地虚拟化。一个用户的行为可能影响到整个云计算的信誉。例如，垃圾邮件拦截服务将EC2的IP列入黑名单可能限制了托管的应用程序。另一个法律性问题是法律责任转移——云计算提供者希望能够将法律责任归于用户而不是转移到他们身上（例如，发送邮件的公司应该担负责任，而不是Amazon）。

4.2.10　障碍十　软件许可

目前的软件使用许可通常限制软件可以运行的电脑，用户购买软件并每年支付一定的维护费用。SAP宣布他们每年的维护收入将达到软件出售收入的22%，跟Oracle的定价相当。但是，许多云计算提供者都部分依赖于开源软件，因为商业软件的许可模式不适应效用计算。可能的方式是开源软件继续保持其流行程序或者商业软件公司修改他们的许可结构以更好地适应云计算。例如，Microsoft和Amazon在EC2上共同提供了Windows Server和Windows SQL Server的即用即付软件使用许可。

因此，提供商构建健壮的云服务平台，建立和管理托管基础设施、研究数据分布计算技术和高效的、可靠的、可扩展并自动支持异地随时按需存取的在线数据访问服务是人们对云 QoS 提出的要求。这些云 QoS 的需求可作为云服务提供商提供服务的依据，也是人们对云服务的满意度、云服务提供商的服务水平的衡量依据。

4.3 云计算服务质量保障

这里首先要认清一点，云计算、云计算服务不是凭空出现的，都是在以前技术、服务的基础上发展起来的。因此，以前理论、方法仍然适用于云环境与云服务，它们仍具有较高的指导价值。云计算 QoS 同样也是云服务提供商获得竞争优势的关键。当然，云计算 QoS 具有属于自己的特性。如在云计算环境中，用户将重要的数据资料存储在云端，对其安全和隐私的要求就高于以往任何一种服务。此外，用户要随时异地访问数据资料，对云计算服务可用性的要求也特别高，任何一次服务终端，即使是短暂的中断，将造成用户的无法工作，其损失将无可估量。

因此，需要一些关键技术来保证云计算 QoS，其中最普遍的就是使用 SLA 来约束提供商和用户之间的责任与义务。

4.3.1 SLA 保障 QoS 的基础

SLA 一般都规定了服务的可用性、性能、响应时间、吞吐量等指标，一旦发生违约或服务降级的现象，就可以通过 SLA 来商议损失的索赔。但是，在 QoS 的保障中，最重要的就要弄清楚不同实体从不同角度对云计算 QoS 的要求，可沿用 QoS 的四个视角来审视云计算 QoS。

在了解了不同角度云计算 QoS 的要求后，就需要从不同的角度来定义云计算 QoS 的衡量依据，即定义云计算 QoS 参数。Amazon，Google App 及 Microsoft Windows Azure 的系列云服务，均把云计算服务的可用性作为最重要的一个参数，定义如式（4-1）所示。

$$可用性=\frac{服务可用的总时间-服务中断的总时间}{服务可用的总时间} \tag{4-1}$$

Microsoft Windows Azure 在此基础上将可用性分为两个等级，“<99.95%”和“<99%”，分别收取不同的服务费用。

除了可用性，不同云服务的 QoS 参数也不尽相同，大体包括安全、虚拟硬盘的大小、速度、响应时间、延迟、计算频次、CUP 性能、灵活性、可扩展性、应用程序的周转时间、负荷能力、准确性及带宽等。

从云计算服务提供商的角度，要保证这些 QoS 参数的实现，提供商自身必须从技术上解决服务中断和数据安全这两大主要问题。对服务中断问题，目前各大云服务提供商常用的解决方案是配置多个相同的云计算平台，如果其中一台服务器出现故障，“云”中的服务器可以在极短的时间内，快速将某台服务器中的数据完全拷贝到另一台的服务器上，启动新的服务器来提供服务。如在 IBM Cloud 中安装和配置 Cognos 网关时，为了在网关层实现故障恢复支持，将多个 Cognos 网关安装到 Web 场中，每个 Web 服务器一个。倘若 Web 服务器发生故障，Web 场入口点（通常是一个路由器或反向代理服务器）能够将请求重新发送到下一个 Web 服务器。每个 Cognos 网关应该被配置含有多个应用程序服务器。发送到网关的请求被路由到列表中第一个可用的服务器。如果这个服务器不可用，网关重新将请求路由到下一个可用服务器[96,97]，如图 4-3 所示。

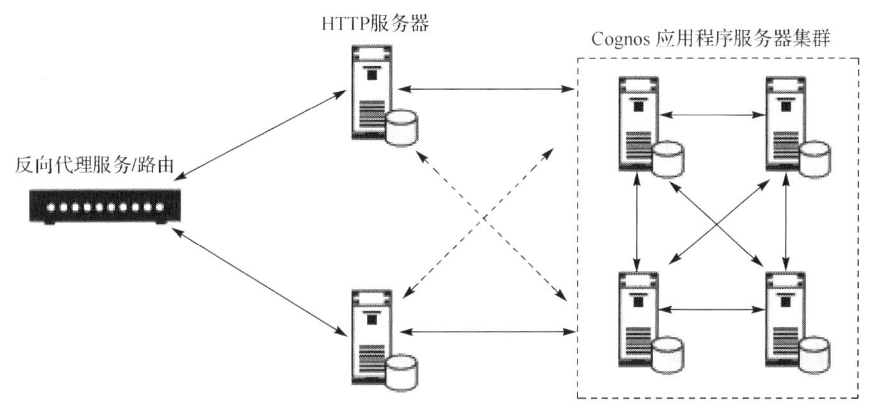

图 4-3　带有一个反向代理的高可用性 Cognos 云计算环境

云服务中的数据安全包括数据、应用程序等问题。提供商为保护客户数据的 CIA（Confidentiality，Integrity，Availability）就要提供相应的技术支持，如防止外部入侵的防火墙技术和防止数据篡改的数据加密技术、严格的访问控制和数据备份等。除提供商采取数据安全技术外，客户也可以为自己的机密数据进行加密管理，更有效地确保数据的安全。对于应用程序的安全，可以采用 LAMP（Linux，Apache，MySQL，PHP）套件进行管理。它是一个开源 Web 开发平台，使用 Linux 作为操作系统，Apache 作为 Web 服务器，MySQL 作为关系数据库管理系统，以 PHP 作为面向对象脚本语言[98]。

再次，需要对云计算 QoS 参数进行相应的管理，以保证其适应技术进步和用户需求的变化。QoS 参数管理的政策管理、资源管理、CRM 和 SLA 管理等，尤其是采用 SLA 的形式。SLA 是 SP 和客户之间正式协商的一个协定，是存在于双方之间的一个合约。它规定客户与服务提供商之间的很多方面，例如，业务性能、客户服务、业务质量等。从提供商角度来看，SLA 的形式是对用户及其 QoS 相关参数的管理；从用户角度，SLA 则能使用户事先明确提供商提供 QoS 的能力，形成对服务及其质量的合理的期望，消除对遥远“云端”的忧虑，实实在在地感受到客观的云 QoS 的性能和参数，并获得相应的保证。这无疑让他们树立起对云服务的兴趣和信心，吸引他们使用相关的云服务。Google，Amazon，Microsoft，IBM 作为云计算技术的先行者和推动者，它们通过与用户签订 SLA，规定质量参数，量化云服务质量指标，明确服务提供商与用户之间的权益和责任，制定不同的服务等级，给用户一些保证和承诺，以维护双方的利益，建立用户对服务提供商的信任，促进云服务的深入开发与应用。

但是，目前云服务提供商制定的云计算 SLA，与成熟的电信 SLA 相比，内容显得简单、粗糙，不能反映用户真实的云 QoS 需求。因此，立足于现有的云计算 SLA，结合云计算服务在现阶段所面临的问题与挑战，分析用户、云服务提供商以及第三方监督机构对云服务及其 QoS 的理解和要求，利用电信 SLA 的优势及其思想，研究云计算 SLA，目的是将其完善、具体，使之更能客观地反映各方的需求，成为保障各方利益的重要依据。

4.3.2　其他保障措施

张玉超等[93]总结了当前有关云计算服务质量保障的相关研究，包括 QoS 的评价模型和云计算安全相关技术等。

（1）QoS 的评价模型。

张玉超划分了如表 4-3 所示的四种云计算 QoS 的评价模型。

表 4-3　云计算 QoS 的评价模型

作者	维度	
Karyakin[99]	性能	响应时间、吞吐量
	数据质量	数据正确性、新鲜度、可用性
	经济因素	
罗金舟等[100]	IaaS 层	服务可用性、网络性能保障、负载均衡器可用性、异常通知保障、支持响应时间、惩罚机制保障
	Paas/SaaS 层	服务请求差错率、网络连接可用性、服务稳定性、惩罚机制保障
Michlmayr 等[101]	确定性属性	服务定价、安全性
	非确定性属性	服务性能、可靠性
张鹏等[102]	客观因素	延迟、丢包率、吞吐量、安全、价格
	主观因素	用户体验、信誉、满意度、评价

其中，对于客观 QoS 因素的研究主要是从单宿主服务器和集群环境的 QoS 保障的角度，通过对资源进行动态优化和管理，或采用模型预测的方法，以达到保障 QoS 的目的。对于单宿主服务器的资源分配方案主要是性能隔离和效率最大化。比较成熟的性能隔离策略如 Xen 的 EDF-table 策略和 KVM 的 MAC 策略。效率最大化策略如 Apad 多输入多输出的实时反馈系统[103]和 Q-cloud QoS 感知框架[104]。对于集群环境资源的调度与优化策略主要有 FCBB（向前回溯算法）[105]和基于遗传算法的服务部署优化策略[106]。模型预测的方法主要是通过模型的构建和假设，对 QoS 的发展趋势进行预测，如性能模型和效用模型。性能模型是一种综合了配置、交互、构件等多视角的模型，常用于多决策系统的自动优化，即预测多决策变量的变化对系统产生的影响。效用模型是一种预测收益的经济学模型，可有效管理云计算资源预留的问题[107]。

主观 QoS 因素的研究技术主要包括基于用户对服务信誉评价的 QoS 保障方法以及 QoS 本体研究。对于云计算服务的信誉评价，一般是通过节点的历史性能表现和用户评价来实现。根据节点历史性能预测未来性能表现的技术主要是 Petri 网、马尔可夫链和进行代数等形式化方法。而用户评价主要是对服务组合间的有效调用情况对服务进行预评价，从而获得较高质量的服务副本。对于基于本体的服务质量评价的研究中，陈光等[108]提出了对云计算的 QoS 可划分为服务层次的度量和资源层次的度量两个层面。前者的 QoS 维度包括延迟、带宽、吞吐率等，后者包括 CPU 运算速度、磁盘读写速度等。

（2）云计算安全相关技术。

云计算的安全主要包括机密性、完整性和可用性三个方面，这是云计算服务质量的关键因素。正如 4.2 节所描述的，云计算的服务质量在安全方面存在极大的挑战，如虚拟机自身的脆弱性漏洞、敏感数据暴露在云中、虚拟资源的可用性保证等。针对这些挑战，云计算提供商主要采用四层安全模型的策略来保证云计算服务的安全性[93]。第一层是内核层，主要是通过修改虚拟机监控器（virtual machine monitor，VMM）来实现数据机密性的保护。第二层是代码层，主要是通过动态校验代码来保护系统的完整性。第三层是进程层，是通过在操作系统内部实施进程级的数据机密性保护。但是由于不同操作系统之间不容易兼容进程级的安全措施，所以很难移植。第四层是虚拟机层，主要是通过实施虚拟机层次的机密性和完整性保护，将虚拟资源管理和安全保护加以分离，从而保证向后兼容，很大程度上解决了多租户环境下的虚拟化安全问题。

尽管目前云计算服务质量保障的相关研究和应用较多，但由于云计算的体系结构比较复杂、对 QoS 的定义和 SLA 接口的定义等尚未有统一的标准，所以仍然存在一些问题，例如，关于如何测量 QoS、QoS 测试的工具少、相关 QoS 保证技术尚未成熟等。未来可以利用数据挖掘技术、用户评价模型、QoS 形式化和原型系统等方面来开展云计算 QoS 保障技术的研究。

第 5 章　图书馆云的服务质量

在互联网的环境下，网络信息提供商提供了内容丰富、形式多样、便捷、易于使用的网络信息服务。如 Google 搜索引擎[109]，整合了多个数据库的资源，提供统一的搜索，不仅在一个位置上能方便地搜索到各个数据库的学术资源，还可以提供文献的摘要、被引用的情况、文献的不同版本、相关的文献等结果信息。如果所在的图书馆有权限，用户就可以直接下载该文献[110]。使用这样的服务，用户已经不再需要在图书馆的多个数据库检索平台上来回穿梭了。图书馆的读者也开始转向并偏爱这些网络信息服务。图书馆的“读者”逐渐转变成为网络信息服务提供商的“用户”。对图书馆来说，其读者逐渐流失、自己变得越来越“空旷”，自己的核心价值及生存状况面临着巨大的挑战[111]。

云计算的发展为图书馆提高工作效率、增强核心竞争力、提高图书馆用户的满意度和忠诚度提供了重要的机遇。图书馆引入云计算的思想，构建诸如 OCLC WMS（WorldShare Management Service），Innovative Interfaces Sierra，ExLibris Alma 等[112]具有基于云计算的计算能力、数据效率和社区力量的图书馆部署方案，有人将其称为“图书馆服务平台”[69]。Matt[64]将其称为图书馆云解决方案（library cloud solution）。本书从其中取“Library Cloud”一词，将其称为图书馆云。图书馆云是基于云计算的图书馆服务管理平台，它们是构建在一个共享数据模型的基础上、通过网络将计算资源、图书馆的馆藏资源及其他图书馆服务交付给用户的。这种运用了云计算的理念和技术，在区域范围或全球范围内，聚集了图书馆领域所有的资源、数据、功能和服务的图书馆云，是一个虚拟的图书馆中心（即共享的数据中心），它将与图书馆有关的信息资源以服务的形式，通过网络提供给用户使用。而这些由图书馆云提供的、通过网络以服务的形式交付的、与图书馆相关的服务，称为图书馆云服务（library cloud service）。从用户的角度来看，图书馆云就是图书馆网站上的一个界面，通过接入该界面就可以获得各种各样的资源或服务。

然而，诸如 WMS 的图书馆云服务是一项复杂、综合的信息服务，包括底层 IT 基础设施（硬件、软件、系统等）的建设、馆藏资源的建设、各种集成服务及应用程序和工具，都是以组合服务的形式、由一群服务提供商共同提供服务，如图 5-1 所示。

如底层的 IT 基础设施由云计算服务提供商提供，与合作伙伴或信息资源提供商一起提供馆藏数据和各种集成服务或由成员图书馆创建各种应用程序和工具等。而且，机构图书馆购买了图书馆云服务，但却不是服务的使用者，位于机构图书馆之下的用户群才是最终体验图书馆云服务的用户。在这种复杂的组合服务环境里，一个用户面对多个提供商，服务关系交错复杂，相互间的职责不清晰，使包括资源安全、用户隐私和知识产权等方面的用户服务质量难以保障。

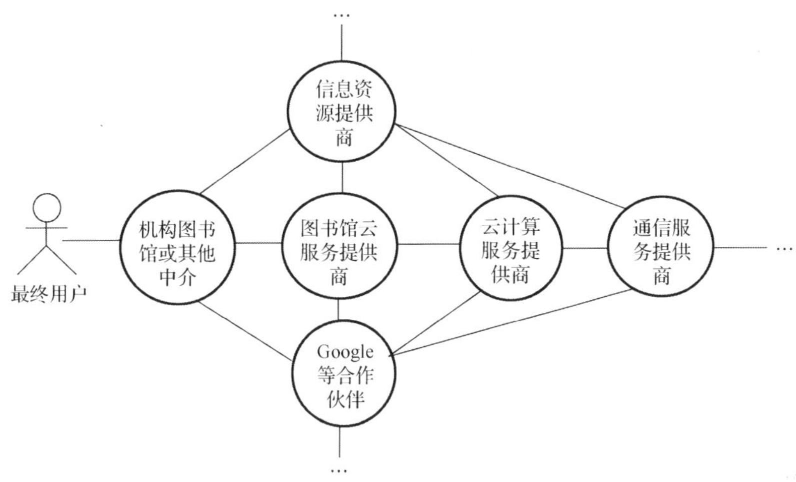

图 5-1　图书馆云服务的业务关系

图书馆云服务为用户带来了只通过一个浏览器界面就可以获得计算资源、图书馆的馆藏资源及其他图书馆服务的便利，而保障用户使用图书馆服务的质量、保证用户对图书馆服务的满意度，是图书馆云提供商赖以生存的基础。本书立足于图书馆服务质量现有研究的基础上，通过探索性因子分析方法来探索图书馆云服务质量的影响因素，有利于图书馆云提供商有针对性地制定保证服务质量的措施，从而保证用户对图书馆云服务的满意度和忠诚度。

5.1　图书馆云服务质量的基础

Hernon 等[113]曾指出，服务质量关注的是如何缩小用户对服务的感知与用户对服务的期望之间的差距。图书馆的任务就是要向用户提供文献资料等知识服务，图书馆服务质量的高低意味着用户对图书馆服务的满意与否。图书馆很早就利用并开发了多个服务质量工具来评价用户对图书馆服务的满意度及其自身服务质量等问题。本书以服务质量理论、信息交流的 SCR 模式及现有图书馆服务质量的工具为基础，分析图书馆云服务质量的主要特征。

5.1.1　信息交流的 SCR 模式

信息交流是人与人相互作用与联系的一种方式。信息交流模式就是用简洁的语言、图形或程式来描述信息交流现象，以解释信息交流的本质和规律的一种方法[114]。信息交流的过程至少包含一个信息传递者和一个信息接收者。其中，信息传递方

（Sender，S）是信息的初始来源，即信息生产者。信息接收方（Receiver，R）是信息的最终利用者。在信息交流的过程中，信息总是从传递方，流向接收方。信息交流的SCR 模式是由英国信息学家 Brain C. Vickery 和 Alina Vickery 提出的。其中，S 代表信息源（Source），C 代表交流渠道（Channel），R 代表信息接收方（Recipient）。它这样描述了信息交流：信息交流就是信息从信息源出发，经由各种渠道和媒介，而后传递到信息接收方的过程，如图 5-2 所示。

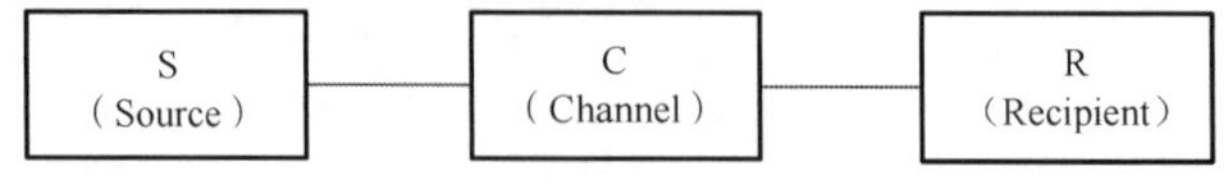

图 5-2　信息交流的 SCR 模式

如果将信息交流的 SCR 模式扩展到更广泛的资源/服务交流与传递领域中，将可以形成资源/服务传递的SCR模式，即资源/服务的来源-传递渠道-资源/服务的接收方。资源/服务传递的 SCR 模式反映了资源/服务交付、传递的一般过程，是服务过程的具体描述。如果将信息交流的 SCR 模式扩展到服务质量领域，将可以形成服务质量的SCR 模式，即服务质量的来源-服务质量的传递-服务质量的接受方，反映出服务质量在服务的交流与传递中的转移过程。

图书馆云服务的本质即提供商提供的图书馆云数据中心与图书馆云用户之间的资源交流与传递的过程。图书馆云用户为了获得相关的资源，用户向网站发出请求，网站即将相关资源呈现或传递给用户。因此，在图书馆云交流的 SCR 模式中，提供商提供的图书馆云数据中心即来源，图书馆云网站即交流渠道，用户即接收方。其交流的过程，就是图书馆云提供服务的过程。资源的交流及传递过程，伴随着服务质量的传递与转移。本书欲以信息交流 SCR 模式为基础，构建能反映服务交流与传递过程的图书馆云服务质量模型，将图书馆云的服务质量体现在服务交流与传递的生命周期过程中，既体现服务交流的本质，又符合交流双方看待服务过程的一般观念。

5.1.2　服务质量理论

国际标准化组织（ISO）定义质量是“一个实体特性的总和，这些特性影响其满足用户显性和隐性需求的能力”[81]。所谓服务质量是“使用服务的总体效果，这些效果决定了一个用户对这项服务的满意程度”[62]。服务质量是在质量的基础上，从用户的角度出发，将衡量质量的实体扩展到无形的服务中，用以描述这些服务满足用户需求的能力。

显然，这两个定义都是从用户的角度出发，衡量有形实体或无形服务的特性满足用户需求的程度。因此，质量或服务质量的问题，不仅仅与提供商的责任和义务有关，更离不开用户对质量的实际感知。但是，由于用户在知识水平、认识观念上存在差异，导致了使用实体或服务的方式和行为等也具有差异性。QoS 的差异性反映了 QoS 的四个视度，即用户的 QoS 需求、提供商提供的 QoS、提供商实现的 QoS、用户感知的

QoS[115]。其中，用户的 QoS 需求是服务的逻辑起点，在没有受到关注以前，它们是被孤立地对待的。一旦受到关注，它们则成为提供商提供的 QoS 的决定性依据。但提供商并不能一一提供用户所需的 QoS，毕竟提供服务会受到其质量等级的成本、业务战略、业务基准等因素的影响。而且，受到用户的知识水平、使用熟练程度等的影响，不同用户对 QoS 的需求及感知也会有所不同。QoS 的另外三个视角：提供商提供的 QoS、提供商实现的 QoS 和用户感知的 QoS 是服务质量在信息交流的 SCR 模式的体现。其中，提供商提供的 QoS 是作为 QoS 的来源，影响着用户所获得的 QoS 的水平。提供商实现的 QoS 是服务质量在交流渠道中传递的 QoS 水平。用户感知的 QoS 是用户作为接收方感觉自己所接收到的 QoS 水平。

因此，影响图书馆云的 QoS 的因素需要包含反映服务来源的提供商自身提供 QoS 的能力，包含受资源交流与传递过程的影响而产生的提供商实际实现的 QoS，包含反映接收方 QoS 的用户感知 QoS。正是因为 QoS 存在四个角度的差异性，提供商和用户如果要统一起来评价 QoS 的话，就必须约定一些衡量 QoS 的共同标准，如质量的维度、参数等，并在服务交付的过程中监测这些参数的实际执行情况，生成质量情况报告，作为衡量和评价 QoS 的实际依据。统一的 QoS 标准，不仅可以缩小用户对 QoS 评价的差异性，还有利于将用户隐性的质量需求显性化，实现 QoS 的可观察性、可测量性。

5.1.3　SERVQUAL

SERVQUAL 是 20 世纪 80 年代末市场营销专家 Parasuraman 等设计的，是一个面向顾客的问卷式服务质量评估工具。与传统评估方法相比，SERVQUAL 关注的是用户的期望和感知。它包含 5 个服务质量方面（即有形性、响应性、可靠性、保证性和移情性）和 22 个陈述项。每个陈述项都从特定的角度，同时测量顾客接受的最低服务水平（minimum service level）、期望的服务水平（desired service level）和感知到的服务水平（perceived service level）[116]，如表 5-1 所示。

表 5-1　SERVQUAL 的 5 个服务质量方面及其 22 个陈述项

服务质量方面	调查问卷陈述项	服务质量方面	调查问卷陈述项
有形性	设施有吸引力	保证性	员工对顾客充满信心
	员工衣着得体		顾客对交易感到安全
	书面材料易于理解		提供的材料适宜并且是最新的
	设备的外观具有现代型		员工始终保持对顾客的礼节
可靠性	在承诺时间内给予响应		员工具备回答顾客问题的知识
	准确遵循了客户服务准则	移情性	员工给予了顾客特别的关注
	声明或报告避免差错		组织运营时间对所有顾客都方便
	服务从一开始就得到准确传递		员工真心关注客户的最大利益
	真诚表示要解决问题		员工理解顾客的需要
响应性	当出现问题时，组织能快速响应		当顾客提问时员工没有装作很忙碌或态度粗鲁
	员工愿意回答顾客的问题		
	能为顾客提供及时的服务		

20 世纪 90 年代初，学者赫伯特、尼蒂奇、维希涅夫斯基和唐纳利等将市场营销领域评价服务质量的 SERVQUAL 工具，引入图书馆领域用于评价图书馆的服务质量，特别是馆际互借、参考咨询、馆藏及整体图书馆服务。根据 SERVQUAL 关注用户期望和感知的评价结果，图书馆可以形成基于用户驱动的服务质量改进。SERVQUAL 一方面可以提供用户对图书馆当前服务质量的感知信息，同时提供了用户对理想服务的期待信息，可以为图书馆管理者提供更加全面的决策依据，使图书馆服务不断接近用户的期待和需要。另一方面，SERVQUAL 显示了不同用户群体对图书馆服务质量的期待的异同，有利于图书馆确定可能存在的用户需求的冲突，从而帮助图书馆管理者改进图书馆服务的优先次序。

5.1.4　LibQUAL+

20 世纪 90 年代末，美国研究图书馆协会（ARL）开始对 SERVQUAL 进行修正研究，目的是形成能够被不同图书馆采用的实用性图书馆服务质量评估体系。ARL 根据图书馆的特点，融合 SERVQUAL 的质量方面和 ARL 在用户调研中新发现的质量方面，从而形成图书馆质量评估体系 LibQUAL+[117]。该体系由最初的 6 个维度（服务影响、访问的普遍性和易用性、综合馆藏、可靠性、图书馆的整体环境、自助）发展到 4 个维度（服务影响、信息获取、个人控制、图书馆整体环境），最后形成 3 个质量方面（图书馆的整体环境、服务影响、信息控制）13 个维度[118]。其中，图书馆的整体环境（Library as Place）包括实用空间（Library as Place）、标识（Symbol）和安全地带（Refuge）3 个维度，服务影响（Affect of Service）包括移情（Empathy）、响应（Responsiveness）、保证（Assurance）和可靠性（Reliability）4 个维度，信息控制（Information Control）包括内容范围（Scope of Content）、便利（Convenience）、易定位（Ease of Navigation）、及时性（Timeliness）、设施（Equipment）和自力更生（Self-Reliance）6 个维度[118]，如图 5-3 所示。

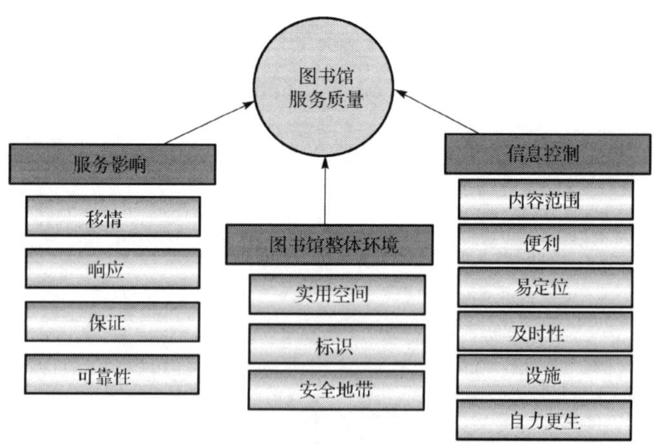

图 5-3　LibQUAL+质量模型

LibQUAL+研究的是传统实体图书馆的服务质量。此类研究主要是从图书馆的立场出发，研究图书馆提供服务的能力，包括提供信息内容的能力、提供服务环境的能力和将服务交付使用的能力[119]。但服务质量不应局限于图书馆的效益、效率和可靠性，它更应该关注用户方面的体验。为此，Hernon 等[113]描述了质量的 4 个维度，即优秀、有价值、顺应规范和满足或超出预期，强调图书馆欲提高服务质量，就必须关注客户、关注客户期望、关注客户的满意度。

5.1.5 DigiQUAL+

随着计算机技术、网络技术的引入，图书馆以数字化的方式向用户交付其馆藏资源和服务，馆藏从印刷型资源转向数字资源。基于实体图书馆的 LibQUAL+服务质量评价体系已不能完全适应图书馆电子化的服务环境。为了获得适用于图书馆电子服务质量评价的工具，很多学者又开始研究将市场营销学的电子服务质量评价工具 e-SERVQUAL 引入到图书馆学领域中，构建图书馆电子服务质量的评价工具。Goncalves 等[120]构建了一个包含 6 个方面 21 个维度的数字图书馆质量模型。其中 6 个方面分别是数字对象、元数据规范、目录、资源库、服务和馆藏。维度包括可访问性、针对性、可保存性、相关性、相似性、显著性、及时性、准确性、完整性、一致性、连续性、可组合性、有效性、效益、可扩展、可重复使用和可靠性等，如表 5-2 所示。

表 5-2　Marcos 等构建的数字图书馆质量模型

数字图书馆构念	质量维度	数字图书馆构念	质量维度	数字图书馆构念	质量维度
数字对象	可访问性	元数据规范	准确性	服务	可组合性
	针对性		完整性		有效性
	可保存性		一致性		效益
	相关性	目录	完整性		可扩展
	相似性		连续性		可重复使用
	显著性	资源库	完整性		可靠性
	及时性		连续性	馆藏	完整性

ARL 也在 LibQUAL+与图书馆服务质量相关研究的基础上，开发了一个在数字化环境中评价图书馆服务质量维度的工具 DigiQUAL+[121]。DigiQUAL+对 LibQUAL+进行补充和修正，更多地关注了用户，关注与图书馆网站的可靠性和信任有关的方面，识别了数字图书馆服务质量的 3 个方面（即用户、内容和系统）12 个主题（即可访问性、可导航性、互操作性、馆藏构建、资源使用、评价馆藏、数字图书馆用户社区、数字图书馆开发者社区、数字图书馆书评家社区、版权、联合角色和数字图书馆的可持续性）[122]，形成了 180 多个测度项[123]，如表 5-3 所示。

表 5-3　DigiQUAL+的主题

可访问性	馆藏构建	数字图书馆用户社区	版权
可导航性	资源使用	数字图书馆开发者社区	联合角色
互操作性	评价馆藏	数字图书馆书评家社区	数字图书馆的可持续性

DigiQUAL+创建了在数字图书馆环境下衡量用户对数字图书馆服务质量的感知和期望的工具。它利用集中、安全的网站，提供简短的在线调查，包含 5 个问题和一个评论框。这 5 个问题是从 180 多个选项中随机挑选出来的，而这些选项是经过专家定性分析、提炼出来的。用户还可以在评论框中反馈关于数字图书馆网站的服务、功能和内容等信息[123]。

5.1.6　基于 Web 的图书馆服务质量模型

在 Web 服务环境下，网络信息提供商提供了非图书馆的、便捷的、易于使用的网络信息服务，用户更倾向于使用这些网络信息服务。图书馆用户的忠诚度和满意度受到了巨大的挑战。Kaur 和 Diljit[124]在这样的背景下，构建了一个基于网络的图书馆服务质量模型。他们结合了定性研究和定量研究，将研究分两个阶段进行：先采用探索性因子分析法构建服务质量的概念模型，然后再使用验证性因子分析法来验证概念模型的合理性。在第一阶段，他们采用焦点小组访谈的定性方法收集与基于 Web 的图书馆云的服务质量现象和特征，提交给专家评审后，获得 14 个理论构件 95 个测度项、制定初始量表、设计调查问卷，采用所搜集的定量数据和主成分因子分析的方法，通过斜交旋转，获得一个包含 3 个二阶因子和 7 个一阶因子的质量模型。第二阶段主要采用定量的方法，用结构方程模型的验证性因子分析方法来支持和改进第一阶段的发现，通过模型检验来验证、修正所提出的服务质量概念模型，最终获得包括 3 个二阶因子和 8 个一阶因子的模型，如图 5-4 所示。

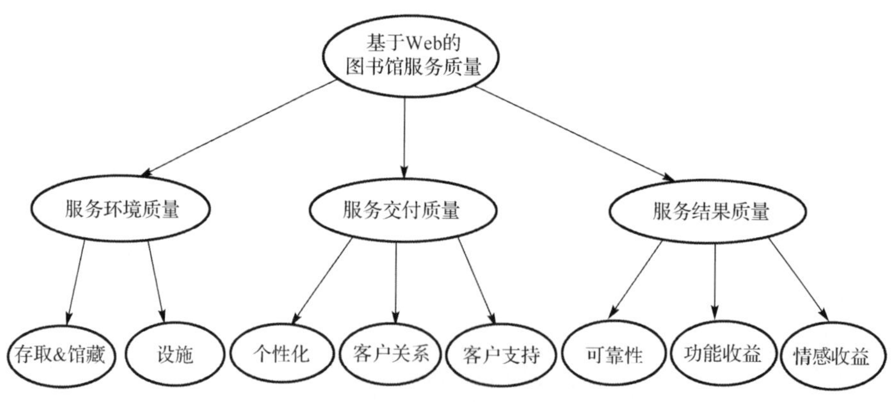

图 5-4　基于 Web 的图书馆服务质量模型

传统图书馆服务质量的评估主要是依赖 SERVQUAL 差异模型和 LibQUAL+这两个工具，它们都是传统图书馆服务质量的概念化。数字化环境的 DigiQUAL+和基于 Web 的图书馆服务质量模型向人们提供了新环境下评价图书馆电子服务质量的工具。其中，ARL 的 LibQUAL+采用的是形成性指标，由 13 个质量维度形成 3 个影响图书馆服务质量的方面。而 Kiran 和 Singh 采用的是反映式指标，基于 Web 的图书馆服务质量由 3 个二阶维度共同反映，每个二阶维度又由 2 个或 3 个一阶维度共同反映。但他们都采用了定性和定量研究相结合的办法，研究的结果均表明了图书馆服务质量的影响因素包含多维度，是一个多维度的结构模型。这些研究既给我们展示了从传统图书馆到网络环境下图书馆的服务质量所包含的各个方面内容，又为我们提供了新的研究方法。

5.2　图书馆云服务质量的特征分析

服务质量本身就是一个比较抽象、具有多维度、多方面的概念，受特定的情景、场合、用户主观想法的影响。图书情报学的学者引入商业领域的服务质量模型，研究传统图书馆、计算机系统化的图书馆、数字图书馆及基于 Web 的图书馆的服务质量问题。这些与图书馆有关的服务质量模型中，一致认为图书馆的服务质量应该是一个多维分层结构模型，其中 LibQUAL 和基于 Web 的图书馆服务质量模型表明图书馆服务质量的影响因素是一个三层结构模型，包含 3 个二阶维度和更多个低层次的一阶维度。Kiran 和 Singh 研究的基于 Web 的图书馆服务是通过图书馆的网站就可以获得的服务，与图书馆云服务通过网络就可以获得与图书馆有关的服务相近，且具有许多共同点，包括服务的网络化、资源可共享、用户可交互等。因此，本书借鉴 Kiran 和 Singh 的研究及其研究方法，探索图书馆云服务质量影响因素的结构。

5.2.1　焦点小组访谈

当需要为一个测量构件制定量表时，从清晰表达该构件的含义或领域开始，这是非常重要的[125]。服务质量的相关文献综述，特别是电子服务质量的综述，认为服务质量的评估就是判断网站促进完成预定事务的程度，该事务可以是有形的电子产品或信息服务。本书对图书馆云服务的质量的评估，也是评估用户使用图书馆云的网站在多大程度上实现用户预期的总体效果。然而，目前几乎没有与图书馆云网站的服务质量有关的文献。为获得相关特征，本书通过焦点小组访谈的定性方法获取与图书馆云网站有关的服务质量现象，并对这些现象进行归纳、分析和重命名。

焦点小组访谈开展地点分别设在湖北武汉和广西桂林。由于焦点小组访谈使用的是定性收集数据的方法，为了能尽可能地发现用户对图书馆云的服务质量的观点和看法，该方法要求访谈的对象应具有丰富的知识、对访谈的内容要有所了解、能清晰表达他们对访谈内容的观点[126]。作者在 2012 年 6～8 月间邀请了来自湖北武汉和广西桂林的图书情报学领域的研究生和教师共 25 人组成了焦点小组。焦点小组访谈分别在武汉和桂林进行 2 场，每场访谈的时长为 1.5～2 小时。访谈采用的是由作者主持的研讨会的方式，访谈人员的基本情况如表 5-4 所示。

表 5-4　焦点小组的组成

<table>
<tr><th rowspan="2">地点
对象</th><th colspan="2">武汉</th><th colspan="2">桂林</th><th colspan="2" rowspan="2">总计</th></tr>
<tr><th>男</th><th>女</th><th>男</th><th>女</th></tr>
<tr><td>硕士研究生</td><td>4</td><td>4</td><td>0</td><td>0</td><td>8</td><td rowspan="4">25</td></tr>
<tr><td>博士研究生</td><td>2</td><td>3</td><td>0</td><td>0</td><td>5</td></tr>
<tr><td>专任教师</td><td>2</td><td>0</td><td>5</td><td>3</td><td>10</td></tr>
<tr><td>图书馆工作人员</td><td>1</td><td>1</td><td>0</td><td>0</td><td>2</td></tr>
</table>

由于图书馆云服务是近几年才发展起来的新应用，在访谈开始前，作者预先交代受访者自行了解 OCLC 的图书馆云服务 WMS，使他们对图书馆云服务有一定的认识。访谈过程中，作者在现有数字化、网络化图书馆的服务质量特征基础上，引导受访者将对图书馆云服务的认识与所使用过的图书馆网站的信息服务、网络信息提供商提供的非图书馆的信息服务结合起来，提出关于图书馆云服务质量的观点。

作者通过焦点小组访谈以及对访谈信息的整理、分析和归纳，获得关于图书馆云服务质量的 9 个维度及 69 个反映服务质量的特征词，几乎囊括了图书馆云服务质量的各个方面。但根据 Moore 和 Benbasat[127]的建议，应将这些维度提交给专家以评审其有效性。因此，本书邀请了分别来自广州、武汉、北京和长沙的 4 家图书馆的 6 名专家来检查这 9 个维度，以确定所描述的维度的正确性、有代表性。专家一致认可了所识别出来的大部分维度及其特征词，如表 5-5 所示。

焦点小组访谈肯定了文献调研中获得的大部分特征，同时也增加了一些新的特征词，特别是在服务的交互性及硬件资源的使用方面，如与网站共享馆藏数据、编目数据、与其他用户共享资源及托管资源、服务器、基础设施的可靠性等，反映了在图书馆云服务的环境中，用户除了关注馆藏数据的可靠性，对图书馆云提供的计算资源的可靠性也格外关注。此外，焦点小组访谈的结果反映，用户更愿意将与客服有关的客户关系、客户支持等特征归列为用户感知到的客服效率服务质量方面。而这些特征在 Kiran 和 Singh 的研究中，被认为是属于服务交付过程的质量内容。这反映了在完全非实体化的虚拟网络服务环境下，客服效率的结果比客户关系的过程更为重要。

表 5-5　图书馆云服务质量的特征词

关键维度	定义	特征词	关键维度	定义	特征词
网站的可用性	网站安全可靠以有利于正常运行的能力	可供访问	交互协作	用户与网站或与其他用户交互信息的程度	提供开发者社区
		自动登录			提供用户社区
		远程访问			提供书评社区
		无线接入网络			实现合作开发程序
		易用性			可托管资源
		可独立使用			可在线交流
		布局合理			可馆际互借
		使用舒适			可文献传递
设施的质量	基础设施可靠以有利于正常运行的能力	访问安全			具有开放性
		服务器可靠			可互操作
		服务器响应快			可扩展
		基础设施可靠			可与网站共享馆藏数据
		网络可靠			可与网站共享了编目数据
		网速快			可与其他用户共享资源
馆藏数据的权威性	网站提供的馆藏数据准确可信以便于利用的程度	可下载			可在线采购资源
		可免费	功能收益	在服务交付时或之后，用户感觉服务具有价值的程度	及时解决了问题
		学科全			数据一致性
		有许可权			帮助准确
		全文数据库			找准了信息
		数据可信赖			节约了时间
		数据准确			获得额外信息
		数据相关			获得有用的信息
		更新及时	情感收益	在服务交付时或交互后，用户对自身感觉良好的程度	获得满足感
		组织合理			实现自我肯定
		数据连接有效			获得创新想法
个性化设置	系统可供个人操控以满足个人需求的能力	提供个人偏好设置			具有自主能力
		保存检索历史			获得自信
		提供推荐服务	客服效率	用户对客户服务完成工作的效率的评价	客服具有专业知识
		提供提醒服务			客服理解需求
服务的可用性	用户对服务可正常使用的程度的评价	使用帮助			客服响应快
		操作简单			客服准确
		搜索引擎			客服礼貌
		服务连接有效			客服乐意
		故障恢复快			及时处理请求
		意见反馈			

表 5-5 中，网站的可用性、设施的质量和馆藏数据的权威性这 3 个维度是作为服务的输入、发生在服务交付之前、是由提供商提供的、反映提供商服务能力的质量主

题。个性化和交互协作这 2 个维度是发生在服务使用的过程中、反映服务从提供商传递到用户或从用户传递给提供商的过程质量主题。功能收益、情感收益、服务的可用性和客服效率这 4 个维度反映用户使用服务的结果。所有的质量维度恰好反映了服务的生命周期过程，也符合 Fassnacht 和 Koese 提出的多维度服务质量模型[128]。根据这个框架，图书馆云服务质量的影响因素是一个分层的多维度结构，具有 3 个更高阶的维度。

（1）提供商提供的服务质量。与提供商网站的功能、性能有关。

（2）交互过程的质量。与服务交付使用过程中网站与用户、用户与网站、用户与用户间的交互有关。

（3）用户感知的结果质量。被认为是服务使用过后，用户获得的使用价值，包括实际的收益或主观的感觉。

焦点小组访谈的结论表明了图书馆的云服务质量是一个分层多维结构，但它仅是一个定性的结论，还需要在实际中获得定量检验才能证明其合理性。

5.2.2　图书馆云服务质量特征的问卷设计与数据收集

本书在焦点小组访谈的结论的基础上，制定量表、设计问卷、收集数据，以定量地检验访谈的结论，并进行进一步的探索性因子分析。

（1）问卷的设计。焦点小组访谈的 69 个特征词形成了图书馆云服务质量的初始量表。本书适当考虑了如何让受访者在某一时段持续关注某一服务领域，对测度项进行了重新排序，并以访谈结果的特征词作为量表的测度项，设计了调查问卷，请受访者在评估图书馆云的服务质量时，确定测度项对他们来说的重要性程度。问卷开始简短地说明了研究的目的，对图书馆云服务的定义，指导受访者如何识别他们所使用过的服务，并强调调查结果的保密性。问卷采用 7 点立克氏（Likert）量表，从 1（非常不重要）到 7（非常重要）给变量计分。

（2）数据收集。本书采用传统面对面分发问卷填答的方式收集数据。从 2012 年 9～11 月，向研究生共分发了 500 份问卷。总共回收了 356 份有效问卷，问卷的回收率为 71.2%。样本的个人基本特征如表 5-6 所示。

表 5-6　问卷调查样本的个人特征

分类		频率	百分比/%	分类		频率	百分比/%
性别	男	165	46.3	学历	硕士生	284	79.8
	女	191	53.7		博士生	72	20.2
年龄	18～25	252	70.8	使用互联网经验	6 个月以内	6	1.7
	26～35	97	27.2		1 年	3	0.8
	36～45	6	1.7		2 年	9	2.5
	46～55	1	0.3		2 年以上	338	94.9

续表

分类		频率	百分比/%	分类		频率	百分比/%
使用图书馆经验	6 个月以内	20	5.6	使用图书馆频率	每周 3～5 次	163	45.8
	1 年	23	6.5		每周 1～2 次	155	43.5
	2 年	17	4.8		每月 1 次	32	9.0
	2 年以上	296	83.1		半年 1 次	6	1.7
使用的图书馆类型	高校图书馆	291	81.7	使用的资源类型	纸本资源	112	31.5
	公共图书馆	65	18.3		电子资源	244	68.5

本书采用数据统计与分析软件 IBM SPSS Statistics 20.0 进行问卷数据的分析与处理。在录入数据时，先利用 Excel 来快速键入数据，再将数据读入到 SPSS 软件中。为保证录入的数据与原始数据的一致性，我们对每一份问卷都加以编号，依次录入 Excel，以便将来核对数据之用。

（3）项目分析。

由于量表的测度项数太大，先对数据进行规模缩减处理。项目分析是一种通过判断测度项能否鉴别不同受试者的反应程度来挑选测度项的分析方法[129]。通常是采用独立样本 T 检验法求出每一个测度项的决断值（critical ratio，CR）。计算办法是将量表的测度项反向计分，求出新量表的总分，并分别找出高低分组 27%处的分数，依临界分数将新量表分为两组，分别用总体方差相等性的 F 检验和平均数相等的 t 检验来检验两组在每个测度项上的差异。如果 F 值和 t 值均显著（小于 0.05），表明测度项能鉴别不同受试者的反应程度；如果 F 值和 t 值均不显著，则表明该测度项不能对不同受试者的反应程度作出鉴别，应考虑将其删除。除此之外，还可以考虑差异值的 95%置信区间。如果 95%的置信区间包含了 0，表示二者的平均数有可能相等，差异就不显著，也应考虑将其删除。

除了用 CR 值来作为挑选测度项的判断依据，还可以通过计算测度项与总分的相关关系，用相关系数来判断两者是否显著相关。如果某测度项与总分的相关性很低，未达到 0.05 的显著性水平，则可以考虑将其删除。一般来说，相关系数值与 CR 值对测度项的挑选结果是基本一致的。

本书采用独立样本 T 检验法和测度项与总分的相关系数法，分别对图书馆云服务质量的量表进行项目分析。T 检验的结果表明，“IPQ5 提供开发者社区”这个测度项的总体方差相等性的 F 检验（显著性值=0.134）和“不假设方差相等”的均值方差 t 检验（显著性值=0.141），均大于 0.05，差异不显著；且该测度项的置信区间（差异的 95%置信区间=[−0.056，0.393]）包含了 0。相关系数也表明了只有该测度项与总分的相关性很低（显著性值=0.216），未达到 0.05 的显著性水平。两种项目分析的方法的结果均表明该测度项高低二组的差异性不显著，该测度项不能对不同受试者的反应程度进行鉴别。因此，本书决定舍弃“IPQ5 提供开发者社区”，保留其他 68 个鉴别度达显著性的测度项。

5.3 图书馆云服务质量影响因素的因子分析

本书图书馆云服务质量影响因素问卷的量表是建立在焦点小组访谈和专家审核的基础上的，且大部分测度项均获得了现有研究的文献支持，因此可以认为量表是具有内容效度的。

为检验量表的建构效度，在项目分析完后应进行因子分析。建构效度（construct validity）是指量表能测量理论的概念或特质的程度[129]。因子分析法是一种探索性的因子分析方法（exploratory factor analysis，EFA）。其目的是找出量表潜在的结构，减少测度项的数目，使之变为一组较少而又彼此紧密相关的变量。本书图书馆云的服务质量量表中最初的测度项有 69 个，经过项目分析后还剩下 68 个，测度项数较多，且这些变量相互间存在一定的关联。主成分因子分析法（principal component analysis，PCA）可以将较多的变量减小为较少的成分[130]，是因子分析最常用的方法，因此本书用主成分因子分析法进行因子分析，以探索图书馆云服务质量的基本结构。

因子分析要求样本量与测度项之间的比率最好为 5∶1，且样本量不得少于 100[131]。本书探索的测度项数是 69 个，样本量为 356，两者的比率约为 5.2∶1，因此使用的样本量是有效的。

5.3.1 KMO 和 Bartlett 球形检验

根据 Kaiser 的观点，判断测度项间是否适合进行因子分析，可依据取样适当性数值（Kaiser-Meryer-Olkin measure of sampling adequacy，KMO）的大小及巴特利特球形检验（Bartlett's test of sphericity）是否显著来判断。KMO 是通过比较观测变量间的简单相关系数和偏相关系数的大小来判断变量间的相关性的[132]。当偏相关系数远小于简单相关系数时，KMO 值接近 1，表明变量间的相关性强，适合作因子分析。一般情况下，当 KMO 达 0.9 以上时，表明测度项非常适合作因子分析；KMO 值在 0.8 以上，表明测度项适合作因子分析；KMO 值在 0.7 以上，表明测度项尚可进行因子分析。Bartlett 球形检验的目的是检验相关矩阵是否是单位矩阵，即各变量是否各自独立[133]。一般来说，显著性值越小（<0.05），表明变量间越有可能存在有意义的关系，适合作因子分析。如果显著性值很大（>0.05），表明变量间可能相互独立，不适合作因子分析。

本书 Bartlett 球形检验结果显著，KMO 等于 0.913，如表 5-7 所示，表明测度项适合作因子分析。

表 5-7 取样适当性数值和巴特利特球形检验

KMO 和 Bartlett 球形检验		
取样适当性数值 KMO		0.913
Bartlett 球形检验	Approximate Chi-Squre（近似卡方）	12653.783
	df	2278
	Sig.	0.000

5.3.2 因子和测度项选取的依据

本书利用主成分因子分析法进行分析时，采用最大方差法（varimax）进行因子旋转以观察测度项在各因子上的负载值（loadings）。根据 Hair 等[134]的观点，测度项的负载值大于 0.3 就可以认为是显著，大于 0.4 更显著，大于 0.5 是非常显著。选取因子及测度项的标准包括以下几个方面。

（1）确定因子数目的标准常用的有两种，一种是 Kaiser 准则，选取特征值大于 1 的因子。另一种是碎石图法，是根据特征值的图形变化的情况来挑选因子数。本书采用第一种 Kaiser 准则，选取特征值大于 1 的因子。对特征值大于 1 的因子，依据经验原则——共同因子所包含的测度项数至少在 3 题以上。如果测度项数太少（只有 2 题或 1 题），无法测出所代表的层面特质，可考虑删除此层面及其测度项[129]。

（2）选择负载值大于 0.5 的测度项，并且与不对应因子的负载应小于 0.4[135]，即测度项的区别效度，一个测度项不能同时在多个因子上呈现较高的负载值。

由于分析测度项的负载值没有绝对的标准，本书在测度项的取舍上，除了以上说明的标准，在适当的时候也从理论和实践的层面进行综合考虑。

5.3.3 因子分析

本书根据 Kaiser 特征值大于 1 的准则抽取因子以探索服务质量的维度，对因子的数量不加以限制。一般情况下，量表效度的构造均需要进行多次因子分析。因为量表在第一次因子分析时，抽取出的共同因子所包含的测度项的内容差异可能会很大，不易于解释，从而可能需要舍弃部分测度项。由于删除了测度项，整个因子的结构也会随之改变，量表的效度要重新建构，所以有必要再进行第二次因子分析、第三次因子分析，依次类推，不断探索，直到获得符合理论基础或研究结果，构造出一个较为合理、可接受的因子效度[129]。

1）第一次因子分析

本书在进行第一次因子分析时，根据特征值大于 1 的原则，抽取了 15 个共同的因子，总体方差解释为 64.191%。从旋转成分矩阵来看，有些测度项的负载低于 0.5，有些测度项违反了区别效度，而有些因子所包含的测度项数过少。根据测度项和因子的选择依据，本书对这些测度项进行了删除处理。由此，第一次因子分析的结果保留了 55 个测度项。由于删除了 13 个测度项，因子结构发生了变化，需要进一步作因子分析以重新建构量表的效度。

2）第二次因子分析

第二次因子旋转仍然采用最大方差法。其 Bartlett 球形检验显著，KMO 值为 0.905，表明余下的测度项仍然适合作因子分析。第二次因子分析的结果是抽取了 13 个因子，总体解释方差为 64.547%。根据因子和测度项的选择依据，此处删除 7 个测度项，保留了 48 个测度项。

如此经过多次旋转，直至每个测度项在所在因子上的负载均高于 0.5，以及所在因子包含的测度项数适当，如表 5-8 所示。

表 5-8　因子的特征值、负载及其信度

因子	测度项	负载	α 系数	特征值	均值	标准误差	CITC	删除项后的 α 系数
因子 1 客服效率	PRQ20 客服理解需求	0.709	0.839	11.374	5.75	1.146	0.682	0.799
	PRQ22 客服准确	0.708			5.74	1.191	0.682	0.799
	PRQ21 客服响应快	0.682			5.76	1.221	0.603	0.816
	PRQ24 客服乐意	0.635			5.76	1.002	0.573	0.821
	PRQ25 及时处理请求	0.595			5.85	1.180	0.576	0.821
	PRQ19 客服具有专业知识	0.584			5.76	1.050	0.584	0.819
因子 2 数据的可靠性	POQ5 易用性	0.705	0.809	3.242	6.09	1.047	0.583	0.776
	POQ21 数据准确	0.687			6.06	1.020	0.525	0.794
	POQ1 可供访问	0.656			6.32	1.022	0.631	0.762
	POQ25 数据连接有效	0.636			6.00	1.031	0.588	0.775
	POQ6 可独立使用	0.601			6.01	1.033	0.654	0.754
因子 3 交互协作的质量	IPQ12 可文献传递	0.801	0.834	2.412	5.24	1.200	0.718	0.778
	IPQ10 可在线交流	0.760			5.35	1.221	0.633	0.801
	IPQ11 可馆际互借	0.743			4.96	1.368	0.645	0.797
	IPQ8 实现合作开发程序	0.635			5.14	1.340	0.561	0.821
	IPQ9 可托管资源	0.611			5.24	1.302	0.622	0.803
因子 4 服务的可用性	PRQ15 提供了搜索引擎	0.783	0.838	2.003	5.50	1.218	0.763	0.769
	PRQ13 帮助使用	0.770			5.66	1.161	0.676	0.796
	PRQ18 意见反馈	0.685			5.79	1.026	0.562	0.826
	PRQ17 故障恢复快	0.528			5.79	1.080	0.588	0.820
	PRQ16 服务连接有效	0.525			5.58	1.183	0.620	0.812
因子 5 个性化设置的质量	IPQ1 提供个人偏好设置	0.756	0.829	1.637	5.41	1.305	0.697	0.765
	IPQ4 提供提醒服务	0.740			5.51	1.195	0.672	0.778
	IPQ2 保存检索历史	0.722			5.48	1.322	0.605	0.808
	IPQ3 提供推荐服务	0.706			5.42	1.254	0.654	0.785
因子 6 情感收益	IPQ19 可在线采购资源	0.708	0.728	1.532	5.85	1.180	0.547	0.653
	PRQ11 具有自主能力	0.640			5.60	1.133	0.534	0.658
	PRQ12 获得自信	0.581			5.52	1.102	0.507	0.674
	PRQ7 获得有用的信息	0.559			5.44	1.135	0.488	0.686
因子 7 网站的可靠性	POQ13 网络可靠	0.715	0.766	1.350	6.14	1.251	0.612	0.695
	POQ12 基础设施可靠	0.702			5.99	1.297	0.432	0.766
	POQ14 网速快	0.632			6.26	1.060	0.663	0.681
	POQ9 访问安全	0.595			6.35	1.017	0.601	0.704
	POQ4 无线接入网络	0.519			6.22	1.031	0.411	0.763

续表

因子	测度项	负载	α 系数	特征值	均值	标准误差	CITC	删除项后的 α 系数
因子 8 网站的灵活性	POQ15 可下载	0.811	0.752	1.240	6.38	0.929	0.662	0.596
	POQ16 可免费	0.762			6.28	1.053	0.633	0.608
	POQ11 服务器响应快	0.603			6.00	1.178	0.476	0.808
因子 9 功能收益	PRQ1 及时解决了问题	0.785	0.638	1.213	6.12	0.864	0.518	0.472
	PRQ6 获得额外信息	0.671			5.62	1.100	0.464	0.520
	IPQ18 可与其他用户共享资源	0.621			5.89	1.077	0.384	0.633
因子 10 数据的权威性	POQ24 组织合理	0.708	0.633	1.006	5.98	0.943	0.453	0.526
	POQ18 有许可权	0.591			6.02	1.093	0.413	0.580
	POQ20 数据可信赖	0.575			6.07	1.051	0.467	0.500

这个由 10 个因子、43 个测度项组成的因子结构，总体方差解释为 62.810%，表明了这 10 个因子能够基本涵盖图书馆云服务质量的各个维度，也基本验证了最初定性分析提出的 9 个维度。

5.3.4 因子命名与信度检验

对经过项目分析所包含 68 个测度项的量表进行主成分因子探索后，获得了一个较为满意的因子效度，包含 43 个测度项覆盖了 10 个层面，基本印证了焦点访谈结果的 9 个维度。为进一步确定并获得更准确的因子结构，本书对各个因子进行了命名，并对总量表及量表的个层面进行了信度检验。

1）因子的命名

本书根据因子旋转矩阵中每个因子的测度项所反映的内容，结合现有的研究基础，对因子加以命名。

（1）因子 1 充分反映了用户对客服的评价，命名为“客服效率”。

（2）因子 2 反映了提供商准备的数据以利于用户使用的程度，命名为“数据可靠性”。

（3）因子 3 反映了交付服务的系列内容，命名为“交互协作的质量”。

（4）因子 4 反映了用户对服务可用程度的感知，命名为“服务的可用性”。

（5）因子 5 反映了服务个性化的程度，命名为“个性化设置的质量”。

（6）因子 6 反映了用户使用服务时或使用服务之后，对服务给自身带来的价值的感知，本书将其命名为“情感收益”。

（7）因子 7 反映了提供商图书馆云网站可靠以利于正常运行的程度，命名为“网站的可靠性”。

（8）因子 8 反映了网站的灵活使用的程度，命名为“网站的灵活性”。

（9）因子 9 反映了用户使用服务后在服务功能上的感知，命名为“功能收益”。

（10）因子 10 反映了数据可信赖以利于使用的程度，命名为“数据的权威性”。

10 个因子恰好反映了服务质量交付的整个生命周期的过程。其中，因子 2（数据的可靠性）、因子 7（网站的可靠性）、因子 8（网站的灵活性）和因子 10（数据的权威性）反映的是提供商的服务能力，发生在在服务交付使用前。因子 3（交互协作的质量）和因子 5（个性化设置的质量）反映的是提供商交付给用户的质量水平，发生在服务交付的过程中。因子 1（客服效率）、因子 4（服务的可用性）、因子 6（情感收益）和因子 9（功能收益）反映的是用户对服务总体价值的评价，发生在服务使用之后，如表 5-8 所示。

2）信度分析

信度分析是用来检验量表的可靠性的。所谓信度（reliability）就是量表的可靠性或稳定性，是一个测度项可以得到所有调查对象的真实可靠回答的程度[129]。研究者对相同或相似的现象或群体，在不同时间、以不同形式测量时，得到的结果可能会不一致。因此，即使是使用前人编制或修订过的量表，也还需要重新检验其信度。本书因为是一次性的调查数据，采用最常用的信度检验方法克朗巴哈系数法（Cronbach's α）来测量量表的内部一致性程度，并用修正后项总相关系数 CITC 值对测度项加以净化。一般来说，量表测度项保留的 CITC 值截取值为 0.5[136]，小于 0.3 应予以删除。α 系数为 0.7，是一个较低但可以接受的量表边界值[137]，α 系数越高，表明测度项与量表的关联就越强。

未经过任何处理的图书馆云服务质量的总量表（69 个测度项）的 α 系数为 0.952，具有较高的信度。经过因子分析后获得的因子结构量表（43 个测度项）的 α 系数为 0.929，也具有较高的信赖值，如表 5-8 所示。但是，对因子个层面进行信度分析时，发现因子 9（功能收益）和因子 10（数据的权威性）的 α 系数（分别为 0.638 和 0.633）低于可接受的边界值。而且，因子 6～10 中，存在 CITC 值低于 0.5 的项，也存在删除项后的α 系数有显著提高的项。这说明所得出的 10 因子的结构还可以进一步删除相应的项以达到更优。

5.3.5 因子结构的优化

根据因子命名与信度分析的结果，服务质量体现在其生命周期的整个过程中，包括对服务在使用前、使用中以及使用后的质量的评价。这生命周期的 3 个过程，反映了服务质量的更高阶的维度。根据 10 个因子 43 个测度项的信度检验结果，本书进行了以下两项处理。

（1）根据 α 系数边界值为 0.7 的原则，舍弃因子 9（功能收益）和因子 10（数据的权威性）及其所包含的测度项（PRQ1，PRQ6，IPQ18，POQ24，POQ18 和 POQ20）。

（2）根据 CITC 边界值为 0.5 以及删除项后α 系数值有显著提高的原则，舍弃测度项 PRQ7，POQ12，POQ4 和 POQ11。

经以上处理后，量表保留的测度项数为 33 项。为验证前面 10 个因子分别从服务的生命周期过程来反映服务质量的分析，本书对 33 个测度项采取限定抽取因子分析法，限定因子数量为 3 个，继续探索因子的结构。

1）限定抽取 3 个因子

综上所述，探索因子结构需进行多次因子分析。在指定的 33 个测度项中指定抽取 3 因子的过程亦如此。因子旋转仍然采用最大方差法，其 Bartlett 球形检验显著，KMO 值为 0.897，表明由 33 个测度项构成的量表仍然适合做因子分析。

从第一次限定抽取 3 个因子的旋转成分矩阵来看，负载低于 0.5 的测度项有因子 1 中的 4 项（PRQ19，PRQ11，PRQ21，PRQ12）、因子 3 中的 1 项（IPQ4），因子 2 中的 POQ13 违反了区别效度。本书舍弃这 6 个测度项，保留余下的 27 个测度项，继续进行限定抽取 3 个因子的探索分析。

值得说明的是，根据 Kaiser 的应用准则，如果因子分析的测度项数在 30 题以内，且样本数大于 250 的，测度项的因子负载应在 0.6 以上[127]。本书目前保留下来的测度项数是 27 个，因此，在测度项的取舍标准上，只选择负载高于 0.6 的测度项。这与前面的取舍标准稍有不同。

根据以上标准，反复对 27 个测度项作限定抽取 3 因子的分析，舍弃 7 个负载低于 0.6 的测度项（PRQ24，PRQ20，PRQ22，IPQ8，POQ16，POQ15 和 IPQ19）。最终获得所有测度项的因子负载都比较满意的 3 因子结构，测度项数为 20，其 Bartlett 球形检验显著，KMO 值为 0.871，抽取的 3 个因子总方差解释为 53.483%，表明这 3 个因子能基本涵盖图书馆云服务质量的各个维度。

但在对各因子命名时，根据因子的旋转矩阵及其所包含的测度项所反映的内容来看，测度项 PRQ25（及时处理请求）在因子 1 中具有较高的负载，因子 1 反映的是服务交互的过程质量方面的内容。而在最初的定性分析中，该测度项是被归入用户感知的客服效率维度中的，也就是属于用户感知的结果质量范畴。本书根据现有研究理论基础及实际应用，认为它并不适宜归入在服务交互的过程质量因子中。出于这一考虑，本书在决定将其删除还是将其归入用户感知的结果质量因子中进行了信度分析。从分析结果中可以发现，在服务交互的过程质量因子中删除该测度项后，该因子α系数为 0.832（未删除前为 0.853），表明删除该测度项后，服务交互的过程质量量表仍具有较高的信度。而该测度项也不宜放入结果质量的因子中，因为它在结果质量的因子中的 CITC 只有 0.3，且删除项后的α系数为 0.838，相对于其他测度项的α系数来说（0.730～0.784），删除该项后，α系数有显著提高。因此，本书决定将其舍弃，不归入任何一因子中。

舍弃测度项 PRQ25（及时处理请求）后，由于量表结构发生了变化，本书重新进行了因子分析。分析的结果表明图书馆云服务质量由 19 个测度项组成，包含了 3 个质量的方面，其 Bartlett 球形检验显著，KMO 值为 0.866，总方差解释为 54.057%，说明 3 个因子能基本涵盖图书馆云服务质量的各个方面。

2）因子的命名与信度检验

3 因子的结构从图书馆云服务交付的生命周期过程评价其服务质量。根据前面的分析及结论，因子 1 从数据和网站反映提供商的服务能力水平，命名为“提供商提供的服务质量”；因子 2 从服务在线交互和个性化两个方面来反映服务交互的过程质量，命名为“交互的过程质量”；因子 3 从用户对服务可用性和可靠性的感知来评价服务结果，命名为“用户感知的结果质量”，如表 5-9 所示。

表 5-9　图书馆云服务质量影响因素的 3 因子的结构及信度检验

因子	测度项	负载	α 系数	特征值	均值	标准误差	CITC	删除项后的 α 系数
提供商提供的服务质量	POQ1 可供访问	0.764	0.836	2.626	6.32	1.022	0.667	0.801
	POQ6 可独立使用	0.739			6.01	1.033	0.652	0.804
	POQ5 易用性	0.694			6.09	1.047	0.558	0.818
	POQ25 数据连接有效	0.686			6.00	1.031	0.583	0.815
	POQ14 网速快	0.664			6.26	1.060	0.604	0.811
	POQ21 数据准确	0.643			6.06	1.020	0.512	0.825
	POQ9 访问安全	0.634			6.35	1.017	0.530	0.823
交互的过程质量	IPQ11 可馆际互借	0.740	0.832	6.283	4.96	1.368	0.610	0.805
	IPQ12 可文献传递	0.693			5.24	1.200	0.623	0.803
	IPQ9 可托管资源	0.677			5.24	1.302	0.652	0.798
	IPQ10 可在线交流	0.639			5.48	1.322	0.547	0.815
	IPQ2 保存检索历史	0.713			5.42	1.254	0.566	0.812
	IPQ3 提供推荐服务	0.647			5.51	1.195	0.555	0.814
	IPQ1 提供个人偏好设置	0.644			5.35	1.221	0.513	0.821
用户感知的结果质量	PRQ15 提供了搜索引擎	0.832	0.838	1.788	5.50	1.218	0.763	0.769
	PRQ13 帮助使用	0.779			5.66	1.161	0.676	0.796
	PRQ18 可反馈意见	0.761			5.79	1.026	0.562	0.826
	PRQ16 服务连接有效	0.671			5.58	1.183	0.620	0.812
	PRQ17 故障恢复快	0.605			5.79	1.080	0.588	0.820

从表 5-9 中可以看出，3 个因子的 Cronbach α 系数均在 0.8 以上，所有测度项的 CITC 值均在 0.5 之上，且删除项后的 α 系数没有显著提高，表明由 3 因子及其测度项组成的结构具有良好的信度。

5.3.6　因子子维度的探索及其信度检验

在以上因子分析所探索出的 3 因子结构中，每一个因子中都包含了较多的测度项。

而研究的目的是构建一个具有可管理的测度项数、同时又包含各个维度的量表[124]。因此，需要在各个因子间进一步进行因子分解，使之分解出几个子维度。本书采用的主成分因子分析法是分层面因子分析法，因子旋转的方法仍然是最大方差法，对 3 个因子分别进行因子分解及其信度检验。

1）提供商提供的服务质量层面

提供商提供的服务质量层面包含 7 个测度项。其 Bartlett 球形检验显著，KMO 为 0.839，表明适合作因子分析。本书最先采用特征值大于 1 的方法来抽取该层面的因子作为该层面的子维度，发现该层面中特征值大于 1 的因子只有 1 个，另有一个因子的特征值为 0.983，接近于 1。因为因子数只有 1 个的量表无法进行因子的旋转，也无法达到因子分解的目的。于是，本书采取限定抽取因子法，限定抽取 2 个子因子。抽取出的两个因子的特征值分别为 3.545 和 0.983，总方差解释为 64.688%，能较好地涵盖提供商提供的服务质量层面的各项内容。本书根据该层面的因子旋转矩阵及测度项所反映的内容，进行子维度的命名和信度分析，结果如表 5-10 所示。

表 5-10　提供商提供的服务质量层面的子维度命名及信度检验

子维度	测度项	负载	α 系数	特征值	均值	标准误差	CITC	删除项后的 α 系数
馆藏数据	POQ5 易用性	0.753	0.809	3.545	6.09	1.047	0.583	0.776
	POQ25 数据连接有效	0.724			6.00	1.031	0.588	0.775
	POQ6 可独立使用	0.723			6.01	1.033	0.654	0.754
	POQ21 数据准确	0.711			6.06	1.020	0.525	0.794
	POQ1 可供访问	0.656			6.32	1.022	0.631	0.762
网站	POQ9 访问安全	0.893	0.785	0.983	6.35	1.017	0.647	—
	POQ14 网速快	0.848			6.26	1.060	0.647	—

从表 5-10 中可以看出，两个子维度分别为馆藏数据的质量和网站的质量。其中，馆藏数据是图书馆云服务的数据中心，而网站则是提供图书馆云服务的平台。两者均发生在服务交付之前，否则将无法向用户交付服务。子维度 1（馆藏数据）的α系数在 0.8 以上（=0.809），其测度项的 CITC 值均大于 0.5，删除项后的α系数没有显著提高，表明该子维度具有良好的信度。子维度 2（网站的质量）包含的测度项数只有两项（无法比较删除项后的α系数值），但它的α系数在边界值 0.7 之上（=0.785），是一个可以接受的值，且 CITC 值均在 0.5 以上，说明该子维度的信度还是在可接受的范围。

2）服务交互的过程质量层面

服务交互的过程质量层面包含 7 个测度项，其 Bartlett 球形检验显著，KMO 为 0.849，表明适合作因子分析。本书选取特征值大于 1 的因子，抽取了 2 个子维度，总方差解释为 67.050%，表明这两个子维度能基本涵盖过程质量层面的内容。本书根据该层面的旋转成分矩阵及测度项所反映的内容，对两个子维度加以命名，并进行信度分析。两个子维度的命名及信度检验结果如表 5-11 所示。

表 5-11　服务交互的过程质量层面的子维度命名及信度检验

子维度	测度项	负载	α系数	特征值	均值	标准误差	CITC	删除项后的α系数
在线交互的质量	IPQ12 可文献传递	0.831	0.821	3.506	5.24	1.200	0.693	0.754
	IPQ10 可在线交流	0.813			5.35	1.221	0.624	0.784
	IPQ11 可馆际互借	0.759			4.96	1.368	0.637	0.780
	IPQ9 可托管资源	0.704			5.24	1.302	0.630	0.782
个性化设置的质量	IPQ3 提供推荐服务	0.822	0.829	1.188	5.51	1.195	0.672	0.778
	IPQ2 保存检索历史	0.813			5.42	1.254	0.654	0.785
	IPQ1 提供个人偏好设置	0.758			5.48	1.322	0.605	0.808

从表 5-11 中可以看出，服务交互的过程质量层面包含了 2 个子维度：个性化设置的质量和在线交互的质量。两个子维度的α系数均在 0.8 以上。每个子维度所包含的测度项数合理（均为 4 项），测度项的 CITC 值均在 0.6 以上，且删除项后的α系数值没有显著提高，表明这两个子维度均具有较好的信度。

3）用户感知的结果质量层面

用户感知的结果质量层面包含 5 个测度项。其 Bartlett 球形检验显著，KMO 为 0.827，表明适合作因子分析。在抽取因子时，遭遇了跟提供商提供的服务质量层面的一样只有 1 个特征值大于 1 的因子。因此，本书也采取了限定抽取因素法，限定抽取 2 个因子，以达到因子分解的目的。在抽取的两个因子中，特征值分别是 3.330 和 0.789，总方差解释为 68.649%，能很好地涵盖服务的结果质量层面的内容。本书根据该层面的旋转成分矩阵及测度项所反映的内容，对两个子维度加以命名并进行信度分析。其命名和信度检验的结果如表 5-12 所示。

表 5-12　用户感知的结果质量层面的子维度命名及信度检验

子维度	测度项	负载	α系数	特征值	均值	标准误差	CITC	删除项后的α系数
服务的可用性	PRQ18 可反馈意见	0.844	0.818	3.330	5.79	1.026	0.582	0.834
	PRQ13 帮助使用	0.796			5.66	1.161	0.705	0.713
	PRQ15 提供了搜索引擎	0.765			5.50	1.218	0.739	0.677
服务的可靠性	PRQ17 故障恢复快	0.878	0.738	0.789	5.79	1.080	0.587	—
	PRQ16 服务连接有效	0.816			5.58	1.183	0.587	—

从表 5-12 中可以看出，两个子维度分别为服务的可用性和服务的可靠性，反映了用户使用服务后对服务的整体感觉。其中，子维度服务的可用性的α系数高于 0.8（=0.818），其测度项的 CITC 值均在 0.5 以上，测度项 PRQ18（可反馈意见）删除项

后的α系数值为 0.834，但对该子维度的α系数值（0.818）的提高贡献不大。于是本书决定保留该测度项，该子维度仍然具有较好的信度。子维度服务的可靠性的α系数值及其测度项的 CITC 值均在可接受的范围，说明该子维度具有可接受的信度。

5.3.7　探索性因子分析的结论

根据主成分因子分析法，选取特征值大于 1 的因子、并采用限定因子个数的方法优化因子结构等多次探索分析后，本书获得了一个分层多维度的图书馆云服务质量的结构，该结构由 3 个二阶因子、6 个一阶因子和 19 个可观测变量组成，如表 5-13 所示。

表 5-13　图书馆云服务质量的因子结构

<table>
<tr><th>二阶因子</th><th>一阶因子</th><th>可观测变量</th></tr>
<tr><td rowspan="7">提供商提供的服务质量</td><td rowspan="5">馆藏数据质量</td><td>易用性</td></tr>
<tr><td>数据连接有效</td></tr>
<tr><td>可独立使用</td></tr>
<tr><td>数据准确</td></tr>
<tr><td>可供访问</td></tr>
<tr><td rowspan="2">网站质量</td><td>访问安全</td></tr>
<tr><td>网速快</td></tr>
<tr><td rowspan="7">服务交互的过程质量</td><td rowspan="4">在线交互的质量</td><td>可文献传递</td></tr>
<tr><td>可在线交流</td></tr>
<tr><td>可馆际互借</td></tr>
<tr><td>可托管资源</td></tr>
<tr><td rowspan="3">个性化设置的质量</td><td>提供推荐服务</td></tr>
<tr><td>保存检索历史</td></tr>
<tr><td>提供个人偏好设置</td></tr>
<tr><td rowspan="5">用户感知的结果质量</td><td rowspan="3">服务的可用性</td><td>可反馈意见</td></tr>
<tr><td>帮助使用</td></tr>
<tr><td>提供了搜索引擎</td></tr>
<tr><td rowspan="2">服务的可靠性</td><td>故障恢复快</td></tr>
<tr><td>服务连接有效</td></tr>
</table>

表 5-13 表明，图书馆云服务质量影响因素的结构是由 3 个二阶因子、6 个一阶因子和 19 个可观测变量共同反映的。每个二阶因子均由两个一阶因子共同反映，每个一阶因子又由若干个可观测变量共同反映。

3 个二阶因子表明了图书馆云的服务质量包含了提供商和用户两个视角，被反映在服务交互与传递的过程中，依次映射了服务交互与传递过程三个阶段的服务质量，即服务使用前的提供商提供的服务质量、服务使用中的服务交互的过程质量和服务使用后的用户感知的结果质量。每个高阶因子所反映出的服务质量又由与该因子相关的多个事务的质量来反映。如提供商提供的服务质量与服务使用前的馆藏数据和网站等事务相关，由馆藏数据的质量和网站的质量共同反映，而网站的质量又由网站的安全性和速度共同反映，馆藏数据的质量由与馆藏相关的事务，包括馆藏数据的易用性、准确性、可访问性、可独立使用、数据链接是否有效等相关。

同时，3 个二阶因子也反映了信息交流的 SCR 模式及服务交互传递的过程、服务质量的视角。它们分别是“提供商提供的服务质量”、“服务交互的过程质量”和“用户感知的结果质量”，反映了资源从提供商方经过网络渠道传递到用户方时，对服务质量的关注也从提供商方转移到用户方。一阶因子“服务的可用性”表明了图书馆云的特征“SaaS”，所有的资源均是以服务的形式通过网络交互，因此服务的可用性程度很大程度上决定了用户对服务质量的感知程度。一阶因子“网站质量”及测度项“馆藏数据质量”等反映了图书馆云不仅仅提供馆藏等数据资源，还提供硬件设施方面的计算资源。

这个结合提供商和用户两方视角、体现在服务交互与传递过程、高阶、分层、多维度的图书馆云服务质量影响因素的结构，直观、清晰地表明了图书馆云服务质量的各个方面，反映了服务的使用价值传递的一般过程，符合人们看待事物的一般观点。

图书馆云服务为图书馆获得核心竞争力带来了重要机遇，而保证图书馆云服务的质量则是提高图书馆用户对图书馆服务的满意度和忠诚度的关键。本书在现有图书馆服务质量模型的基础上，探索了图书馆云服务质量影响因素的结构，获得了一个具有 3 个二阶因子的结构。该结构结合了提供商和用户这两个服务质量的视角，将服务质量反映在信息交流 SCR 模式及服务使用前、服务使用中和服务使用后这三个服务交流传递的过程中，分别由提供商提供的服务质量、服务交互的过程质量和用户感知的结果质量这 3 个二阶因子来反映。每个二阶维度下又包含更多个一阶维度。每个一阶维度由多个可观测变量来反映。既反映了传统图书馆服务质量研究结论中的“图书馆的服务质量是一个分层多维度的结构”，又使本书的模型有别于传统模型，符合人们对服务质量的一般观点，推动服务质量的测量和分析，有利于人们寻找改善服务质量的措施。但是，由于国内市场上目前还没有可用的图书馆云服务，使本书的研究缺乏用户使用图书馆云服务的实际体验。与图书馆云服务有关的质量现象或特征词也仅限于受访者对图书馆云服务的理论认知。此外，焦点小组访谈过于依赖研究生和教师，他们对新事物、新技术的接受能力较强，且规模较小、覆盖面有限，不具代表图书馆云服务一般用户的特性，也使得本书所获得的服务质量特征具有较大的局限性，这也是今后本书后续研究所需要克服的问题。

5.4　图书馆云服务质量影响因素的结构模型

经过探索性因子分析后，本书获得了一个关于图书馆云服务质量的分层多维度结构，包括 3 个二阶因子、6 个一阶因子和 19 个测度项。量表中的测度项即模型的观测变量，或称为可观测变量、测量变量。所抽取的一阶因子和二阶因子均是一些构念（construct），是观测变量的特质或抽象概念，是模型的潜在变量。潜在变量无法直接测量，需由观测变量的数据资料来反映。根据前面的分析及图书馆云服务质量的分层多维度结构，本书提出了一个三阶因子的图书馆云服务质量影响因素的结构模型，如图 5-5 所示。

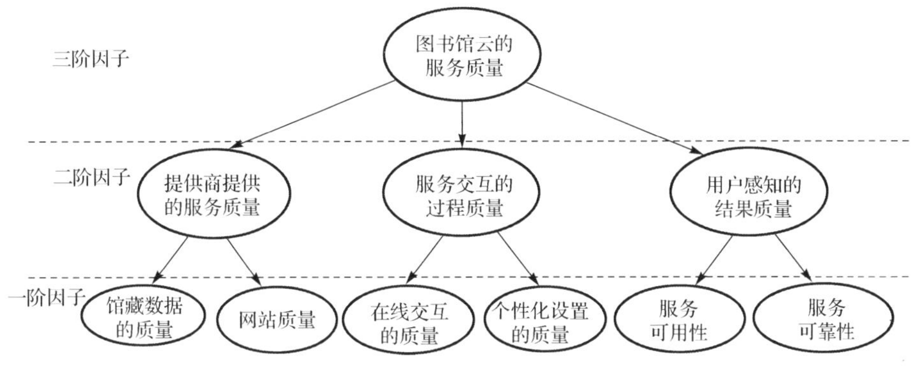

图 5-5　图书馆云服务质量影响因素的结构模型

馆藏数据的质量、网站的质量、在线交互的质量、个性化设置的质量、服务可用性和服务可靠性是 6 个一阶因子。其中，馆藏数据的质量和网站质量都属于提供商提供的服务质量的内容，它们之间存在一个共同的、更高阶的潜在变量即提供商提供的服务质量;在线交互的质量和个性化设置的质量反映地都是服务交互过程方面的质量，它们之间也存在一个共同的更高阶的潜在变量即服务交互的过程质量；服务可用性和服务可靠性反映地是用户使用服务后对服务价值的感知，它们之间存在的共同的、更高阶的潜在变量是用户感知的结果质量。提供商提供的服务质量、服务交互的过程质量及用户感知的结果质量是建立在一阶因子之上的、具有更高维度的潜在变量，它们共同构成了模型的二阶因子，分别从服务生命周期的服务使用前、服务使用中和服务使用后 3 个过程共同反映图书馆云的服务质量。图书馆云的服务质量受到这 3 个二阶因子的共同反映，是模型的三阶因子。

由 6 个一阶因子和 19 个观测变量构成的图书馆云服务质量的测量模型已在前面的调查和分析中得到了检验。本书将通过结构方程模型的验证性因子分析着重检验图书馆云服务质量影响因素的结构模型。

5.4.1　结构模型的概念化

图书馆云服务质量影响因素的结构模型的概念化是指界定图书馆云服务质量影响因素潜在变量间的假设关系。服务质量是“使用服务的总体效果”，这些效果决定了用户对服务的满意程度。图书馆云的服务质量是指图书馆云服务能够满足用户需求的整体程度。本书根据前面的探索性因子分析得出图书馆云服务质量的影响因素是一个三阶因子结构，主要反映在提供商提供的服务质量、服务交互的过程质量和用户感知的结果质量这三个质量维度上。同时，这三个质量维度又分别由一些无法直接观测的潜在变量组成，这些潜在变量由若干观测变量所测得的数据来反映。本书在此基础上，进一步确定图书馆云服务质量影响因素的各潜在变量之间的关系，构建图书馆云服务质量影响因素的概念模型，通过第二次调查收集数据，以检验该模型与数据的适配程度。

1）提供商提供的服务质量

提供商提供的服务质量（quality of service offered by provider，QoSO）是指提供商提供服务质量的能力，是服务质量在服务的生命周期过程的第一阶段。用户对图书馆云服务质量的评价越高，他对 QoSO 的评价也越高，反之亦然。馆藏数据和网站是反映 QoSO 的两个重要方面。馆藏数据的质量，如馆藏数据是否可靠、是否具有易用性、连接是否有效、是否可供用户独立使用等都影响着用户对 QoSO 的评价。同时，QoSO 也需要通过网站提供给用户，因此，网站的质量，如网站的可用性、易用性、安全性及其速度等也影响着用户对 QoSO 的评价。因此，本书提出以下假设（图 5-6）。

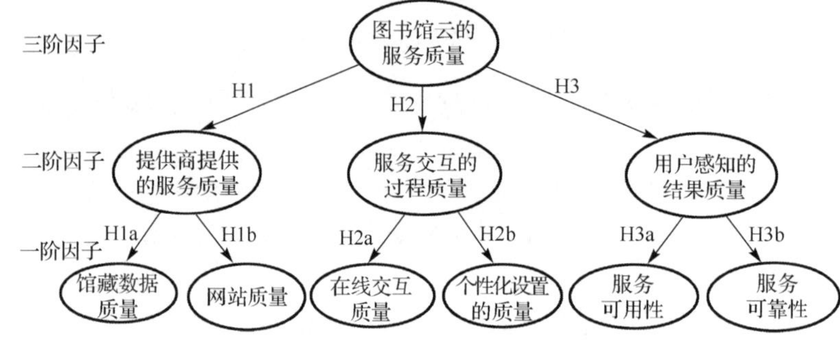

图 5-6　图书馆云服务质量影响因素的概念模型

H：图书馆云的服务质量是由提供商提供的服务质量、服务交互的过程质量和用户感知的结果质量共同反映的。

H1：图书馆云的服务质量是由提供商提供的服务质量正向反映的。

H1a：提供商提供的服务质量是由馆藏数据的质量正向反映的。

H1b：提供商提供的服务质量是由网站的质量正向反映的。

2）服务交互的过程质量（quality of process in interacting，QoPI）

服务交互的过程质量是指提供商将服务交付给用户使用、或用户向提供商或其他用户交换信息的过程中质量的总体特征。图书馆云服务的交互过程不是一个由提供商向用户交付的单一过程，而是提供商、用户或其他用户共同交互、协作的过程，发生在服务生命周期的第二个阶段，其质量也是图书馆云服务质量的一个重要维度。用户对图书馆云服务质量的评价越高，对 QoPI 的评价也越高。反之亦然。在线交互和个性化是反映 QoPI 的两个重要方面。在线交互、托管、交流、馆际互借和文献传递等功能的实现都影响着用户对 QoPI 的评价。同时，是否可以设置提醒服务、推荐服务及保存检索历史等个性化设置的质量也影响着用户对 QoPI 的评价。因此，本书提出以下假设（图 5-6）。

H2：图书馆云的服务质量是由服务交互的过程质量正向反映的。

H2a：服务交互的过程质量是由在线交互的质量正向反映的。

H2b：服务交互的过程质量是由个性化设置的质量正向反映的。

3）用户感知的结果质量（quality of result perceived by user，QoRP）

用户感知的结果质量是指用户在使用服务时或使用服务后，所感觉到的服务质量的总体特征，是服务质量在服务生命周期的最后一个阶段，也是图书馆云服务质量最重要的维度之一。用户对服务结果质量的感知，很大程度上决定了用户对该服务的满意程度。图书馆云的服务质量越高，QoRP 也就越高。服务可用性和服务可靠性是反映 QoRP 的两个重要维度。服务是否可用、是否提供了帮助、是否提供了搜索资源的应用、反馈的意见是否能得到及时回复等都影响着用户对服务的整体感觉。同时，用户能否感觉到服务是可靠的、链接是否是有效的或出现故障时，故障恢复是不是很快等，也影响着用户对服务质量的感知。因此，本书提出以下假设（图 5-6）。

H3：图书馆云的服务质量是由用户感知的结果质量正向反映的。

H3a：用户感知的结果质量是由服务可用性正向反映的。

H3b：用户感知的结果质量是由服务可靠性正向反映的。

5.4.2　操作化定义

图书馆云服务质量影响因素概念模型的 10 个潜在变量及其操作化定义如表 5-14 所示。

表 5-14　潜在变量的操作化定义

潜在变量	操作化定义
图书馆云的服务质量	图书馆云的服务质量是指图书馆云服务能够满足用户需求的整体程度
提供商提供的服务质量	提供商提供的服务质量是指提供商提供服务质量的能力，包括馆藏数据和网站的提供能力
馆藏数据的质量	图书馆云的馆藏数据在多大程度上是可靠、易用、具有有效的连接和可供独立使用的
网站的质量	图书馆云的网站在多大程度上是可访问的、安全的、易用的和快速的
服务交互的过程质量	服务交互的过程质量是指提供商将服务交付给用户使用、或用户向提供商或其他用户交换信息的过程中质量的总体特征，包括在线交互的质量和个性化设置的质量
在线交互的质量	图书馆云在多大程度上提供了在线交互、交流、托管、馆际互借和文献传递等功能
个性化设置的质量	图书馆云在多大程度上提供了个人空间、提醒、推荐和保存检索史等服务的设置功能
用户感知的结果质量	用户感知的结果质量是指用户在使用服务时或使用服务后，所感觉到的服务质量的总体特征，包括对服务可用性和服务可靠性的感知
服务可用性	用户在服务帮助、搜索、意见反馈等方面感觉服务在多大程度上是可用的
服务可靠性	用户在故障处理和服务链接总体情况方面感觉服务在多大程度上是可靠的

从图书馆云服务质量影响因素概念模型潜在变量的操作化定义中可以看出。

（1）观察变量是潜在变量的反映式指标。潜在变量是借助观察变量来反映其潜在的特质的，其定义很难指标函数化。而观察变量是由一些服务质量的属性特征来表现的，每个观察变量都是潜在变量的一个独立反映，是反映式指标。一个潜在变量存在多个反映式观察变量的目的是增加信度，以尽可能充分地反映潜在变量的特质。如潜在变量网站的质量由网站可靠、易用、具有有效连接和可供独立使用这 4 个观察变量共同反映。

（2）潜在变量间是一个分层多维度的关系，即构念间的关系是一个高阶模型。图书馆云的服务质量是最高阶（三阶）的潜在变量，由 3 个二阶的潜在变量（提供商提供的服务质量、服务交互的过程质量、用户感知的结果质量）来共同反映。而这 3 个二阶的潜在变量又分别由 2 个一阶的潜在变量来共同反映。如二阶潜在变量提供商提供的服务质量由一阶潜在变量馆藏数据的质量和网站的质量共同反映，二阶潜在变量服务交互的过程质量由一阶潜在变量在线交互的质量和个性化设置的质量共同反映，二阶潜在变量用户感知的结果质量由一阶潜在变量服务可用性和服务可靠性来共同反映。

5.4.3 问卷设计与数据收集

1）问卷设计

由于国内目前还没有可用的图书馆云服务，用户无法感知、体验并评价图书馆云服务的质量。为了获得较为符合客观实际的调查数据，本书选取了国内著名的文献共享系统——中国高等教育文献保障系统（China Academic Library & Information System，CALIS）。通过调查用户对 CALIS 服务质量的评价，映射图书馆云的服务质量。选取 CALIS 的原因有以下几个方面。

（1）CALIS 是高等教育数字图书馆共享系统，实现了信息资源共建、共知、共享[138]，且其服务通过网络获得，具备了图书馆云的理念。

（2）CALIS 目前正在建设数字图书馆的云服务平台（Nebula），是一个基于云计算的图书馆云平台，用以支持各馆用户的参与、多馆协作和多馆资源的共建和共享[139]。

（3）CALIS 规模大、使用范围广，调查数据较易获得。它包含文理、工程、农学和医学等学科，遍布华东、华南、华中、西北、西南、东北等地区的成员图书馆已超过 500 家。

总之，CALIS 是本书进行图书馆云服务质量调查最理想的数据收集场所，它既能在理论上反映图书馆云服务的特点，又能使实际数据的收集具有可行性。

本书在探索性因子分析阶段获得 19 个测度项量表的基础上，增加了 5 个与一阶维度相关的测度项，以利于反映测量模型的关系，如表 5-15 所示。

针对 CALIS 的服务质量的正式问卷由 4 个部分组成：介绍性说明、甄别题、基本情况调查和与 CALIS 服务质量有关的调查。甄别题是“您是否使用过 CALIS”。只有选择“是”才能继续回答问卷剩余部分的问题，否则就是无效问卷。

表 5-15　CALIS 服务质量量表

二阶维度	一阶维度	编号	测度项
服务交互的过程质量	在线交互质量	IPQ1_1	提供在线交互
		IPQ1_2	提供托管服务
		IPQ1_3	提供馆际互借
		IPQ1_4	提供在线交流
		IPQ1_5	提供文献传递
	个性化设置质量	IPQ2_1	提供个性化设置
		IPQ2_2	提醒服务
		IPQ2_3	推荐服务
		IPQ2_4	检索历史
提供商提供的服务质量	馆藏数据质量	POQ1_1	馆藏数据可靠
		POQ1_2	馆藏数据可独立使用
		POQ1_3	馆藏数据具有易用性
		POQ1_4	馆藏链接有效
	网站质量	POQ2_1	网站总是可访问的
		POQ2_2	接入网络很安全
		POQ2_3	网站打开的速度快
		POQ2_4	网站易于使用
用户感知的结果质量	服务可用性	SRQ1_1	帮助使用
		SRQ1_2	反馈意见很快得到回复
		SRQ1_3	提供了搜索服务
		SRQ1_4	感觉服务总是可用的
	服务可靠性	SRQ2_1	感觉服务是可靠的
		SRQ2_2	感觉故障恢复总是很快
		SRQ2_3	感觉服务的链接总是有效的

2）数据收集

本次问卷调查是通过专业的问卷调查网站——问卷星（http://www.sojump.com/）发布的。网络问卷具有很多优势，包括覆盖的人群、地理位置面广，调查灵活、便捷，数据由网站直接生成易于录入和分析，答案更为精确且具有可追踪性和完整性[140]。问卷星具有强大的数据采集、数据筛选、数据分析功能，一方面使得到的最终数据更全面、更真实、更权威，也更有价值；另一方面又大幅降低得到这些数据所需付出的成本和周期[141]。本书将问卷的网址及手机版的链接地址发送给华北、华南和华中地区高校的图书馆工作人员、在校教师和研究生，邀请他们参加本次调查。问卷的收集时间为 2013 年 7 月 9 日至 2013 年 8 月 9 日，共收集到 399 份有效问卷。结构方程模型对样本量的要求是样本数与观察变量数的比例至少为 10∶1～15∶1[142]。本书的样本数量符合了这一要求。个人的样本特征如表 5-16 所示。

表 5-16　第二次调查的个人样本特征

分类		频率	百分比/%	分类		频率	百分比/%
性别	男	195	48.87	学历	本科及以下	93	23.31
	女	204	51.13		硕士	244	61.15
年龄	18～25	249	62.41		博士	62	15.54
	26～35	108	27.07	使用互联网经验	6 个月以内	3	0.75
	36～45	30	7.52		1 年	7	1.75
	46～55	6	1.5		2 年	15	3.76
	55 岁以上	6	1.5		2 年以上	374	93.73
职业	在校生	250	62.66	使用的图书馆类型（多选）	高校图书馆	361	90.48
	教师	68	17.04		公共图书馆	70	17.54
	图书馆工作人员	30	7.52		科学图书馆	31	7.77
	企业/公司职员	29	7.27		图书馆联盟	40	10.03
	其他	22	5.51		其他	4	1
使用图书馆频率	每周 3～5 次	72	18.05	使用图书馆经验	6 个月以内	10	2.51
	每周 1～2 次	247	61.9		1 年	15	3.76
	每月 1 次	62	15.54		2 年	19	4.76
	半年 1 次	14	3.51		2 年以上	355	88.97
	几乎不用	4	1	使用 CALIS 的原因	所在图书馆资源不足	298	74.69
使用的资源类型（多选）	纸本馆藏	296	74.19		CALIS 获得额外资源	101	25.31
	电子图书	228	57.14	经常使用的 CALIS 服务（多选）	e 得文献获取服务	207	51.88
	电子报刊数据库	287	71.93		e 读学术搜索服务	189	47.37
	多媒体	38	9.52		外文期刊网服务	294	73.68
	其他	2	0.5		CALIS 联合目录服务	44	11.03
使用 CALIS 的频次	每周 3～5 次	65	16.29		CALIS 共享系统服务	20	5.01
	每周 1～2 次	66	16.54		CALIS 与上图的馆际借书服务	17	4.26
	每月 1 次	134	33.58		CALIS 与 NSTL 的文献传递服务	12	3.01
	半年 1 次	61	15.29		电子书在线阅读和租借式借阅服务	9	2.26
	几乎不用	73	18.3		CALIS 中文期刊论文单片订购服务	5	1.25

本次调查获得的 399 个样本来自广西、湖北、浙江、广东、安徽、北京、福建、江苏、上海、山西和天津等地，覆盖面非常广。其中，女性的比例略高于男性。被调查者的年龄在 45 岁以下的占 97%，这与互联网用户以中青年为主的人口分布特征相一致，且 87.22%调查者与教育教学相关、硕士以上学历的调查者占 76.69%，说明中青年以下的高学历人群较易接受并在日常的学习、工作中通过网络使用图书馆的相关服务。此外，93.73%的被调查者具有 2 年以上使用图书馆的经验，认为所在图书馆资

源不足以满足个人需求的调查者达 74.69%，这说明了人们对图书馆资源最大化共享具有非常强烈需求。

5.4.4　模型适配度检验

本书通过结构方程模型软件 Smart PLS 2.0 软件来检验模型的适配度。由于 PLS 路径建模不存在一个能识别模型优劣的普遍最优法则，因而也没有一个单一的整体适配函数来判断一个模型的适配度。根据 PLS 结构方程模型的要求，对模型进行适配度检验，要分别检验测量模型、结果模型和整体模型的效度。PLS 对此分别提供了共性方差指数（community）、冗余系数（redundancy）和 GoF（goodness of fit）指数来分别检验模型的效度[143]。

1. 信度检验

在进行效度检验之前，先要分析构念（即潜在变量）的信度。本书采用 Cronbach's α 系数和组合信度 CR（composite reliability）作为衡量内部一致性的信度标准。其中，Cronbach's α 系数是用来测量观察变量的内部一致性程度，CR 是用来估计潜在变量内部一致性的程度，等于因素负载总和的平方除以其与各观察变量残差方差的总和[140]，如式（5-1）所示。

$$\text{组合信度}=\frac{\left(\sum\text{因子负载}\right)^2}{\left(\sum\text{因子负载}\right)^2+\sum\text{观察变量残差方差}} \tag{5-1}$$

一般来说，Cronbach's α 系数和 CR 值在 0.5 是可接受的最低值，在 0.7 以上是适中，0.8 以上是非常好，0.9 以上是最佳[144]。本书利用 Smart PLS 2.0 计算潜在变量的 Cronbach's α 和 CR 值的结果如表 5-17 所示。

表 5-17　潜在变量的质量指标

	Cronbach's α	CR	AVE	共性方差指数
图书馆云的服务质量	0.9671	0.9695	0.5704	0.5704
提供商提供的服务质量	0.9558	0.9628	0.764	0.764
馆藏数据质量	0.972	0.9794	0.9225	0.9225
网站质量	0.9676	0.9763	0.9116	0.9116
服务交互的过程质量	0.969	0.9733	0.8025	0.8025
在线交互质量	0.9657	0.9733	0.8795	0.8795
个性化设置质量	0.9096	0.9368	0.7877	0.7877
用户感知的结果质量	0.9726	0.977	0.8587	0.8587
服务可用性	0.9577	0.9693	0.8875	0.8875
服务可靠性	0.9249	0.9524	0.8697	0.8697

从表 5-17 中可以看出，所有潜在变量的 Cronbach's α 和 CR 值均在 0.9 以上，说明模型具有较佳的内部一致性。

2. 测量模型的检验

测量模型的评价关注观测变量是否足以反映与其相对应的潜在变量。本书从收敛效度、区别效度和建构效度分别检验本次测量的效度。

1）收敛效度

收敛效度主要是通过观察变量的因子负载值来衡量的，如果因子负载值均达显著（介于 0.5～0.95），表示观察变量能有效反映出它所要测量的潜在变量，该测量具有良好的效度[138]。本书利用 Smart PLS 2.0 计算因子交叉负载值，如表 5-18 所示。

表 5-18　测量模型的交叉因子负载

	图书馆云的服务质量	服务交互的过程质量	在线交互质量	个性化设置质量	提供商提供的服务质量	馆藏数据质量	网站质量	用户感知的结果质量	服务可用性	服务可靠性
IPQ1_1	0.6948	0.9027	0.9264	0.8243	0.3754	0.2411	0.444	0.4641	0.4358	0.4891
IPQ1_2	0.7549	0.9277	0.9289	0.8781	0.4844	0.3499	0.5344	0.4807	0.4538	0.5032
IPQ1_3	0.7151	0.9342	0.9518	0.8622	0.4336	0.3073	0.4842	0.4235	0.3954	0.4493
IPQ1_4	0.723	0.9454	0.9491	0.8921	0.4462	0.297	0.5176	0.4195	0.4026	0.4303
IPQ1_5	0.7105	0.9052	0.9326	0.8212	0.4102	0.261	0.4878	0.4663	0.4468	0.4796
IPQ2_1	0.7362	0.8967	0.8584	0.9035	0.4817	0.3477	0.5317	0.4677	0.4429	0.4879
IPQ2_2	0.6852	0.8544	0.8391	0.8329	0.3983	0.2759	0.4511	0.4666	0.4512	0.4745
IPQ2_3	0.7016	0.8388	0.7612	0.9023	0.5177	0.3707	0.5743	0.4017	0.388	0.4087
IPQ2_4	0.6789	0.8506	0.7765	0.9091	0.5011	0.3562	0.5586	0.3478	0.3404	0.3478
POQ1_1	0.7384	0.3039	0.2657	0.3408	0.8833	0.9651	0.6475	0.6935	0.6841	0.6864
POQ1_2	0.7653	0.3717	0.3426	0.3928	0.8678	0.9478	0.636	0.7068	0.6894	0.7103
POQ1_3	0.7462	0.3102	0.2757	0.3415	0.8746	0.9706	0.6261	0.7158	0.7034	0.712
POQ1_4	0.7552	0.351	0.3116	0.3872	0.8811	0.9581	0.6504	0.6894	0.6852	0.6756
POQ2_1	0.7599	0.5308	0.4917	0.5573	0.8553	0.6216	0.9399	0.5354	0.5283	0.5295
POQ2_2	0.776	0.5448	0.5082	0.567	0.8972	0.6724	0.9658	0.5199	0.5104	0.5178
POQ2_2	0.776	0.5448	0.5082	0.567	0.8972	0.6724	0.9658	0.5199	0.5104	0.5178
POQ2_2	0.776	0.5448	0.5082	0.567	0.8972	0.6724	0.9658	0.5199	0.5104	0.5178
POQ2_3	0.7668	0.5381	0.4902	0.5766	0.8527	0.615	0.9415	0.5481	0.5478	0.5331
POQ2_4	0.7895	0.556	0.5209	0.5757	0.8798	0.6348	0.9715	0.5604	0.5526	0.5549
SRQ1_1	0.7958	0.4265	0.4106	0.4269	0.664	0.6886	0.5234	0.937	0.9497	0.8937
SRQ1_2	0.8026	0.4271	0.4154	0.4213	0.6829	0.6912	0.5553	0.9346	0.9377	0.904
SRQ1_3	0.8036	0.47	0.461	0.4583	0.6542	0.6801	0.5139	0.9206	0.9283	0.8841
SRQ1_4	0.7909	0.4336	0.4276	0.4197	0.639	0.6495	0.5169	0.9423	0.9523	0.9023
SRQ2_1	0.7919	0.4836	0.4832	0.4596	0.6146	0.639	0.4827	0.917	0.904	0.9092
SRQ2_2	0.8084	0.4243	0.4128	0.4183	0.7073	0.7257	0.5655	0.927	0.8935	0.9461
SRQ2_3	0.81	0.5068	0.5067	0.4807	0.6447	0.6617	0.515	0.9076	0.8629	0.9419

表 5-18 中测量模型的交叉因子载荷系数表示潜在变量与所对应的测量变量的相

关性。观察变量在三阶因子图书馆云服务质量上的负载值均在 0.65 之上，在其所属的二阶因子及一阶因子上的负载值均在 0.8 之上，说明测量模型在其所属的因子上具有良好的收敛效度。

2）区别效度

区别效度是通过计算得到的潜在变量间的平均方差萃取量（average variance extracted，AVE）来衡量的。AVE 是衡量变量所被解释的方差，其计算办法如式（5-2）所示。

$$平均方差萃取量=\frac{\left(\sum 因子负载\right)^2}{\left(\sum 因子负载\right)^2+\sum 观察变量残差方差} \tag{5-2}$$

一般认为，潜在变量的 AVE 值若是在 0.5 以上，表明观测变量可以有效地反映其潜在变量，该潜在变量具有良好的区别效度[140]。利用 Smart PLS 2.0 计算潜在变量的 AVE 值，选用标准化数据数值（即均值为 0，方差为 1），结果如表 5-17 所示。

从表 5-17 中可以看出，所有潜在变量的 AVE 值均在 0.5 以上，说明观测变量可以有效地反映其潜在变量，潜在变量具有良好的区别效度。

3）建构效度

建构效度的检验主要通过共性方差指数（communality）来测量。共性方差表示的是所有观测变量的变异程度可以被潜在变量解释的程度。共性方差指数越大，表明该测量模型的建构越理想。

利用 Smart PLS 2.0 计算测量模型的共性方差指数结果如表 5-17 所示。PLS 路径建模方法选用标准化数据数值显示结果时，所计算得到的 AVE 值与共性方差值相同。

从表 5-17 中可以看出，所有潜在变量的共性方差指数也均大于 0.5，表明测量模型具有较好的建构效度。

5.4.5　结构模型的检验

结构模型的评价主要是检验结构模型的效度并评价理论建构阶段所界定的因果关系是否成立[140]。结构模型的效度检验仍然利用 Smart PLS 2.0 软件。在结构模型的效度检验中，冗余系数及 R^2 指标（其值均在 0～1，且越大越好）均能够反映潜在变量之间相互影响的程度，Q^2 值能反映潜在变量的相关性。因果关系则通过路径系数的显著性来检验。

1）效度检验

Smart PLS 2.0 中，结构模型效度检验的指标主要有 R^2 指数、冗余系数和 Q^2 指数。其中，R^2 是观察变量多元相关系数的平方值，表示内衍潜在变量被外衍潜在变量解释的程度[140]。当 R^2 的值等于 0.02 时表明解释力度小，等于 0.13 表明解释力度中等，等于 0.26 时表明解释力度较大[145]。R^2 越大，衍潜在变量被外衍潜在变量解释的力度较大，结构模型的效度越佳。

冗余系数（redundancy）反映内衍潜在变量被外衍潜在变量估计的程度，是 PLS 结构方程模型检验值主要用来评价结构模型的效度的指标。与 R^2 一样，冗余系数值越大，表明内衍潜在变量被外延潜在变量估计的力度越大，结构模型具有较好的适配度。

Q^2 是模型预测相关性指标，Q^2 当大于 0 时，表明模型对特定的构念有较好的预测相关性。反之，则表明模型对特定的构念缺乏预测相关性。一般来说，当 Q^2 的值等于 0.02 时表明预测相关性小，等于 0.13 表明预测相关性一般，等于 0.26 时表明预测相关性较大[138]。Q^2 越大，模型对特定构念的预测相关性就越大，结构模型的效度越佳[146]。本书采用构念交叉检验冗余系数（construct cross validated redundancy）来计算 Q^2。

由于 R^2、冗余系数和 Q^2 均表示的是内衍潜在变量被外衍潜在变量解释或估计的程度。因此，只有内衍潜在变量才具有 R^2 值、冗余系数和 Q^2，外衍潜在变量没有 R^2 值、冗余系数和 Q^2。本书的图书馆云服务质量的影响因素模型是外延潜在变量，因而不具有 R^2 值、冗余系数和 Q^2，如表 5-19 所示。

表 5-19　潜在变量的 R^2、冗余系数及 Q^2

	R^2	冗余系数	Q^2
图书馆云的服务质量	—	—	—
提供商提供的服务质量	0.7605	0.5808	0.5718
馆藏数据质量	0.8333	0.7686	0.7602
网站质量	0.8331	0.7593	0.7512
服务交互的过程质量	0.6307	0.5057	0.4911
在线交互质量	0.9693	0.8522	0.8465
个性化设置质量	0.9414	0.739	0.7335
用户感知的结果质量	0.7461	0.6405	0.6294
服务可用性	0.9823	0.8717	0.8665
服务可靠性	0.9678	0.841	0.8335

从表 5-19 中可以看出，所有的 R^2 值均在 0.6 以上，说明内衍潜在变量能较好地被外衍潜在变量解释；所有的冗余系数均大于 0.5，说明内衍潜在变量被外衍潜在变量估计的程度较高；所有的 Q^2 值均大于 0.45，说明模型对特定的构念具有较好的预测相关性，结构模型具有较好的适配度。

2）因果关系检验

因果关系主要是通过路径系数的显著性来检验，获得 T 值。这需要在 Smart PLS 中运行 Bootstrapping。Bootstrapping 方法是斯坦福大学 Efron 提出的一种可以不受数据分布假设的局限、基于数据模拟的再抽样参数检验方法[147]。该方法只需依靠给定样本的信息而不需要借助或增加新的样本量。其基本思想是从给定的样本数据中再次随机抽取一定数量的观测数值组成新的 Bootstrap 样本，利用 Bootstrap 样本计算出估计值，重复不停地抽取样本和进行估计，将所有估计值组成一个新的数据集，通过数据集来反映抽样分布情况，以便开展进一步分析[148]。一般情况下，检验结果的 T 值大于 1.96 就表明模型通过显著性检验[149]。

为获得较为稳定的结果，本书在 Bootstrapping 中选择“no sign changes”，遵循 Cases=399（原始的样本量）、Sample=5000 次的建议[150]，在此基础上检验路径系数的显著性，Bootstraping 检验结果如表 5-20 所示。

表 5-20　路径系数显著性检验

	原始样本(O)	样本均值(M)	标准差（STDEV）	标准误差（STERR）	T 值(|O/STERR|)
图书馆云的服务质量→提供商提供的服务质量	0.872	0.8721	0.0189	0.0189	46.1509
图书馆云的服务质量→服务交互的过程质量	0.7941	0.7929	0.0398	0.0398	19.9377
图书馆云的服务质量→用户感知的结果质量	0.8638	0.8652	0.0177	0.0177	48.724
提供商提供的服务质量→网站质量	0.9127	0.9126	0.0095	0.0095	95.7448
提供商提供的服务质量→馆藏数据质量	0.9129	0.9122	0.0109	0.0109	83.642
服务交互的过程质量→在线交互质量	0.9845	0.9848	0.0025	0.0025	399.2428
服务交互的过程质量→个性化设置质量	0.9702	0.9706	0.0061	0.0061	159.5673
用户感知的结果质量→服务可用性	0.9911	0.9911	0.0017	0.0017	583.9072
用户感知的结果质量→服务可靠性	0.9837	0.9838	0.0031	0.0031	314.4958

从表 5-20 中可以看出，所有路径的 T 值均大于 1.96，表示所有的路径都通过显著性检验。因此，本书模型的路径系数、T 值和假设因果关系检验的情况如表 5-21 所示。

表 5-21　结构模型的路径系数、T 值及假设检验

假设关系	路径	路径系数	T 值	假设是否通过
H1	图书馆云的服务质量→提供商提供的服务质量	0.872***	46.1509	是
H2	图书馆云的服务质量→服务交互的过程质量	0.7941***	19.9377	是
H3	图书馆云的服务质量→用户感知的结果质量	0.8638***	48.724	是
H1a	提供商提供的服务质量→馆藏数据质量	0.9129***	83.642	是
H1b	提供商提供的服务质量→网站质量	0.9127***	95.7448	是
H2a	服务交互的过程质量→在线交互质量	0.9845***	399.2428	是
H2b	服务交互的过程质量→个性化设置质量	0.9702***	159.5673	是
H3a	用户感知的结果质量→服务可用性	0.9912***	583.9072	是
H3b	用户感知的结果质量→服务可靠性	0.9837***	314.4958	是

***：$p < 0.001$。

从表 5-21 中可以看出，所有参数统计量的估计值均达到显著水平（T 值绝对值>1.96），表明所有假设的因果关系均通过了检验，因果关系的假设成立。这说明了图书馆云的服务质量对二阶维度均有显著的正向影响，二阶维度对一阶维度也具有显著的正向影响。

5.4.6 整体模型的检验

整体模型适配度检验通过其适配度指标、路径系数、及总体效应的显著性检验来评价。

1）GoF

GoF 等于平均共性方差与平均 R^2 乘积的平方根[151]，如式（5-3）所示。

$$\text{GoF} = \sqrt{\overline{\text{communality}} \cdot \overline{R^2}} \tag{5-3}$$

当 GoF 等于 0.1 时，表明模型的适配程度小，等于 0.25 时表明适配程度一般，等于 0.36 时表明适配程度较好[145]。其数值越大表明模型构建的效果越好[152]。从以上的分析可以得知，共性方差（Communality）是用于检验测量模型适配度的指标，R^2 是用来检验结构模型适配度的指标。因此，整体模型适配度的评价是在综合考虑了测量模型和结构模型的基础上进行的。

从表 5-17 中的共性方差指数（平均值为 0.8254）与 R^2 指数（平均值为 0.8516）计算可得 GoF 等于 0.8384，如式（5-4）所示，表明整体模型具有良好的适配度。

$$\text{GoF} = \sqrt{0.8254 \times 0.8516} \tag{5-4}$$

2）路径系数

路径系数表明潜在变量对箭头所指向的潜在变量的直接影响，其值越大，表明影响越大。本书在检验路径系数前，先进行显著性检验得到 T 值，所有的 T 值均大于 1.96，路径模型具有通过显著性检验。于是，本书获得了路径回归运算的结果，如图 5-7 所示。

图 5-7 中，箭头上方的数字代表的是路径系数。如从图书馆云的服务质量到用户感知的结果质量的路径系数为 0.864。图中三阶潜在变量到二阶潜在变量的路径系数均大于 0.7，二阶潜在变量到一阶潜在变量的路径系数均大于 0.9，表明潜在变量间的直接影响较大，结果模型具有良好的内部一致性。潜在变量椭圆里的数字代表的是 R^2，表示的是内衍潜在变量被外衍潜在变量解释的程度。如内衍潜在变量“用户感知的结果质量”被外衍潜在变量“图书馆云的服务质量”解释的方差为 74.6%。图中所有潜在变量的 R^2 值均在 0.6 以上，说明内衍潜在变量被外衍潜在变量解释的力度较大，能基本包含外衍潜在变量的各个维度，表明模型具有良好的适配度。

3）总体效应的显著性检验

本书在检验路径系数显著性的基础上，再次检验总体效应（total effect）的显著性，旨在采用多个指标综合评价整体模型的适配度。与路径显著性检验一样，总体效应检亦遵循 Cases=399（原始的样本量）、Sample=5000 次的建议，结果如表 5-22 所示。

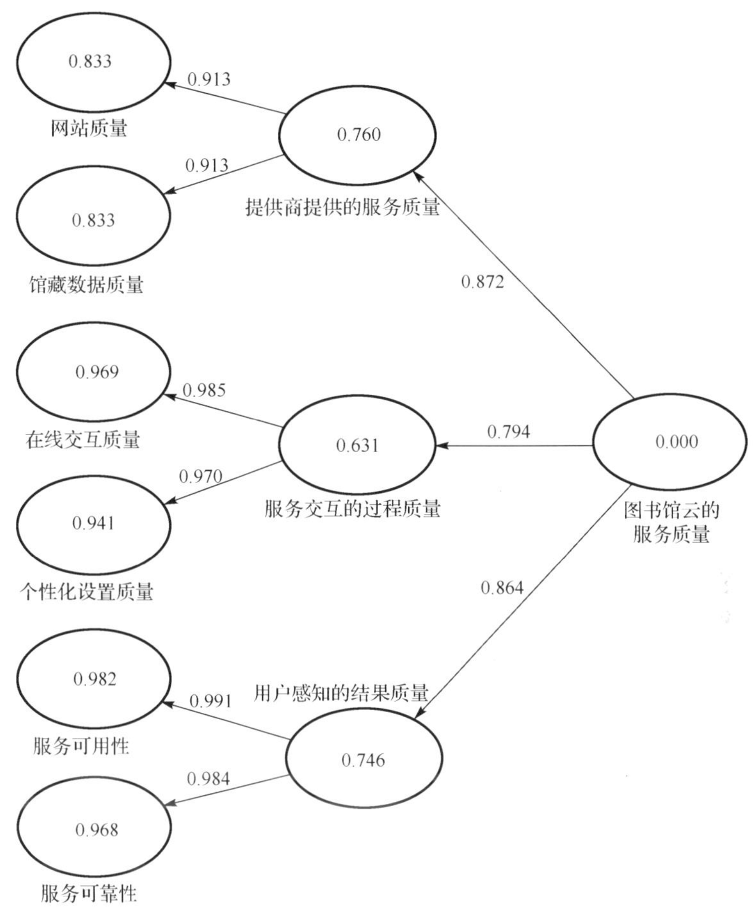

图 5-7　结构模型路径分析结果

表 5-22　总体效应的显著性检验

	原始样本 (O)	样本均值 (M)	标准差 (STDEV)	标准误差 (STERR)	*T* 值 (|O/STERR|)
图书馆云的服务质量→ 个性化设置质量	0.7705	0.7697	0.0395	0.0395	19.5214
图书馆云的服务质量→在线交互质量	0.7818	0.7809	0.0395	0.0395	19.7711
图书馆云的服务质量→提供商提供的服务质量	0.872	0.8721	0.0189	0.0189	46.1509
图书馆云的服务质量→服务交互的过程质量	0.7941	0.7929	0.0398	0.0398	19.9377
图书馆云的服务质量→服务可用性	0.8561	0.8575	0.0173	0.0173	49.3596
图书馆云的服务质量→服务可靠性	0.8498	0.8511	0.017	0.017	49.8807
图书馆云的服务质量→用户感知的结果质量	0.8638	0.8652	0.0177	0.0177	48.724
图书馆云的服务质量→网站质量	0.7959	0.7959	0.0211	0.0211	37.6966
图书馆云的服务质量→馆藏数据质量	0.7961	0.7956	0.0223	0.0223	35.7729
提供商提供的服务质量→网站质量	0.9127	0.9126	0.0095	0.0095	95.7448

续表

	原始样本 (O)	样本均值 (M)	标准差 (STDEV)	标准误差 (STERR)	*T* 值 (|O/STERR|)
提供商提供的服务质量→馆藏数据质量	0.9129	0.9122	0.0109	0.0109	83.642
服务交互的过程质量→个性化设置质量	0.9702	0.9706	0.0061	0.0061	159.5673
服务交互的过程质量→在线交互质量	0.9845	0.9848	0.0025	0.0025	399.2428
用户感知的结果质量→服务可用性	0.9911	0.9911	0.0017	0.0017	583.9072
用户感知的结果质量→服务可靠性	0.9837	0.9838	0.0031	0.0031	314.4958

总体效应的 Bootstraping 增加了 6 条新的潜在变量间路径，是从最高阶（即三阶）的潜在变量图书馆云的服务质量到 6 个最低阶（即一阶）潜在变量的间接路径，包括图书馆云的服务质量→个性化设置质量、图书馆云的服务质量→在线交互质量、图书馆云的服务质量→服务可用性、图书馆云的服务质量→服务可靠性、图书馆云的服务质量→网站质量、图书馆云的服务质量→馆藏数据质量。最高阶潜在变量原本与最低阶的潜在变量间不存在直接反映的路径关系，它们通过 3 个中阶（即二阶）潜在变量作为中介，存在间接的路径关系。即使这样，表 5-22 中显示的间接路径系数与所有直接的路径系数一样，均在 0.75 之上，*T* 值均大于 1.96，表明模型通过显著性检验。同时，Bootstrapping 检验的原始样本（original sample）值与重新选样的样本均值（sample mean）在 Bootstrapping 检验中几乎一致，说明了本书的数据具有良好的稳定性，进一步佐证了本书的整体模型具有较好的适配度。

此外，在外部权重、因子负载和路径系数的 Bootstrapping 检验结果中，所有测量变量的外部权重、因子负载系数及路径系数从原始样本中不断抽取的新样本集合与原始样本数据所携带的信息是一致的，且 *T* 检验均显著。这表明整体模型中所有的潜在变量对其观测变量具备很好的解释能力，模型整体的适配度较好，可以通过整体检验。

5.4.7 本章小结

利用 Smart PLS 路径建模的结果显示，在所有潜在变量的 R^2 值中，“图书馆云的服务质量”到“提供商提供的服务质量”的 R^2 和路径系数均最大，表明“图书馆云的服务质量”对“提供商提供的服务质量”影响最大，而潜在变量“提供商提供的服务质量”最能反映“图书馆云的服务质量”。这说明在图书馆云服务质量的评价中，“提供商提供的服务质量”维度即提供商自身提供服务质量的能力，对图书馆云的服务质量的贡献最大，该维度质量水平的高低，很大程度上也决定了整体图书馆云服务质量的高低。其次是“用户感知的结果质量”，该维度对整体图书馆云服务质量的贡献仅次于“提供商提供的服务质量”维度。这说明对图书馆云服务质量的评价，用户对服务质量结果的感知也是相当重要的。而且，“服务可用性”被“用户感知的结果质量”解释的方差最大，达到了 98.2%，表明“服务可用性”能基本涵盖“用户感知的结果质量”的各个方面。

以上探索性因子分析及验证性因子分析的结果均表明，图书馆云服务质量的影响因素是一个分层多维度的结构，包含 3 个二阶维度和 6 个一阶维度。3 个二阶维度分别是提供商提供的服务质量、服务交互的过程质量和用户感知的结果质量，是服务质量在服务交互与传递过程各个阶段的反映。提供商提供的服务质量反映地是服务在使用前的质量水平，服务交互的过程质量反映地是服务在使用中的质量水平，用户感知的结果质量反映地是服务在使用后用户对质量水平的评价。该服务质量模型在服务使用的不同阶段、用一些可以实际观察、可以测量的变量来反映抽象的图书馆云服务质量的特质，并加以评价，既符合人们看待服务质量的一般观念，也使得在实际应用中对服务质量的评价具有切实可行性，有利于人们采取保证服务质量的相应措施。

但本书在方法、模型及实证方面还存在诸多不足，例如，由于国内市场上目前还没有可用的图书馆云服务，使本书的研究缺乏用户使用图书馆云服务的实际体验，缺乏收集真正使用过图书馆云服务的用户对图书馆云服务质量的相关评价信息，同时也使得本书服务质量的影响因素模型缺乏足以体现云计算及图书馆云的特性。这些将是本书后续研究的基础。

第三篇　服务等级协议

第 6 章　服务等级协议基础

市场经济环境下，几乎所有行业内都存在激烈的竞争，电信行业也不例外。各服务提供商不断调整、优化其竞争手段，以保持其在电信行业的竞争优势。其中，质量竞争尤为重要。在电信服务与网络服务相结合的今天，用户的需求已经从单一的语音业务和短信业务发展成全方位、多层次、多媒体的 3G/4G 业务，如电子商务、视频会议、RSS 订阅、在线游戏娱乐等，这些业务需要更高的业务质量[4]。在电信服务中，用户与服务提供商相互协商签订 SLA（服务等级协议），服务提供商根据 SLA 的规定；用户则用 SLA 来维护自己的权利。当所获得的 SLA 没有达到约定的质量等级时，用户有权向提供商索取 SLA 中规定的违例赔偿。

6.1　SLA

随着市场竞争的加剧，不管是电信服务、网络服务或云服务的提供商，均同时面临着提高自身竞争优势和满足用户性能需求的双重压力。他们一方面致力于减少服务的成本，另一方面又必须努力去改进服务质量（QoS），从而使自己的服务/产品有别于其他的竞争者。尤其是在全球化服务的需求和提供商的数量日益增多的环境下，存在参与方众多、角色具有多重性、客户需求具有多样化等问题，导致成本和 QoS 的平衡问题显得更为复杂和困难。因此，有必要描述清楚参与服务的各方实体的角色及其关系，明确定义各实体的责任与义务、用户所需的 QoS 及提供商所能实现的程度。其中，实体是指使用或提供服务的一般单位，它具有不同的状态特征，可以从一种状态转化为另一种状态。在转化的过程中，它可以执行一些功能，或与其他实体通过输入/输出的方式进行交互。如提供商（provider）又称为提供者或提供方，是为其他实体提供某服务的实体，而用户（user）是接受服务的实体。当然，用户可能包括终端用户、监管机构或接受其他提供商的服务的提供商。这就是说，同一个服务提供商，它的角色有可能是服务的提供方，也可能是服务的接受方。

服务等级协议（Service Level Agreement，SLA）就是一种描述实体相互关系的正规的、有用的工具。SLA 是经过双方或多方谈判的、共同理解的、关于服务的使用、质量、责任、权利等目标程度的谈判结果。本节作为云 SLA 的基础，介绍电信服务中 SLA 的有关内容。

6.1.1　SLA 的需求

网络服务、云服务的用户对服务质量的需求就如同电信服务的用户一样，他们也需要用 SLA 来维护自身的权益。当然，服务提供商也需要 SLA 来规范自己的服务，并用 SLA 将其清晰描述，有利于权责的明确与衡量。特别是有些服务提供商的部分或全部的服务系统部件是从第三方厂商处购买的，参与方的关系复杂，角色又具有多重性，增加了测量服务质量的难度。因此，必须通过 SLA 来明确一站式的责任，有利于服务质量的保证，也有利于双方责任和义务的衡量，保证用户的满意度。

6.1.2　SLA 的意义

SLA 的实施，除了能满足提供商、用户双方的需求，其意义还可以体现在如下几个方面。

（1）SLA 明确了与服务质量有关的一些定义，量化了服务质量的指标，避免服务质量的标准存在歧义，有利于澄清双方的责权。

（2）SLA 将有差异的个性化服务与不同用户的实际需求相结合，针对不同的用户群制定不同的服务等级，以合同的方式将需求的差异和服务的差异很好地结合起来，最大限度地贴近用户需求，有利于提高用户的满意度。

（3）SLA 有利于帮助建立用户对服务提供商的信赖。服务提供商必须按照 SLA 的合同中约定的服务等级来保证服务的质量。如果出现违例，则需要按照合同的细则进行赔偿。SLA 将服务提供商对用户的服务承诺用法律层面的合同来保证，使用户使用服务时有安全感，从而对服务提供商更加信赖。

（4）SLA 有利于维护协议双方的利益。用户根据自己不同的服务需求选择不同的服务等级，而不同的服务等级的收费标准是不同的。用户平衡需求与预算开支，选择不同层次的服务质量，这实际上是按需求消费的方式，对用户和服务提供商，都是双赢的情况。

（5）SLA 敦促服务提供商不断创新，提高服务质量。实施 SLA 之后，服务提供商有了一种约束，会形成良好的服务意识，加强管理，实时监控网络的运行情况，主动发现不足，不断创新来提高服务质量。

（6）SLA 的实施有利于服务提供商对用户信息进行深度挖掘，了解不同用户的个性化特点，方便以后向特定用户提供有针对性的服务。

（7）SLA 有助于用户对服务提供商的服务水平、可靠性和收费标准等进行相应的评估，以使自己获得最适合的服务。

6.1.3　SLA 的内容

SLA 具有广阔的市场需求及重要的实施意义，因此，如何制定 SLA，则是 SLA 实施的重要内容。在确定 SLA 的内容之前，首先要明确与 SLA 有关的一些定义。

1. SLA 的定义

ITU-T 将服务等级协议定义为两个或多个实体通过谈判、协商而签订的一份正式协议，协议中规定了各参与方评价服务的性质、实体的责任和优先级等相关的范围[153]。除此之外，SLA 还必须描述清楚服务的性能、收费标准、服务交付使用和赔偿细则等内容。SLA 的定义中，涉及与实体相关的几个定义。

（1）实体（Entity）：是使用或提供某项服务的一般单位，也就是服务的参与方。实体存在着不同的状态，如使用服务或提供服务的状态。实体状态的差异，使其具有不同的角色。实体使用服务的状态即客户（Customer）角色，实体提供服务的状态即提供商（Provider）角色。实体的状态可以相互转换。客户具备了一定的条件后，就可以转化为提供商，为其他客户提供服务；提供商在某些情况下，需要使用其他提供商的服务要素（service elements）。此时，它既是服务的提供商，又是其他提供商的客户，同时兼有客户和提供商的角色。客户通过服务访问接点（service access points，SAP）与提供商进行服务的交互（interaction）。如图 6-1 所示[154]。

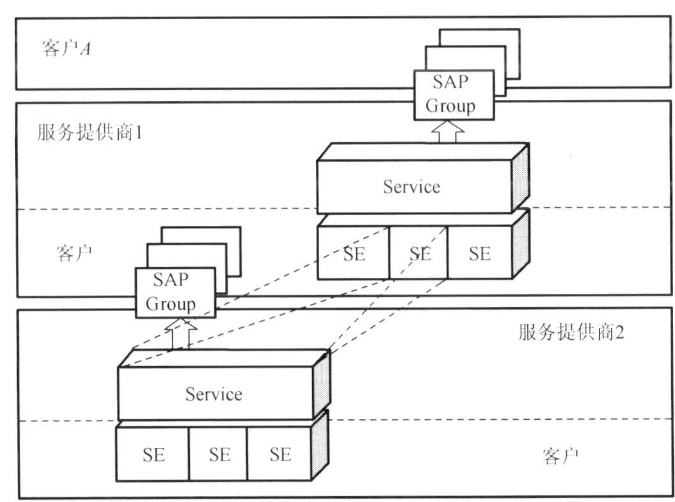

图 6-1　客户与提供商的交互

（2）服务要素：提供商需要整合一些的服务要素以提供某项服务的某些功能。它可以自行支配这些服务要素，也可以从其他的提供商处购买获得。

（3）服务接入点：是提供商与客户在接口处的交互点，表明服务交付的时刻。一般来说，某项服务会包含若干的 SAP，这些 SAP 组成该服务的 SAP 群（SAP group）。

客户只有通过相关的 SAP 才能访问或使用相关的服务。如移动通信服务，其 SAP 群包括语音 SAP、短信 SAP、彩信 SAP 或 WAP SAP 等。服务就是通过 SAP 交付给客户使用的，是一项服务由一个 SP 实体提供给一个用户实体的概念点。SP 的职责就是在特定的 SAP 中，提供包含这项服务及其相关的服务要素。一般来说，一项服务至少有一个以上的 SAP，但一个 SAP 只对应一项服务。离开了 SAP，SP 就无法将服务交付给用户使用。

图 6-1 中，客户 *A* 通过 SAP 访问服务提供商 1 的服务。同时，服务提供商 1 的服务由一系列的 SE 组成，但它并不提供所有的 SE，其中一部分 SE 是通过服务提供商 2 来实现的。因此，服务提供商 1 既是客户 *A* 的提供商，又是服务提供商 2 的客户，其访问提供商 2 的服务也是通过一些 SAP 访问接口来实现的。当然，服务提供商 2 的 SE 也可能是由其他服务提供商来提供的。

（4）服务质量：与 7.1 节中的 QoS 的定义“使用服务的总体效果，这些效果决定了一个用户对这项服务的满意程度”不同，SLA 中的 QoS 是指提供商提供的服务遵循 SLA 的程度。SLA 中的 QoS 更倾向于从客户 QoS 的角度，说明提供商的责任，衡量 QoSD 达到协议中规定的程度。它更多地面向市场，决定客户的满意度，从而影响服务的成败。其中，在 SLA 中专门描述提供商 QoS 责任的部分，又称为 QoS 协议（QoS agreement）或服务质量协议（service quality agreement，SQA），其目的是达到用户需要的 QoS 使之满意。

2. SLA 的结构

SLA 是提供商与客户之间为保证服务质量而签署的一份关于服务内容、双方的责任与义务、质量等级与价格等服务细节的协议，它有一般的通用结构，如图 6-2 所示。

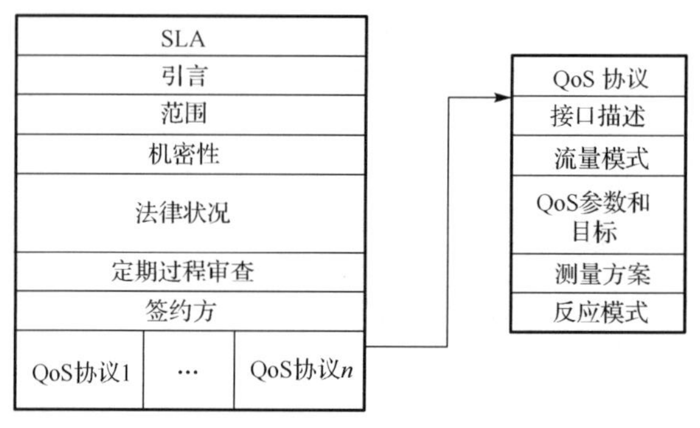

图 6-2　SLA 的结构

（1）引言：介绍 SLA 的目标，如 SLA 中定义了客户满意的服务水平，促进了双方以合理 QoS 和网络性能的方式进行交换信息，提供了实施协议的参数及其测量方法。

（2）范围：描述 SLA 的服务范围及其目标性能，如哪些功能包含在服务的范围内，哪些不属于本 SLA 的服务范围。明确 SLA 的范围及其边界，避免因误解而产生的没必要的纠纷。

（3）机密性：描述协议的处理方法及各方共享信息的程度。为了保障各方的利益，SLA 协议及其机密信息最好不要透露给非协议方，特别是参与方的竞争对手。

（4）审查过程：定义交换 QoS 信息的频率和格式，有利于即时更新所使用的技术和客户的期望。频率如每天/每月/每年等，格式如纸质版或电子版等。SLA 中的审查过程是可选项，不是必备项。

（5）法律状况：SLA 作为一个经济合同，需明确定义未达到规定的质量水平时的赔偿等法律细则。

（6）签约方：签署 SLA 的各方授权代表，以确保各自的权利。

（7）QoS 协议：QoS 协议的内容包含服务接口、通信量模式（traffic pattern）、QoS 参数及其测量方法、反应模式的描述等。其中，接口描述的是双方的逻辑边界，是用户与提供商进行信息交换的交互点，由提供商来控制。一个实体向外的传输是另一个实体的输入。QoS 协议中必须详细描述所有的传输细节，当所获得的输入没有遵从协议时，接收方可以做出相应的反应。反应的行为包括不采取任何行动、监测已获得的 QoS、重新配置、索取赔偿或终止服务等。QoS 参数与 QoS 协议是相关的，所有 QoS 协议的参与方都会受到 QoS 参数的影响。因此，QoS 参数必须以明确、简洁的方式描述。当然，可以采用不同版本的 QoS 参数，供用户使用的版本用尽量简单、易懂的语言来描述，提供商使用的版本则用更为技术性的语言来描述。在电信服务领域中，最重要的三个 QoS 参数为速度、精确性和可靠性。当 QoS 参数与及其目标值确定下来后，各参与方就要进一步讨论参数的测量方法。在 QoS 协议中，描述测量的内容应包含 4w 和 1h，其中 4w 是指 what\when\where\who，也就是测量什么、什么时候测量、在哪里测量、谁负责测量。1h 是指 how，也就是如何进行测量。例如，典型的网络测量中，包含的内容有服务提供的情况、服务恢复的情况、故障发生率（包括客户反馈的和网络监测的）、互连接的可用性、客户投诉、点对点的测试、流量大小等。

3. SLA 参数

一份 SLA 应包含一些由服务提供商向客户承诺的、客观的、可测量的参数，即 SLA 参数。SLA 参数的值被用来证明提供商是否实现了他们的承诺。典型的 SLA 参数包括服务的可用性、提供服务的时间、恢复服务的时间、延迟和吞吐量等。

1）服务可用性

对客户来说，服务可用性（service availability，SA）是最重要的 SLA 参数也是客户最感兴趣的关键参数。但客户对 SA 可能存在误解，他们认为可用性意味着不会出现任何问题。事实上，服务可用性也就是服务的能力（serve ability），服务能力是技术术语，是指在给定的条件下，用户请求服务时，获取服务以及能持续不削弱所提供的服务的能力，通常用在 SP 方[83]。服务可用性广泛用于各种业务中，对客户来说，这个词更容易理解。因此，提供商必须在 SLA 中将服务的能力用客户可理解的词义明确地定义和描述 SA，可以采用文字描述的形式，即 SA 是用来描述服务或服务要素的可用性程度的。此外，还可以使用计算公式来准确定义 SA，用百分比的形式来描述具体的可用性程度，如式（6-1）所示。

$$SA\% = 100\% - SUA\% \tag{6-1}$$

式中，SUA 是服务的不可用性（service unavailability）。某些不可用事件的发生，如断电、服务器故障、网络不可用等，导致服务的中断，从而服务不可用。SUA 被定义为式（6-2）。

$$SUA\% = \frac{\sum \text{OutageInterval}}{\text{ActivityTime}} \times 100\% \tag{6-2}$$

式中，ActivityTime 是指服务在 SAP 随时可进行操作的时间，OutageInterval 是指服务被迫中断的时间。结合式（6-2）和式（6-3），可以得出 SA 的计算公式（6-3）为

$$SA\% = \frac{\text{ActivityTime} - \sum \text{OutageInterval}}{\text{ActivityTime}} \times 100\% \tag{6-3}$$

因此，服务可用性的值，会受不可用事件的影响，如容量不足、操作失误、传播障碍或支持服务的局限性等。此外，它还与服务的类型及其降级的影响因素、传输协议的类型、网络或服务的配置、SAP 的权重和提供商的政策等因素有关。

2）提供服务的时间

“提供服务的时间（time to provide service，TTPS）”与“开始使用服务的时间”即“SAP 确认时间”不同。提供服务的时间是指服务提供商承诺提供服务的时间，开始使用服务的时间，是指客户通过 SAP 访问服务的时间，两者的区别可用图 6-3 来解释[155]。

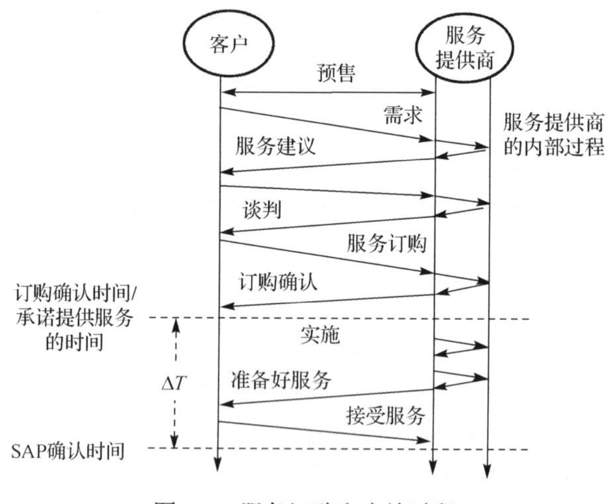

图 6-3　服务订购和实施过程

从图 6-3 中可以看出，“承诺提供服务的时间”与“SAP 确认时间”存在一个时间差 ΔT 。计算服务的起始时间，前者对提供商有利，后者对客户来说相对合理。因此，需要提供商和客户进行谈判协商，从而选定其中一个，作为计算提供服务的起始时间。两者对时间差 ΔT 进行衡量，如果觉得可以接受 ΔT ，则进一步协商服务费用的问题。如果对 ΔT 不能接受，则提出终止服务的请求，并且提供商归还客户的服务订购费用。

3）恢复服务的时间

恢复服务的时间（time to restore service，TTRS）代表故障报告时间戳（fault report timestamp，FRT）与服务恢复时间戳（service restoration timestamp，SRT）之间的时间间隔，也就是从故障报告到服务恢复所需的时间。“恢复服务的时间”与“修复服务的时间”不同，前者在后者的基础上，还包括证实修复完成的时间。

4）延迟

延迟（delay）是指传送与接收的时间差。一般来说，延迟有两种类型，一种是传输延迟，另一种是响应延迟。传输延迟是由于网络传输 SAP 而导致的时间差。响应延迟是指发出请求指令到服务器设备响应的时间差。两种延迟均会随着网络流量和路由机制的变化而变化。但响应延迟不在服务提供商和网络操作者的控制之内，因此，响应延迟不在 SLA 的范围中。电信领域中的延迟，仅限于 SAP 到 SAP 的传输延迟。

5）吞吐量

吞吐量是衡量带宽的使用效率的。吞吐量与延迟有关，但又不完全依赖于它。从消息的角度来看，吞吐量还与帧、PDU 和每单位时间等有关。

有关延迟和吞吐量的规范和测量方法还在进一步的研究中。

4. 服务的组成

在 SLA 的定义中，需要明确地说明 SLA 的服务/产品及其组成和相互关系，这样才能为 SP 和客户提供一个清晰、明确的产品的组成视图，从而达到理解的一致性。图 6-4 所示为服务的组成。

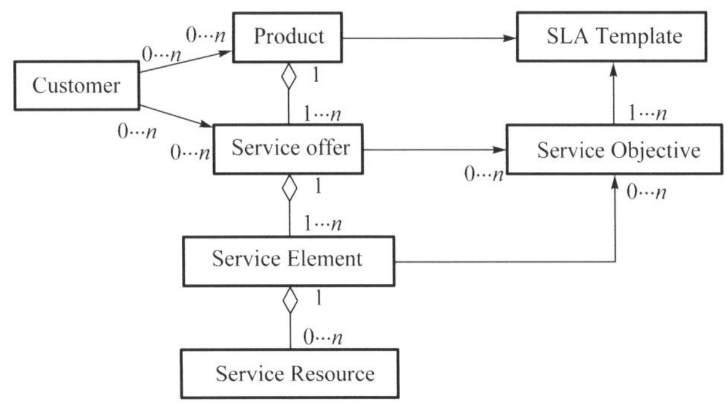

图 6-4　服务的组成

这里所说的产品与我们在日常生活中所说的产品稍有不同。日常生活中的产品一般是指有形的产品。在网络、信息技术发展起来后，产品的定义范围就扩大了，除了一些有形的产品，还包含那些无形的产品，如服务。本书中所指的产品专指 SP 提供给客户订购、使用的所有产品或服务。一般来说，一个 SP 拥有一系列可供客户选择的产品和服务。其中，服务供给品（service offer）是由服务要素组成的、已经可以提供给客户使用的一个服务。服务包（service bundle）用来描述包含一系列服务供给品的包，是提供商将不同的服务供给品捆绑起来，打成不同的服务包，提供给客户即产品（product），以满足不同客户的需求。例如，针对学生的通信业务，电信运营商通常将 SMS 和 GPRS 流量这两种服务组合在一起，并可划分成不同的服务等级和质量水平，形成不同等级、不同组成的服务产品，满足不同学生消费群的个性需求。

可直接供客户使用的服务供给品是由一个或几个服务要素组成的。每个服务要素都与服务的水平或服务的质量有关。服务要素有效地塑造了提供服务技术方面或操作方面的能力，代表某些服务的个性化特征，特别是那些对客户来说是可见的特征。它从客户不可见的服务资源中获取自身的能力，并提供给自己或其他一个或多个服务要素。如 Email 服务、IP 接入服务、Web 主机服务等都是服务要素。而服务资源（service resource）是构成服务要素的基本模块，它们对客户来说，是不可见的，它们是由 SP 控制和管理，是提供服务等级和测量所达到的服务层次的关键要素。如 Email 服务器、认证服务器、访问设备、Web 服务器和网络要素等，都是服务资源。当然，客户可见或不可见的程度取决于 SP 的政策及其服务的本质，因情况而定。

产品具有不同的组成部分，每一组成部分所实现的功能和任务即服务目标（service objective）不同，这些服务目标描述产品或服务所应达到的质量水平或性能等级，为服务的交付、产品的使用提供了可测量的依据。因此，在 SLA 中，需要明确地定义这些产品及服务的目标，这是形成 SLA 模板的必要条件。

5. SLA 模板

SLA 模板（SLA template）是 SLA 的样本，客户可以在 SLA 模板的基础上，根据自己的需求，选择相应的服务及其质量水平，与 SP 进行谈判协商，达成一致后，就可以形成符合自身需求的 SLA。这个过程也就是 SLA 实例化的过程。客户可以订购多项服务实例，这样，SLA 模板既包含了每项服务实例的参数，又包含了所有服务实例的不同组合的情况。因此，SLA 模板的任务是捕捉整体服务的目标集，并明确说明超出或没有达到目标所应采取的行动，以及不在该服务 SLA 作用范围的任何情况。SLA 模板的组成如图 6-5 所示。

其中，服务目标也就是产品或服务所应实现的功能和任务，代表 SLA 中规定的服务的职责，与整个服务的供给品和服务要素有关，对客户通常是可见的。因而客户可以根据自己的需要选择合适的服务目标。服务目标形成了 SLA 参数（parameter）来表示，不同的参数可以划分为不同的等级，不同等级代表不同的服务水平或质量层次，也就是所要实现的目标等级。

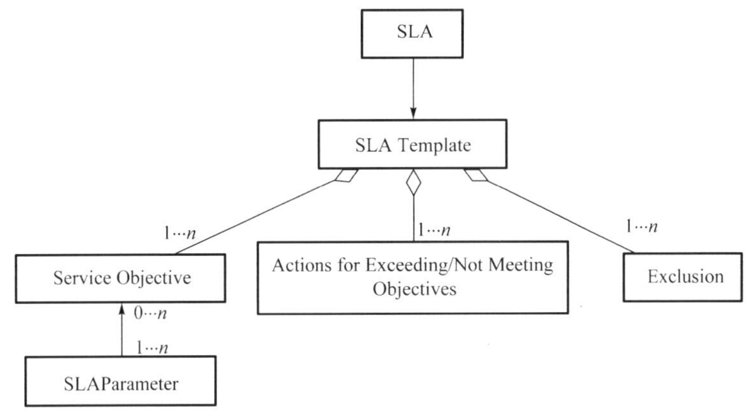

图 6-5　SLA 模板

SLA 模板中除了要说明服务的目标及其等级，还应说明服务没有达到预定的目标或超出预定目标时，客商双方所应采取的行为。例如，当服务没有达到所签订的目标等级时，SP 是否要做出相应的赔偿；或者当服务超出所签订的目标等级时，客户是否需要支付额外的费用。此外，SLA 模板中还应说明一些例外情况。如因客户自身主观原因或自然灾害等客观原因造成的服务中断或服务不达标的情况，不在 SP 的职责范围之内。明确这些可能出现的情况及所应采取的服务行为，可以有效避免客商之间的纠纷，有助于 SP 的服务形象，也有助于保持客户对服务的满意度和忠诚度。

SLA 模板本来就是产品/服务开发的一部分，是 SLA 生命周期中第一阶段即产品/服务的开发阶段的重要成果，是检验第一阶段是否已完成的标志。同时，它还是 SLA 生命周期第二阶段即谈判和销售阶段的重要依据，是客商谈判的蓝图，为谈判提供了一个基准和可供选择的内容。它包含在 SP 的产品目录中，对客户来说，他可以从 SP 的产品目录中选择相应的服务及其服务水平，而且他们的要求可以明确写在服务的订单上，也可以选择服务包以暗示自己的水平。如选择了 VIP 的服务，就暗示选择了高级或金牌服务的组合。当然，不管是明确在订单上的服务水平还是以服务包的形式来暗示的服务水平，最终都要明确地写在 SLA 中，并作为评估服务质量是否达标的准则。

如图 6-6 为 IP 接入服务的组成及其 SLA 模板的例子[156]。

以上 IP 接入服务组成的例子，说明了基本的服务能力是由一系列服务资源组成的，服务资源的组合又组成了服务要素，从而形成服务的供给品。SLA 模板代表了预定义的、不同水平的服务，说明了服务等级的目标和所需的服务要素。这些不同的目标和等级组合而成为不同的服务产品，供客户选择使用。

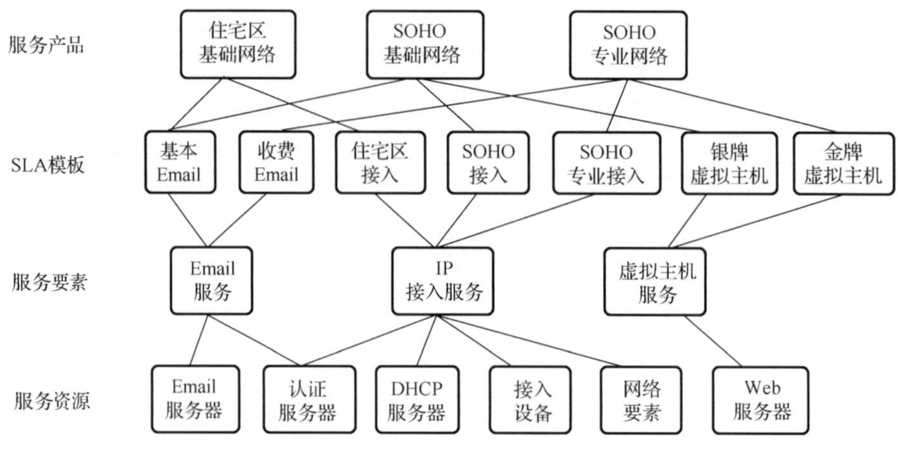

图 6-6　IP 接入服务的组成

6. SLA 链

前面已经提到，在提供商向客户提供产品或服务时，为提供一个根本的服务能力，一个服务要素会依赖于另一个或多个服务要素，也就是需要从其他提供商处购买相关的服务要素。因此，提供给客户的服务总是以服务包的形式存在，它们之间总是存在这样或那样的相互关系，并相互影响着。这就增加了在 SLA 中描述服务并向客户保证 QoS 服务水平的复杂性。例如，客户的网络依赖于 IP 的接入服务和网络服务等，如图 6-7 所示。

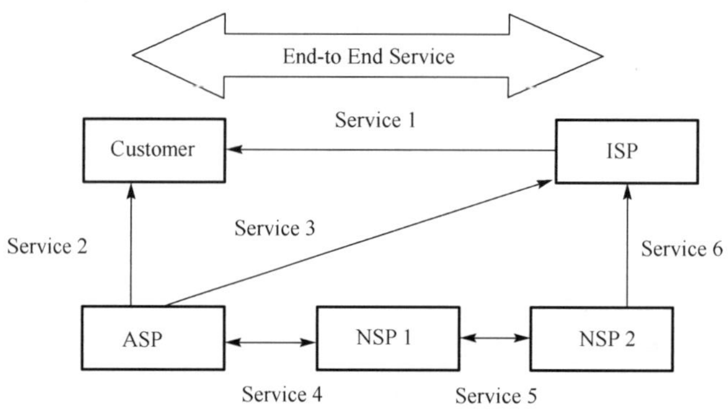

图 6-7　跨多个服务领域的服务

图 6-7 中，ISP（internet service provider）提供给客户的服务为 Service 1，Service 1 之下还有几个子领域的服务 Service 2～6，分别由 ASP（access service provider）和 NSP（network service provider）负责供给，它们共同构成了端到端的服务。每一子服务都将对应一份 SLA。但是，如果将所有实体及其行为都纳入到 SLA 的内容中来，一方面会导致实体关系的复杂化，另一方面也违背了 SLA 简单、明确定义各方职责的

原则。因此，ITU-T Rec.860 中提出了“一站式责任”[153]的概念，简化了复杂环境中 SLA 的定义问题。

一站式责任是基于 SLA 中服务双方的行为，对服务中涉及的提供商与提供商之间的服务要素的购买关系，又以一份新的 SLA 在两个提供商间实施，如图 6-8 所示。

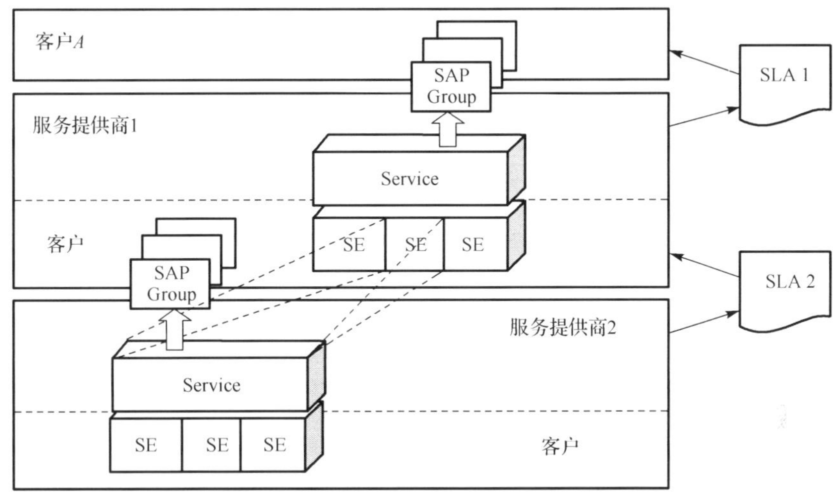

图 6-8　多提供商的 SLA

如果不考虑负责监测的第三方，在一站式责任的 SLA 中，用户只有一个主要的服务提供商，唯一负责所有的 QoS，任何与服务有关的质量问题，均由该服务提供商负责。其角色关系明确，职责清晰明了。当然，该服务提供商使用其他提供商的服务要素时，他们两者间也会签订一份新的 SLA。这时，该服务提供商就作为这份新的 SLA 的用户，当出现与 QoS 有关的问题时，他同样也可以找其责任提供商来协商解决。一站式责任采用责任回归的思想，为用户提供了较好的服务保障。

根据一站式责任的思想定义的 SLA，又称为“端到端 SLA”（End-to-End SLA），这里的“端”到“端”，实际上就是“用户”端到“提供商”端。相关的多个端到端 SLA 联合起来，就形成一条 SLA 链（SLA chain）[154]，如图 6-9 所示。SLA 链把多个实体按服务责任次序先后地排列起来。这样，在定义 SLA 模板时，就必须考虑不同服务之间的依赖关系，而这些依赖关系很有可能会超出某单一 SLA 的范围。

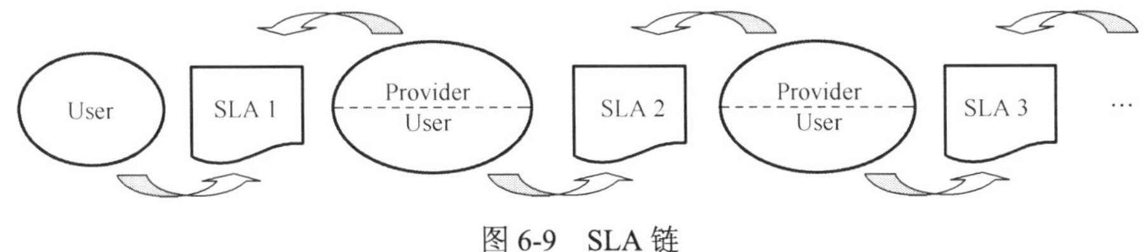

图 6-9　SLA 链

从客户的角度来看，SLA 链中存在多 SLA，即存在多个 SP，也就是多个不同服务领域的 SP 共同为某项服务提供支持，即提供一个或多个该项服务的服务要素。如此，对于跨多个 SP 领域的服务，必须考虑所有支持该服务的 SLA，以保证 SLA 参数及其值的一致性。因此，根据 SLA 一致性的情况，可以将 SLA 的关系划分为两种类型[157]。

（1）一对一型，一份客户 SLA 与一份 SP 的 SLA 相对应。也就是供给服务的能力与端到端服务的需求之间存在直接的关系。如图 6-10 所示，SP 1 同时与客户的 SLA a，b，c 和 SP 2 的 SLA 1，2，3 之间有直接的相关关系。

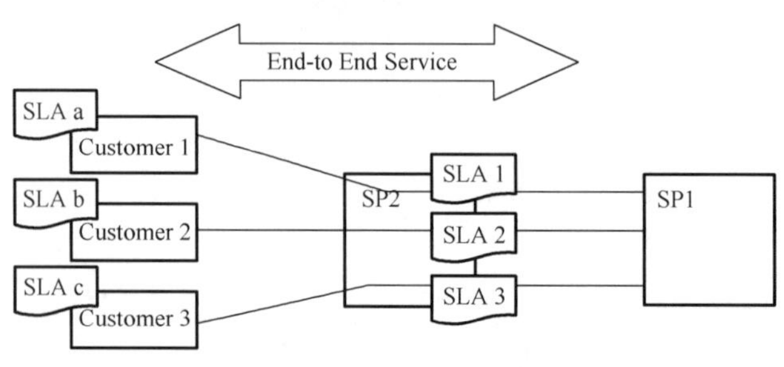

图 6-10　多领域一对一型 SLA

（2）多对一型，多份客户 SLA 与一份 SP 的 SLA 相对应。这种关系的 SLA 之间不存在直接相关的关系，如图 6-11 所示，SLA a，b，c 与 SLA 4 之间没有直接的关系，SP 1 不像 SP 2 提供给普通终端客户的服务等级那样向 SP 2 提供服务，而是将自己的服务能力包租给 SP 2，由他向其他的用户提供终端服务。这样，SP 1 将自己的服务能力包租给 SP 2，他们之间的 SLA 4 所指定的性能参数与 SP 2 跟单个客户所签订的 SLA a，b，c 等的性能参数有所不同，但 SP2 却可能使用了由 SP 1 提供给自己的所有服务包或服务要素的统计指标，只不过是将这些指标分散使用在不同的 SLA a，b，c 上。

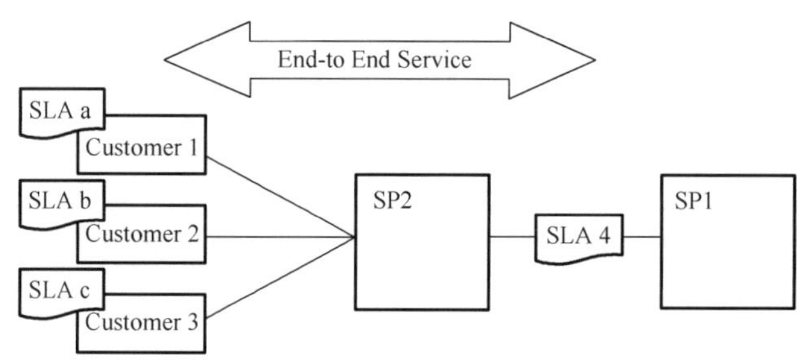

图 6-11　多领域多对一型 SLA

7. SLA 的类型

在以上的分析中，可以看出，除了客户和 SP 之间签订有 SLA，SP 与 SP 之间也会签订 SLA。而且，在多提供商的 SLA 即一站式 SLA 包含多个 SLA 链，连接了若干提供客户所需的产品或服务所涉及的提供商或提供商的合作者。因为任何一项服务都不是一个孤立的服务，它可能有不同的组成部分即服务要素，一个服务要素又可能由多个其他提供商提供的服务要素组成。这些服务要素、服务被以不同的价格或条款捆绑在 SLA 中，最终形成提供给客户的服务包或产品。当然，不管是在电信领域或是网络环境或云计算环境，这些产品或服务包本质上都是与网络有关的，提供商就是通过网络将这些服务包或产品交付给用户使用的。例如，大家所熟知的简单的 Email 服务。Email 服务包含几个服务组成部分，如 Email 的服务器、RAN、GPRS 和 ATM 等。这些要素在整个操作环境下是相互独立地管理着自己的内部 SLA。同时，Email 服务中也存在一个服务管理者的角色，它专门负责管理端到端的服务，即如何有效地将这些服务要素集成起来，并将其交付给用户使用[157]。

因此，在某一业务范围内，根据 SLA 链条的节点不同，或者说，根据参与者的性质的不同，可以将保证服务顺利开展的 SLA 划分为三种类型，即内部 SLA、供应商/合作者 SLA 和外部 SLA，如图 6-12 所示。

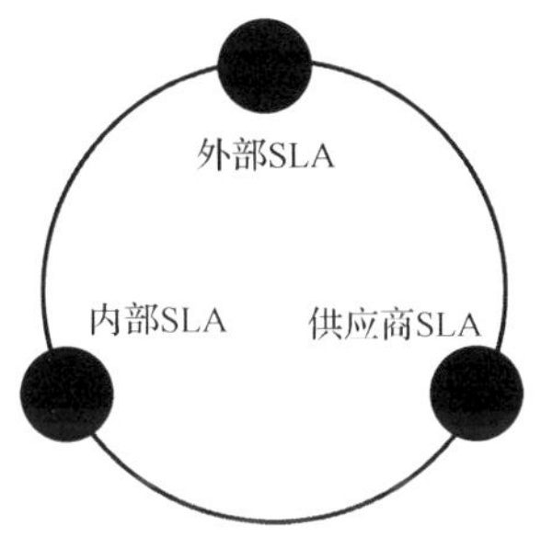

图 6-12　SLA 的类型

（1）内部 SLA（internal SLA），是提供商内部之间签订的 SLA，它关注的是服务交付使用链条中的组成要素的管理，并将这些组成要素集成起来，形成端到端的可测量的服务。在本质上来说，这些内部的 SLA 并不是客户所真正关心的 SLA，它们是用专业术语来描述的，这些专业术语大多也不是终端客户所能理解的术语。但这些内部 SLA 却是形成提供给客户使用的服务所必不可少的基础。因为提供给客户使用的服务就是由不同的服务要素组成的，而内部 SLA 正是管理这些服务要素、保证服务要素的质量及其顺利交付而在提供商内部之间达成的一致的协定。使用内部 SLA 的用户正是那些负责管理服务要素的组成及管理这些组成不违反一致签订的质量目标的职能部门。这些部门还帮助改善服务的运营效率，在业务功能的范围内促进双方对服务所交付的性能的理解。当然，这些服务要素不仅仅局限于与网络有关的服务要素，也包括那些非网络（non-network）服务的组成部分，如账单的可用性和准确性。

（2）供应商/合作者 SLA（supplier/partner SLA），是提供商与其供应商/合作者所签订的 SLA。随着提供商的业务越来越依赖于第三方（供应商或合作者）的服务和内容，实施供应商/合作者 SLA 也越就显得越重要。供应商/合作者 SLA 一方面，有助于改善所交付给用户的服务内容的质量；另一方面，也有助于提供商和他的第三方之间共同承担服务不达标或服务降级所带来的资金风险。供应商/合作者 SLA 在本质上与内部 SLA 相似，是形成端到端 SLA 的一部分，同时也影响着支付服务内容的结算过程。毕竟它也是构成终端服务的一部分，应被考虑在终端服务的计费模型中。

（3）外部 SLA（external SLA）又称为产品 SLA（product SLA）或终端客户 SLA（end customer SLA），是提供商与客户之间所签订的 SLA，这需要考虑卖给客户的产品的性质。在内部 SLA 时，关注的是提供商内部的单个服务。而对外部 SLA，应关注于提供商向客户提供的产品，也就是由一系列提供商内部的单个服务所组成的最终提供给客户使用的产品。正如前面所说的，这些提供商内部的服务，可以是基于网络的服务，也可以是非网络的服务。图 6-13 是提供给客户的移动通信产品的组成。

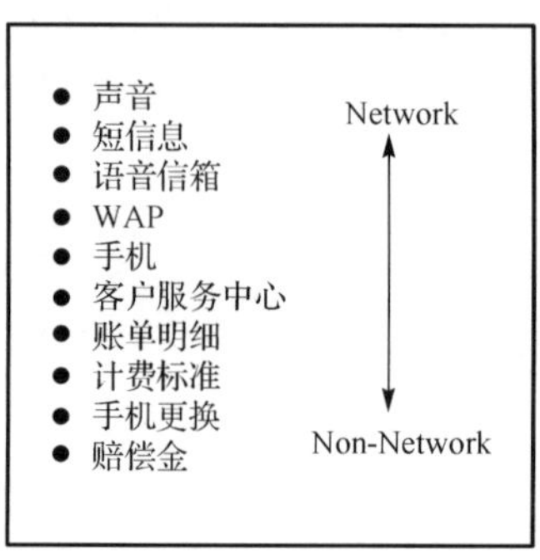

图 6-13　移动通信产品的组成

图 6-13 显示了组成移动通信产品的相关服务，这些服务中，有些是网络驱动的，有些对网络资源的依赖性则是很小的或几乎没有的。但不管是与网络有关的服务还是与网络无关的服务，外部 SLA 应包含非网络服务的所有方面。此外，因为外部 SLA 是与客户相关的，所以，它应由一系列被客户所理解的术语组成，包含相关服务的定义、性能和参数等。这样，有助于客户理解产品中哪些服务对他们来说是重要的，哪些是次要的，并能通过与提供商的讨论、谈判来共同确定所需的服务，从而选择合适的产品。

以上是以服务提供商为核心的，根据 SP 交互的对象和目的的不同而得出的三种类型的 SLA，其目的都是为了向客户提供完整的、具有服务质量保证的、可使用的产品。一般来说，SP 把 SLA 的管理过程看作服务管理的一个重要组成部分。同理，现行的 SLA（包括内部 SLA、供应商/合作者 SLA 和客户 SLA）也是 SP 所供应的产品的一个必不可少的部分，它有条理地描述了产品的组成及其关系、服务的相关细节、所期望的质量及产品交付使用的过程。因此，从全局来看，三种 SLA 类型的作用主要体现在以下几个方面。

（1）有助于 SP 和客户识别 SLA 的组成部分及各组成部分所实现的功能和所完成的任务。不同的 SLA，其组成要素不尽相同，将其明确地描述出来，有助于 SP 和客户之间的统一理解，避免双方的认识不对称。

（2）有助于 SP 和客户认识 SLA 在供应链节点上的不同方面。不同类型的 SLA 在 SLA 链条上所处的节点不同，其角色和任务也不相同。将 SLA 的链条进行切分，有助于将复杂的 SLA 划分为一些简单的 SLA，便于 SP 和客户的理解和接受。

（3）有助于 SP 找到 SLA 与 QoS 参数之间的关联。不同类型的 SLA 的组成要素不同，其所对应的 QoS 参数也不同。SLA 类型的划分，有助于将客户的 QoS 参数和 SP 的性能参数都准确地匹配并定义在相应的 SLA 中，提供客商之间理解的一致性，准确地评估自己接受服务的能力和期望，从而选择与需求相当的产品。

8. 定义 SLA 内容的建议

前面已经介绍了 SLA 的定义、结构及其参数。但仅仅这些内容还不足以构成一个完整的 SLA。为了保证 SLA 的完整性，TMF 专门给出了定义 SLA 的一般建议[157]。

（1）SLA 应标明版本号、页码、日期等基本信息。一方面，随着用户需求的变化，客户与提供商之间的 SLA 由一份渐渐地增加为多份，每一份的 SLA 的内容、要求和参数等并不完全相同，因此需要以各种可控制的标识来加以区分。另一方面，提供商需要根据 SLA 的信息向客户提供与 SLA 内容相一致的产品和服务，并根据 SLA 的规定定期地向客户提供服务使用信息的报告。如果多份 SLA 间不加以区分，万一存在违背合同的事件，混乱的 SLA 就难以分清责任以及获得补偿。因此，通过各种可控制的标识来区分不同的 SLA，有助于同时明确客户和提供商之间在某时期的责任和义务，也有助于维护提供商的形象，提高用户的满意度和忠诚度。

（2）SLA 应尽量标准化。由于存在内部 SLA、提供商/合作者的 SLA 以及外部 SLA，不同 SLA 的内容不尽一致，但其要点大体相似。标准化每一部分的 SLA，有助于形成一个统一的、标准的 SLA 模板，这样，每一份 SLA 就是标准 SLA 的一个模块，这有助于 SLA 模块的重复使用，提高制定 SLA 的工作效率。

（3）每一项服务应在 SLA 中唯一地定义。不同的服务有不同的服务接入点 SAP 和性能参数，这将有助于今后的 SLA 的管理以及 SLA 性能参数的分配、测量和评价。

（4）SLA 应明确说明提供商-客户之间的职责，例如，提供商提供的服务台（help desk）、设备维护窗口、或性能报告频率等，客户报告问题的方法、方式以及客户应该准备的客户端设备等。此外，服务或性能的例外情况也应明确地定义，如客户自身原因引起的服务中断或自然灾害等客观原因引起的服务中断。将这些情况明确定义，有助于减少提供商和客户之间的纠纷。

（5）SLA 必须定义合适的惩罚、赔偿等细节，以便将来的纠纷有据可依。此外，针对出现中断服务的情况，SLA 中还应说明恢复服务的时间间隔。

（6）SLA 必须定义所使用到的服务和性能的规范术语，它们必须以清晰、明确、毫无二义性的方式定义出来，如服务、服务接入点、服务中断、服务可用性等。这有助于客户和提供商之间对相关术语的理解，避免双方的理解误差，使服务及 SLA 能顺利地开展和执行。

6.2 SLA 的服务

制定 SLA 之前，必须首先要弄清 SLA 提供的服务之间的关系，所提供的服务是独立的服务，还是依赖于其他的服务，或是该服务可能会影响其他服务的提供。服务之间的关系是制定 SLA 参数的基础。

6.2.1 服务的层次

TMF[158]明确区分了 SLA 的三种服务，即网络服务（network service）、业务服务（business service）和业务应用（business application），如图 6-14 所示。其中，业务应用和业务服务可以粗略地看作业务服务层。网络服务也称为承载服务（bearer service），可按网络所处的层次划分为内部网络服务和外部网络服务。网络服务主要是提供网络的基本传送能力，如 IP 和 ATM。传统的 ISP 就是提供这一服务。业务服务是一些业务的抽象集合，用于为具体的业务应用提供服务。如语音聊天室和呼叫中心（call center）这些具体的业务应用都必须依靠语音服务才能完成。而语音服务是业务服务。业务服务由网络服务支撑，网络服务的好坏可能会影响业务服务。业务应用就是建立在一个或多个业务服务基础上的具体业务实现。如我们最常见的 FTP 服务器。因此业务服务有可能是业务应用的服务要素。而网络服务又可能是业务服务的服务要素。

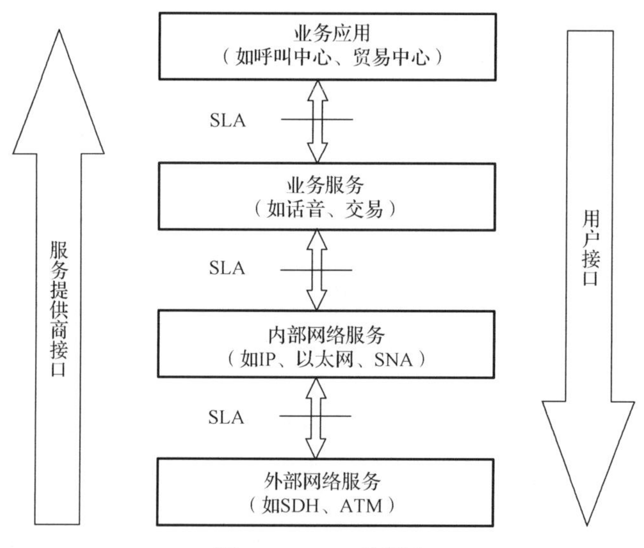

图 6-14　SLA 的服务

图 6-14 中，下层为上层服务。无论是网络服务还是业务服务都是为上层服务的，

这种情况下，SLA 的双方也是上下层的关系。下层的是服务提供商（SP），上层的是客户。但这不是绝对的，服务也可以是同层次的，同层次的服务提供商也可以成为 SLA 双方，如图 6-15 所示。SP 既可能是 SP 也可能是客户。如业务服务提供商，在与业务应用的客户签订的 SLA 中，它是 SP。但在与内部网络服务提供商签订的 SLA 中，它却是客户。

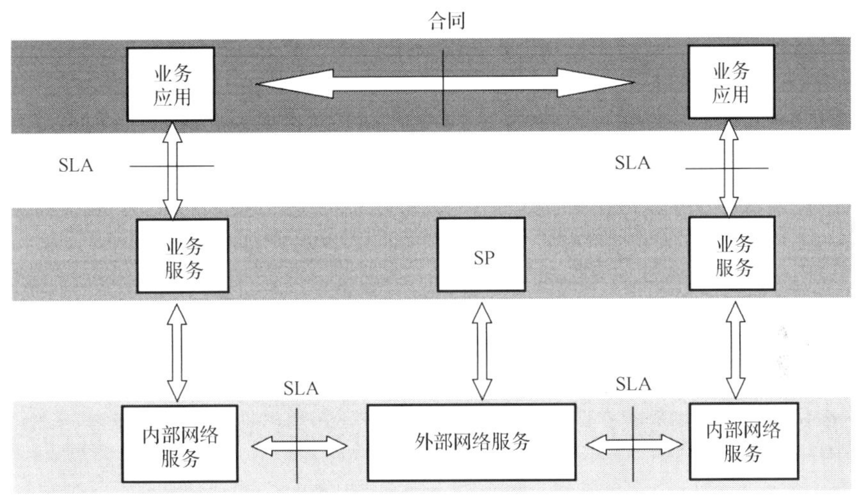

图 6-15　SLA 的层次结构

图 6-15 中，一个客户与一个业务提供商签订了一个合同（contract）。实际上，为了实现这项业务应用中间还涉及了更多的 SLA 服务。不仅有不同层次的 SLA，而且在相同层次上也有 SLA。网络服务提供商不仅能向上层的业务提供商提供 SLA 服务，而且也能向其他同层的网络服务商提供 SLA。

6.2.2　服务的功能

SLA 的服务提供商要把 SLA 服务做成一个完整的产品，就必须使其提供的服务包含至少三个方面的功能：主要功能（primary functions）、使能性功能（enabling functions）、支持性功能（support functions）。服务功能使服务成为现实中提供给用户使用的服务产品，而不只是逻辑意义上的服务概念。其中，主要功能是该服务的主服务，是其核心服务，例如，网络服务的 ATM 服务、业务服务的 Email 服务；使能性功能使主要功能得以实现，例如，操作系统、为业务服务实现而需要的网络服务；支持性功能对主要功能和使能性功能起支持作用，例如，账户、求助系统、操作、管理、维护等。

为了能够实现各服务功能，需要分配相应的服务资源（service resource），如图 6-16

所示。服务资源可以是直接提供该服务的资源，也可以是支撑该服务所需要的资源，或是监测和维修该服务的资源。因此，服务资源包括了硬件资源、软件资源、人员、知识产权的授权许可等。

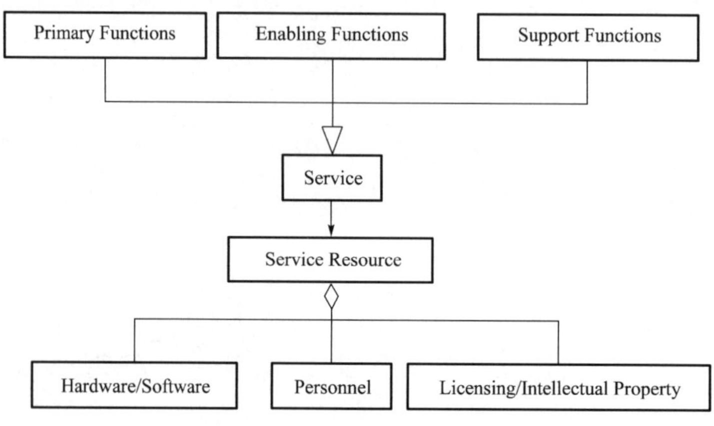

图 6-16　SLA 服务功能和服务资源的对应关系

图 6-16 中，从功能上看，服务包含了三个方面的功能；从实现上看，服务产品需要多种服务资源的支撑。

6.3　SLA 的发展

SLA 的应用经历了从电信到 IP 网络服务。电信服务原本就离不开 IP 网络的服务，在电信服务和 IP 网络服务的基础上，SLA 又被引入到云服务领域中用以保证云服务质量。因此，可以将 SLA 的发展归结为三个阶段，即电信服务阶段、网络服务阶段和云服务阶段。

（1）TMF 将 SLA 应用于电信服务领域，明确了 SLA 的定义与内容及其管理方法，证实了 SLA 不仅是分担风险和分享成功的机制，还是企业赢利的因素。TMF，ITU，IETF 等组织分别制定各种 SLA 和 QoS 的标准和规范，如有关服务质量的术语定义、确定和应用 QoS 参数的框架和方法、SLA 的框架、SLA 的管理手册等，有利于统一规范 SLA 的应用，保证用户和提供商对 SLA 和 QoS 术语的统一理解，有利于 SLA 的顺利开展和保证用户的满意度。

（2）在网络服务领域中，各种在 Web 和 Grid 服务中签订的、用于保证服务质量等级的协议逐渐形成，如 HP 的 WSMF（web services management framework）[159]，IBM 的 WSLA（web service level agreement）[97]，WSPL[160]，WS-agreement[161]及其基于 WS-Policy[154]的方法等。这些在 Web 服务领域中用以保证 Web 服务质量的协议（统称

为 WSLA），通过提供各种 IT 服务水平的参数，衡量实际服务水平与预先协定的偏差和失误，监测和管理 Web 服务的执行，确保 Web 服务的网络性能和质量得到应有的保证。

（3）云服务领域中引入 SLA 思想以保证云服务的质量。各云服务提供商纷纷制定了各自的云服务 SLA。如 Microsoft Azure 云平台服务制定了系列 SLA，从 Storage，Compute，SQL，AppFabric 和 CDN 等方面来明确服务双方的职责与义务；Amazon S3 存储服务制定了 Amazon S3 SLA，从功能、可靠性和价格等方面来明确其存储服务；Google App 制定 Google App SLA，明确了 App 产品提供的服务等级及违例的情况。美国圣母大学（University of Notre Dame）图书馆的高级系统管理员 Fox[3]还提出用 SLA 来解决云环境下图书馆服务的付费问题。SLA 用于解决云服务中的其他问题，还在进一步研究中。

第 7 章　服务等级协议的管理

通信市场的自由化是引导变革和竞争的重要触发器，市场变得越来越开放，越来越多的企业可自由进入市场共同竞争客户。SLA 为企业提供了一种吸引客户的方法。对新企业来说，它可以通过实现有保证的服务等级，对没有实现的承诺加以赔偿，从而建立企业的信誉。对现有的企业来说，则可以继续提供和改进现有的 SLA 以吸引客户。对客户来说，关键业务活动对网络、通信和信息服务的可用性的依赖性越强，SLA 鼓励客户使用这些由提供商作出承诺的服务和技术，以 SLA 来确保业务活动顺利开展。很多组织还通过内部 SLA 来衡量 IT 部门提供给其他业务部门的服务水平，从而制定未来业务的增长计划。SLA 对那些没有自己的 IT 部门的小型组织也有一定的好处，因为他们通过 SLA 来寻找合作者从而获得他们所想要的服务和性能。

满足客户需求的服务的效率作为获得竞争优势的重要手段。客户感知（customer perception）是重要的，而良好的客户关系和实现承诺的能力比价格更为重要。SLA 和 QoS 可用于确定客户的需求在多大程度上被其感知到，有助于服务提供商吸引客户并保持客户的忠诚度，有助于实现其 CRM（customer relationship management）的目标和计划。SLA 为 SP 提供了以个性 QoS 区别其他竞争者的可行方法。然而，由于在创建客户协议时没有通用的 SLA 文档，SP 在准备和管理 SLA 上遇到了一些困难。例如，很多服务的性能关注网络及网络要素，而 SLA 与保证服务质量的水平有关，与客户感知的服务有关。如果 SP 不将其技术的性能细节转化为客户感知的服务水平指标，客户就会难以理解而无法感知其服务质量。而且，服务在交付给终端用户的过程中，涉及多个 SP 提供相关的服务要素。随着服务价值链越来越复杂，必须形成 SLA 链，终端客户才能从零售 SP 中获得 SLA 的保证，零售 SP 才能从其他 SP 中获得 SLA 的保证。此外，包含在提供服务过程的多个 SP，需要对服务质量的保证有一个统一的理解，并需要一种持续的方法来管理自己作为服务提供方的 SLA 及作为服务接受方的 SLA，才能实现他们对客户的承诺及别人对自己的承诺。

为了服务质量水平以 SLA 预先定义的性能等级进行交付使用，需要对 SLA 中所有服务的过程进行管理，这就是 SLA 管理（service level agreement management，SLAM）。它有利于高效地管理资源和服务，确保实现不同等级的服务质量。客户偏好那些能查证和分析性能的服务。SLA 满足了客户的需求并提供持续监测服务性能的能力。客户的需求总是在变化的，SLA 也在市场中发展着。SLA 管理是 SP 从技术角度和客户满意角度来衡量性能的一种方法。它通过量化性能指标获得和保留客户，监管性能和服务的实施，提供性能报告，并以罚款的方式履行协议、管理供应链关系，有助于 SP 满足客户的需求、与客户保持良好的长期合作关系、建立品牌形象及提高市场份额。

本节先从SP、客户、供应商角度阐述SLA管理的价值，然后从SLA的管理工具角度分别讨论SLA的生命周期过程、SLA的规范、SLA的数据管理、监测及SLA的评价等管理过程。其中，SLA的生命周期过程即开发和实施SLA的过程，关注服务的所有行为，包括产品/服务的开发、谈判和销售、实施、执行和评价等。SLA 的规范即是从各方对 SLA 的统一理解上规范SLA和QoS的参数，减少各方对服务的误解和一些不切实际的期望。

7.1　SLA 管理的价值

SLA 定义了双方或多方关于服务质量、优先权和职责等的期望。传统的 SLA 是服务提供商和企业客户所签订的合同，如图 7-1 所示[156]。SP 必须积极地管理所提供服务的质量以获得竞争优势。此外，其所提供的服务越是依赖于多个合作者，形成新一代服务的价值链，管理这些服务的 SLA 是 SP 在维持众多合作关系或客户关系中具有重要的作用，包括服务提供商与终端用户、服务提供商与供应商、服务提供商与企业、企业与终端用户、服务提供商与企业、网络提供商与服务提供商、供应商与网络提供商、服务提供商或企业内容提供商与内容整合商或广告商等，如图 7-2 所示[157]。因此，SLA 及其管理在 SP 的客户关系管理（CRM）和供应关系管理（SRM）中起着重要作用，它对 SP、客户和供应商均有着重要的价值。

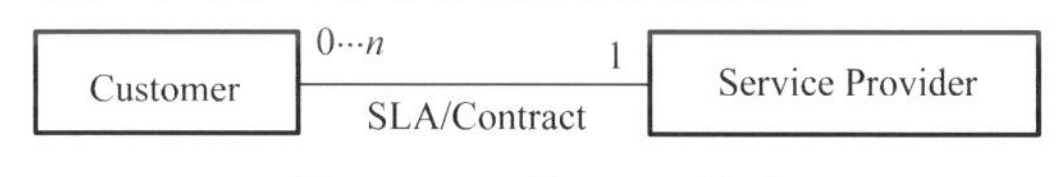

图 7-1　SP 的 CRM 关系

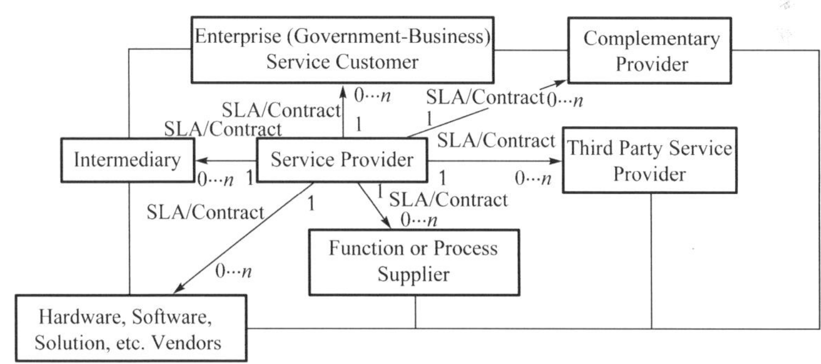

图 7-2　SP 的 SRM 关系

7.1.1　对 SP 的价值

SLA 被用于定义和管理合作者之间对服务的性能、客户满意度、收费、服务提供等方面的期望。当 SLA 的参数如没有实现预先定义的性能、时间或成本需求时，SLA 管理也被用于按照预先定义的处罚情况进行评价。例如，当网络中断的时间超过 1 小时，所处以的惩罚就是回扣服务费用的 10%。因此，SP 在对 SLA 进行管理的价值体现在以下几个方面。

（1）有助于 SP 改进业务、改进内部服务的测量和报告方式、丰富客户关系形成竞争优势以区别于其他的竞争者。

（2）有助于 SP 了解客户，引导客户准确地表达自身需求，减少 SP 与客户谈判的过程及时间。从而有助于 SP 根据客户需求设定改进服务的优先次序。

（3）有助于 SP 创建一种对服务特性和业务参数的共同语言，即独立于技术的语言，有助于客户的理解。

（4）有助于 SP 内部重视客户对服务的感知情况。

（5）有助于 SP 在多个技术领域中创建共同的性能目标、标准化性能实施的过程。

7.1.2　对客户的价值

客户在与 SP 广泛交互的过程中，在使用产品的阶段，对产品产生了整体的认识和理解，从而决定了客户对整体服务质量的感知。因此，在以客户为核心的方法中，SP 在产品交互使用的过程中，对 SLA 中定义的服务质量进行持续的管理可为客户提供以下价值。

（1）有助于客户建立对服务的需求、根据需求定制 SLA 等级合同，使服务在执行的过程中实现服务等级的目标，并为客户评价和完善 SLA 提供依据。

（2）有助于客户定义高级的通用术语和定义独立于技术的服务性能参数和报告。如提供服务的平均时间、认证服务的平均时间、故障修复和解决的平均时间、服务的可用性、吞吐量、延迟和出错率等，SLA 管理有助于客户建立关于这些服务质量的参数及其衡量方法、简历性能报告和异常处理程序等。

（3）有助于客户评价 SLA 中服务参数在技术方面和非技术方面的关系。如在多个 SP 中，每个 SP 都需要通过 SLA 管理来考虑如何保证客户获得或感知到相应的性能，使客户获得如 SLA 中定义的服务性能并把异常处理控制在 SLA 定义的范围内。这需要 SP 在交付服务的过程中，为客户提供服务日常和异常的性能报告，包括 SLA 违例的警告、使用方式的变化等。这些报告可帮助客户将所获得的性能与 SLA 中定义的性能相比较，从而形成自己所感知到的服务的性能。

（4）有助于客户评价 SP 监测服务性能降级的方法，以及评价 SP 对受影响的客户所采取的反应，如是否向客户提前通报可能出现的情况、并对受影响的客户作出何种程度的补偿等。

（5）有助于客户评价 SLA 中所定义的关于 SP 维护和处理故障不力、赔偿不力、行动不力等情况，帮助客户比较不同 SP 的服务及其服务质量水平的情况。

7.1.3 对供应商的价值

（1）有助于供应商理解客户和 SP 对 SLA 的需求。

（2）有助于设备供应商在技术方面的性能及衡量方法映射到服务方面的参数及衡量方法上达成一致。

（3）有助于软件供应商在 SLA 管理中定义统一的接口达成一致。

7.2 SLA 的管理框架

为帮助网络服务提供商及其相关的运营商在复杂的电子商务环境中，以实现低成本、短时间、高效率的方式实现商务过程的自动化的目标，提供商们采用了增强电信运营图（enhanced telecom operations map，eTOM）商务过程框架作为自身服务管理及 SLA 管理的框架，把服务的重点放在客户和保证服务质量上，高效、有效地与其他实体开展商务活动，使各商家能够成功地竞争。本书 SLA 的管理过程，也是建立在 eTOM 商务过程框架的基础上的。eTOM 的重点是与信息、通信服务，以及技术管理相关的过程，主要是服务提供商所采取的商务过程、过程间的相互联系、接口的确定以及客户、服务、资源、供应商/合作伙伴和多种过程中的信息的使用，描述了用于实现、保证、计费、策略、基础设施和产品的端到端客户运营过程流的过程和过程的结合点，是一种行业性的通用商务过程框架。

eTOM 是一个商务过程框架或模型，它提供了服务提供商所需的企业过程，反映了从最高层次的商务过程框架到详细工作层次的商务分解过程。SLA 是企业关注保证服务质量过程的重要内容。本书通过借助 eTOM 商务过程框架来说明云服务及其 SLA 管理的从上至下的分解过程。

7.2.1 eTOM 框架的概念视图

eTOM 商务过程框架把提供商的企业放到总体商务环境中，即运营商与其他机构开展商务所需的商务交互和商务关系，代表着服务提供商的企业环境的全部内容。eTOM 的企业框架，是最高级的过程，是一个反映提供商的企业的整体环境的顶层概念视图。它将所有的服务及其运营过程分为过程和实体两大块。过程描述一套系统性的、有顺序的、导致特定结果的功能活动。换句话说，一个过程就是提供结果或输出所需的一系列相关活动或任务。实体可指与企业过程相互作用的个人、商家、技术等。提供商企业与许多外部或内部实体发生交互。如图 7-3 所示[80,162]。

eTOM 商务过程框架代表着服务提供商的企业环境的全部内容。图 7-3 中，框形为“过程”，椭圆形为“实体”。

“过程”包含企业所用的全部过程，在最高的概念级上，eTOM 有三个主要过程区，即端到端的垂直过程战略、基础设施和产品过程、运营过程及企业管理过程。其中，战略、基础设施和产品（strategy，infrastructure & product，SIP）涵盖了规划和生存期的管理过程，运营（operation，OPS）涵盖了运营管理的核心内容，企业管理（enterprise management，EM）涵盖了企业或商务支持管理过程。

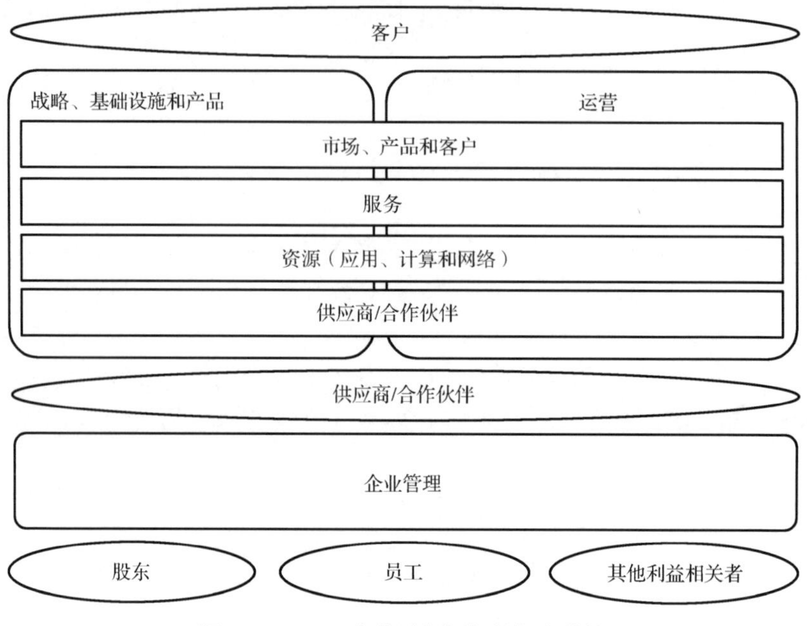

图 7-3　eTOM 商业过程框架的概念结构

OPS 过程区是 eTOM 的核心，如图 7-4 所示阴影部分表示 OPS 过程区。它包含支持客户运营和管理的所有运营过程以及促使客户进行直接客户运营的过程。这些过程包含日常工作和运营支持以及准备过程。eTOM 的“运营”视图还包括销售管理和供应商/合作伙伴关系管理。

SIP 过程区如图 7-5 阴影部分所示，包含企业战略的开发、基础设施的构建、产品的开发和管理、供应链的开发和管理过程。在 eTOM 中，基础设施不仅指支持产品和服务的 IT 和资源基础设施，还包括支持其他功能过程所需的基础设施，如客户关系管理（CRM）的基础设施。

EM 过程区如图 7-6 阴影部分所示，包含开展商务所需的业务过程。这些过程的重点是“企业”级过程、目标和目的。它们与企业中的其他过程（不论是 OPS 还是 SIP）都有接口。它们有时认为是企业功能和/或过程，如财务管理、人力资源管理过程等。

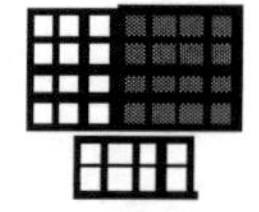

图 7-4　OPS 过程区

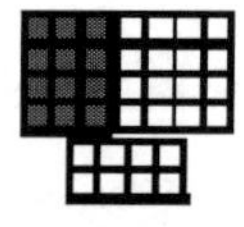

图 7-5　SIP 过程区

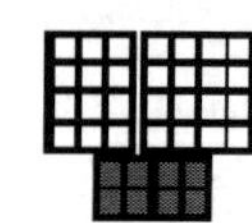

图 7-6　EM 过程区

eTOM 商务过程框架的概念视图不仅显示出了上述的主要过程区，还以水平层次的形式显示了支持功能过程区，即市场、产品和客户过程（market, product and customer）、服务过程（service）、资源过程（resource）、供应商/合作伙伴过程（supplier/partner）。水平功能过程区支持主要垂直过程区的实施。功能区反映了开展商务所需的主要技术和重点内容。概念视图中显示的 4 个功能区如下。

市场、产品和客户过程区如图 7-7 阴影部分所示，包括销售和渠道管理、营销管理、产品和供应管理、客户关系管理、问题处理、SLA 管理和计费等过程。

服务过程区如图 7-8 阴影部分所示，包括业务的开发和配置、业务问题管理和质量分析、使用的计费等。

资源过程区如图 7-9 阴影部分所示，包括处理企业基础设施的开发和管理过程，资源基础设施支持产品和服务，同时也为企业自身提供支持。

供应商/合作伙伴过程区如图 7-10 阴影部分所示，处理企业与其他供应商和合作伙伴的交互，它既包括支持产品和基础设施的供应链管理过程，也包括支持与其他供应商和合作伙伴的运营接口的管理过程。

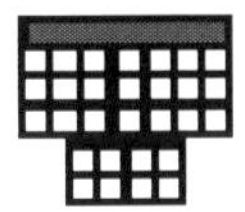

图 7-7　市场、产品和客户过程区

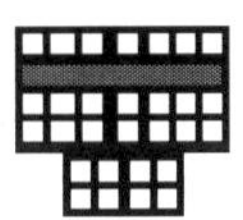

图 7-8　服务过程区

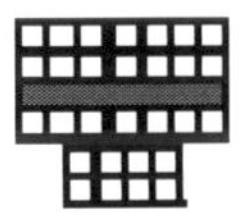

图 7-9　资源过程区

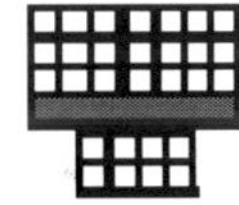

图 7-10　供应商/合作伙伴过程区

企业与其相互作用的主要实体包括客户、供应商和合作伙伴、员工、股东以及其他债权人。客户是企业以产品形式销售服务的对象，它是商务的焦点，可以是个人，也可以是企业。供应商是以直接或间接方式向企业提供产品或资源来支持企业的商务的实体；合作伙伴是企业在某个共享商务领域中的合作对象；员工是为企业工作、使企业向商务目标迈进的人员。股东是在企业中投资并拥有企业股票的人员；债权人是以非股权的形式对企业有义务的人员或机构。

7.2.2　eTOM 商务过程框架的 CxO 级视图

在概念层下，eTOM 商务过程框架被划分为多个第一级过程组，这些组提供了可以观察整个企业细节的第一层。这些过程组被认为是 CxO 级的视图，包括 CEO，CIO，CTO 等，因为这些过程的执行决定企业的成败。

eTOM 商务过程框架的定义是高度通用化的，它直观、由商务驱动、面向客户，与机构、技术和服务无关。为了反映出各提供商看待自己的过程的方式，将 eTOM 概念视图中的过程区进一步分解为组，可得到 eTOM Level 1 过程组，它支持将概念视图从垂直和水平的角度进行分组。7 个垂直过程组描述了端到端的过程，包括 SIP 过程区划分出的 3 个过程组和 OPS 过程区划分出的 4 个过程组；8 个水平过程组描述了面向功能的过程；EM 过程区也被划分为 8 个过程组，如图 7-11 所示。

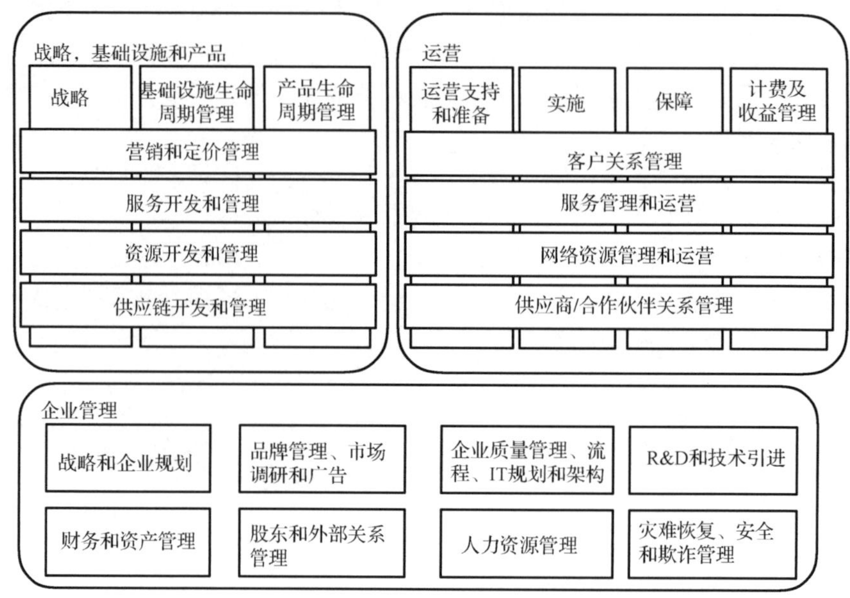

图 7-11 eTOM 的 Level 1 过程组

1）OPS 垂直过程组

OPS 垂直过程组包括运营过程组（fulfillment，assurance，billing & revenue management，FAB）以及运营支持和准备过程组（operations support &readiness，OSR），如图 7-12 阴影部分所示。由于在云计算的环境中，企业必须支持直接客户使能的过程，因此，在 eTOM 中，FAB 作为整个框架的一部分被包含进来。

运营支持和准备过程（OSR），如图 7-13 阴影部分所示，负责为 FAB 过程提供支持，确保 FAB 运作的条件准备就绪。通常，该过程所关注的活动的实时性低于 FAB 中的活动，并且很少关注单个客户和业务而较多地关注于它们的集合。该过程与 FAB 过程的分割反映出了某些企业需要将直接面向客户的、实时的运营过程与为执行这些运营过程的“第二线”的运营过程的分开的需要。不过，不是所有的企业都采用这样的分割方法，有些企业将这两个过程都考虑成日常的运营过程。但是，在云计算的环境中，将 OSR 独立出来有利于充分利用云服务的机会，尤其在实施客户的自我管理时尤其重要。

实施（fulfillment）过程如图 7-14 阴影部分所示，负责及时、正确地为客户提供他们所需要的产品，将客户的个人需求转化为利用企业特定产品的解决方案，并通知客户订单的状态和确保订单的及时完成。

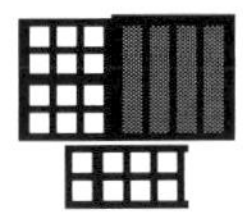

图 7-12　OPS 垂直过程组

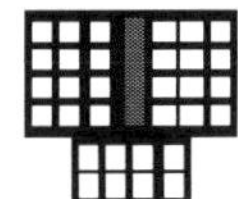

图 7-13　运营支持和准备过程

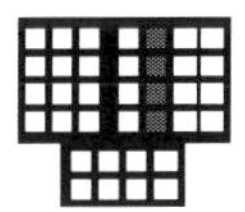

图 7-14　实施过程

保障（assurance）过程如图 7-15 阴影部分所示，负责维护活动以确保提供给客户的业务满足 SLA 或 QoS 性能水平；执行连续的资源状态和性能监控；收集性能数据、通过分析这些数据识别出潜在的问题、并在对客户造成影响之前解决这些问题；负责从客户接受故障报告、通知客户故障的状态、确保故障的修复。

计费及收益管理（billing & revenue management）过程，如图 7-16 阴影部分所示，负责及时、正确地生成账单；处理收费；账单查询；解决计费问题；同时该过程还支持业务的预付费等。

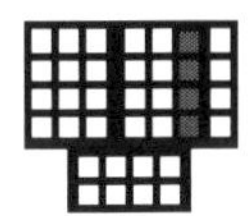

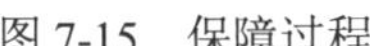

图 7-15　保障过程

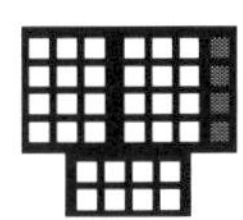

图 7-16　计费及收益管理过程

2）OPS 水平过程组

OPS 水平过程组如图 7-17 阴影部分所示，包括客户关系管理（customer relationship management，CRM）、服务管理和运营（service management & operations，SM&O）、资源管理和运作（resource management & operations，RM&O)、供应商和合作伙伴关系管理（supplier/partner relationship management，S/PRM）。

客户关系管理（CRM）如图 7-18 阴影部分所示，包括客户的获取、改善和保持所必需的所有功能：它通过营业前台、电话、Web 等为客户提供服务和支持；提供客户的保持度管理；提供交叉销售、直销方式等；CRM 也包括客户信息的收集，并利用这些信息为客户提供个性化和集成的服务，以及识别能够提高客户对企业的价值的机会。CRM 既可用来与零售的客户进行交互，也可用来与批发的客户进行交互。

图 7-17　OPS 水平过程组

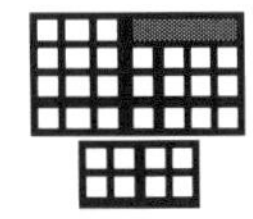

图 7-18　客户关系管理

服务管理和运营（SM&O）如图 7-19 阴影部分所示，包括管理客户所要求的通信和信息服务所必需的所有功能，如短期的业务能力计划、为特定的用户进行业务的配置等。它强调业务的交付和管理，而不是基础网络和信息技术的管理。

资源管理和运营（RM&O）如图 7-20 阴影部分所示，它是对资源（包括应用、计算和网络的基础设施）进行维护和管理；确保网络和信息技术基础设施平滑的运行，以支持端到端的业务的交付；同时，它也负责收集资源的信息，并修正、汇总相关的信息给业务管理系统。

供应商和合作伙伴关系管理（S/PRM）如图 7-21 阴影部分所示，它使供应商与其他供应商或合作伙够直接进行接触：如订单的下达、确认计费、付费、质量管理等功能。

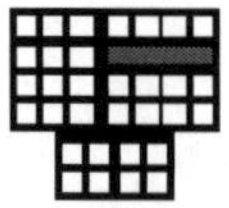

图 7-19　服务管理和运营

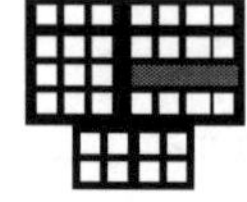

图 7-20　资源管理和运营

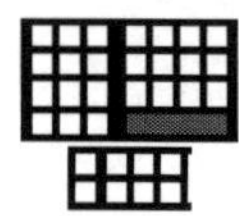

图 7-21　供应商和合作伙伴关系管理

3）SIP 垂直过程组

SIP 垂直过程分组如图 7-22 阴影部分所示，它分为战略（strategy&commit，SC）、基础设施生命周期管理（infrastructure lifecycle management，ILM）、产品生命周期管理（product lifecycle management，PLM）三个端到端的过程组。

战略过程（SC）如图 7-23 阴影所示，负责生成战略并为实现这些战略而在企业范围内建立业务委托事项，这些战略为基础设施生命周期管理（ILM）和产品生命周期管理过程（PLM）提供了支持。它覆盖了市场、产品和客户、服务、资源、供应商/合作伙伴四个横向的层次。它也负责对这些策略的执行效率进行跟踪，如果必要的话，调整这些策略。

生命周期管理过程，如图 7-24 阴影部分所示，分为两个过程组：基础设施生命周期管理（ILM）、产品生命周期管理（PLM），它主要负责对基础设施和产品的性能进行评估，并确定新的基础设施或新产品引进的开发和部署，从而为运营过程（OPS）提供支持以满足市场和客户的要求。因此，生命周期过程对客户的保持和提高企业的竞争力具有重要的意义。生命周期管理与其他的几乎所有过程及其本身之间都发生交互，如产品生命周期管理过程（**ILM**）直接或间接地驱动了基础设施生命周期管理过程（PLM）的主要的方向。

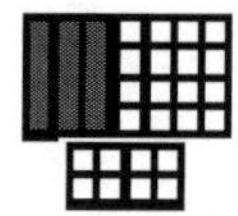

图 7-22　SIP 垂直过程组

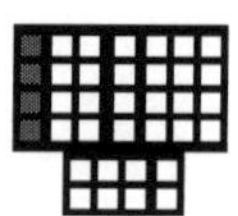

图 7-23　战略过程

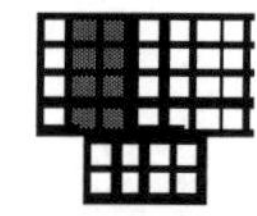

图 7-24　生命周期管理过程

4）SIP 水平过程组

与运营过程的四个水平分组相对应，SIP 也有四个水平的功能过程分组：营销和定价管理（marketing & offer management，M&OM）、服务开发和管理（service development & management，SD&M）、资源开发和管理（resource development & management，RD&M）、供应链开发和管理（supply chain development & management，SCD&M），如图 7-25 阴影部分所示。这四个水平的功能过程分组为 SIP 的垂直过程组提供支持。

营销和定价管理（M&OM）包括制定和实施营销和定价策略、开发新的产品、管理已有的产品等所有必需的功能，如图 7-26 阴影部分所示。

服务开发和管理（SD&M）为运营过程提供支持，强调业务的计划、开发和交付，如图 7-27 阴影部分所示。它包括制定业务生成和设计的策略，管理和评估现有业务的性能，确保有相应的能力以满足未来业务发展的需要。

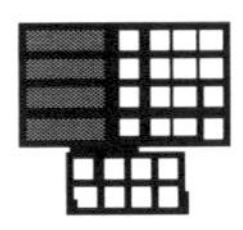

图 7-25　SIP 水平过程组

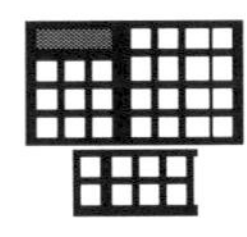

图 7-26　营销和定价管理

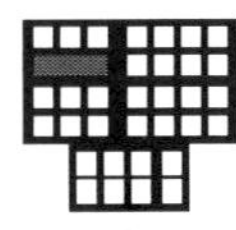

图 7-27　服务开发和管理

资源开发和管理（RD&M）为运营过程提供支持，强调资源的计划、开发和交付，如图 7-28 阴影部分所示。它包括定义网络和其他物理或非物理资源；引进新的技术以及与现有技术的互连；管理和评估现有资源的性能，确保有相应的能力以满足未来业务发展的需要。

供应链开发和管理（SCD&M）强调企业与供应商和合作伙伴的交互，负责建立和维护企业与供应商和合作伙伴之间的所有信息流和资金流，如图 7-29 阴影部分所示。在电子商务环境中，为了扩展产品的种类和提高效率，企业与其他的供应商和合作伙伴的合作越来越多。供应链开发和管理有以下作用：确保企业能够选择最好的供应商和合作伙伴；确保企业有相应的能力与它的供应商和合作伙伴进行交互；确保供应商和合作伙伴能够及时地交付所需要的产品，并且供应商和合作伙伴对企业的整体的性能和贡献优于垂直集成的企业。

5）EM 分组

EM 通常不是信息和服务提供商所特有的方面，而是任何商业运行所必需的基本的业务过程，如图 7-30 阴影部分所示。它通常被分为以下部分。

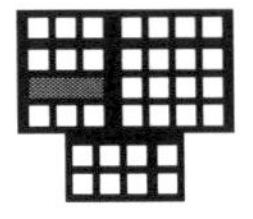

图 7-28　资源开发和管理

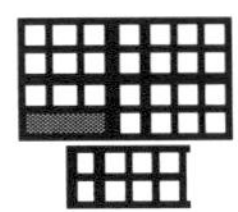

图 7-29　供应链开发和管理

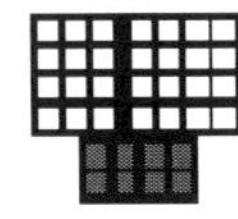

图 7-30　EM 分组

（1）战略和企业规划（strategic & enterprise planning）。

（2）品牌管理、市场调研和广告（brand management, market research & advertising）。

（3）财务和资产管理（financial & asset management）。

（4）股东和外部关系管理（stakeholder & external relations management）。

（5）企业质量管理、流程、IT 规划和架构（enterprise quality management, process & IT planning & architecture）。

（6）人力资源管理（human resources management）。

（7）研发和技术引进（research & development, technology acquisition）。

（8）灾难恢复、安全和欺诈管理（disaster recovery, security & fraud management）。

7.2.3 eTOM 商务过程框架的 Level 2 和 Level 3 级视图

一般情况下，eTOM Level 0 的概念视图和 Level 1 的 CxO 视图适用于所有 IT 服务提供商的商务过程，当然包括云服务提供商的商务过程。为便于业务的进一步开展，还可以将 Level 1 视图细化为 Level 2，如图 7-31～图 7-33 所示。

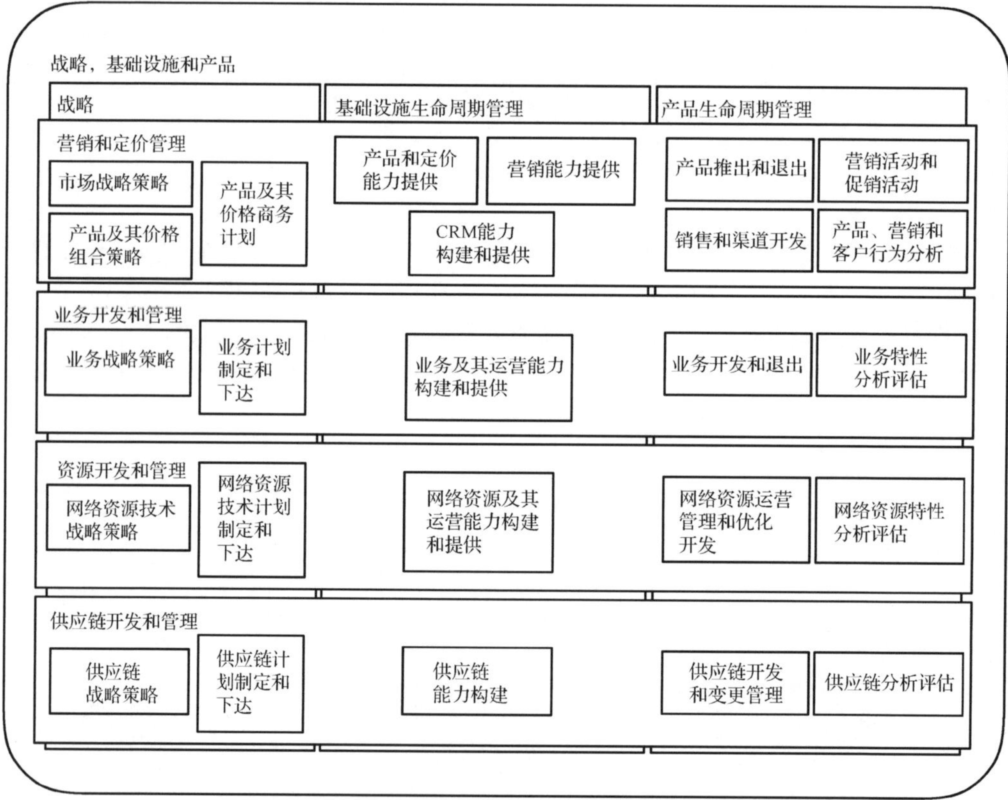

图 7-31　SIP 的 Level 2 视图

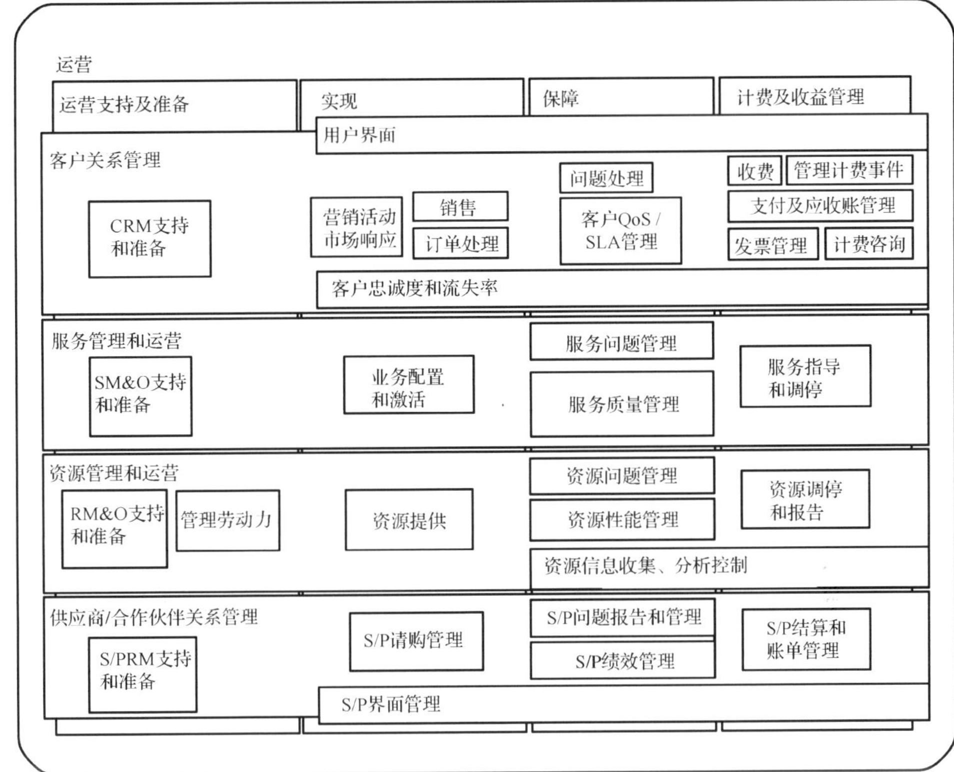

图 7-32　OPS 的 Level 2 视图

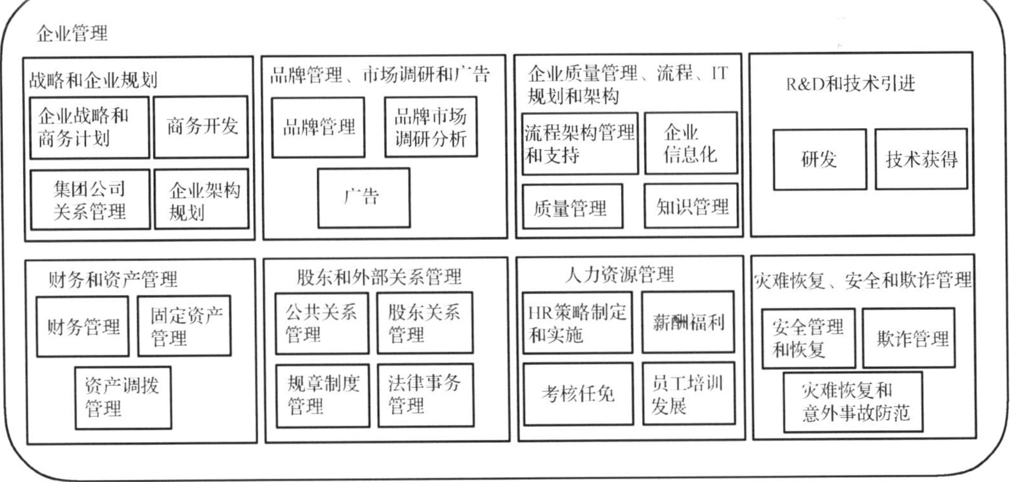

图 7-33　EM 的 Level 2 视图

Level 2 视图根据实际业务开展的情况，可以继续细分为 level 3 视图。如有必要，Level 3 还可以更进一步细分，直至分割到提供商认为比较适合运营的过程。如图 7-34～图 7-38 所示为运营支持和条件准备（OSR）的 Level 3 层。OSR Level3 层的分解覆盖了运营过程的四个水平的功能层次：客户关系管理（CRM）、服务管理和运作（SM&O）、资源管理和运作（RM&O）、供应商和合作伙伴关系管理（S/PRM）。目前，Level3 层次的分解还正在发展当中，以下的分解图来自 7.5 版的 GB921 D[78]。

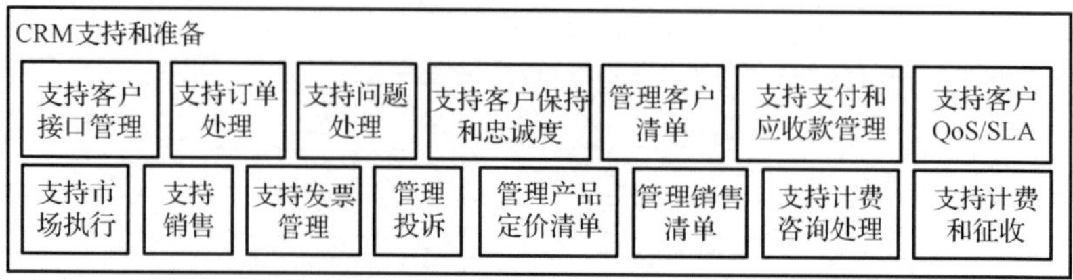

图 7-34　CRM-OSR 的 Level 3 视图

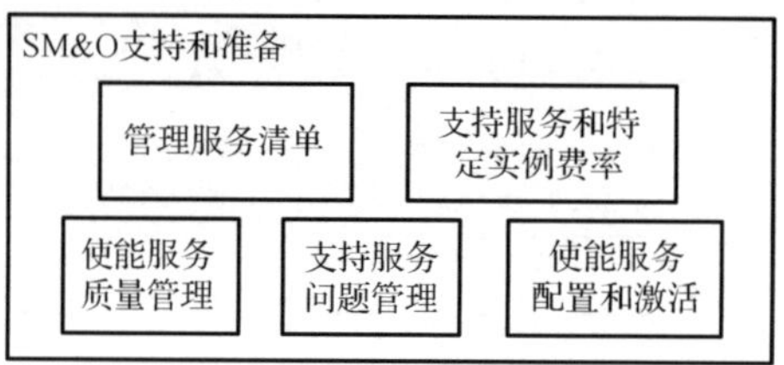

图 7-35　SM&O-OSR 的 Level 3 视图

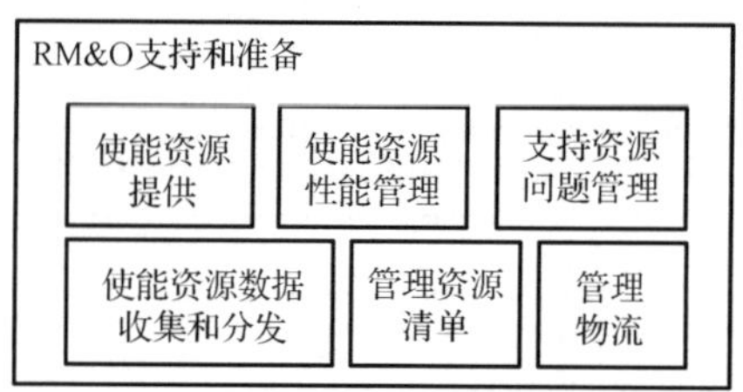

图 7-36　RM&O-OSR 的 Level 3 视图

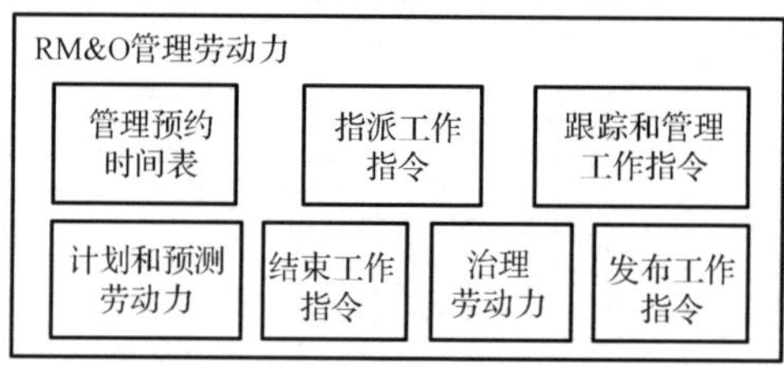

图 7-37　RM&O-OSR-管理劳动力的 Level 3 视图

图 7-38 S/PRM-OSR 的 Level 3 视图

提供商在向供应商购买资源或服务要素、向客户交付服务或资源时，其交互的服务或资源就是在不同的过程中流动，从而实现资源或服务的交互。

7.3 SLA 的生命周期管理

为有效地实施对 SLA 的管理，TMF 在 eTOM 过程[163]中将 SLA 的生命周期过程分为 6 个阶段，即产品/服务的开发阶段、谈判和销售阶段、实施阶段、执行阶段、评价阶段及关闭服务阶段。每个阶段都应有一个对该阶段的反馈，便于产品/服务的评价、改善和开发。如图 7-39 所示[157]。

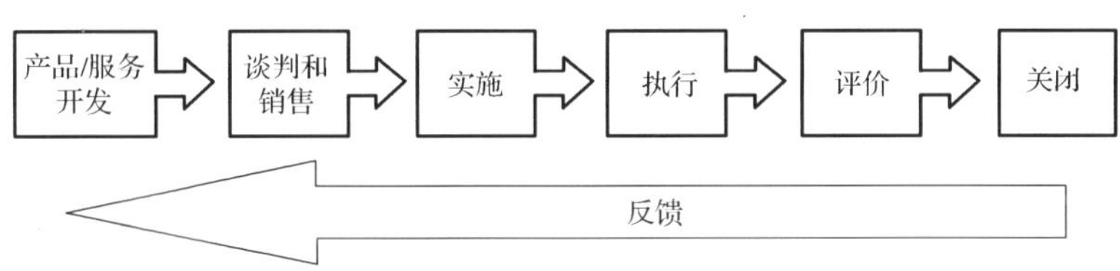

图 7-39 服务及其 SLA 的生命周期

7.3.1 产品/服务开发阶段

产品/服务的开发主要是支持服务计划及其开发活动的，如预测市场的趋势、定义和构建可用的服务产品目录等活动。服务产品（service product）包含在 SP 提供给客户的服务中，即 SP 将其服务以几种产品的形式提供给客户，供不同的客户选择。服务产品是用其功能和特征来描述的。在产品/服务的开发阶段，SP 可以使用某些软件或应用程序（如客户需求调查系统、客户评价系统、服务交互或监测程序等）来支持产品/服务的开发，以促进 SP 作出一系列的决策，如提供什么样的服务、服务的水平、质量等级如何，用什么样的参数来衡量每项服务的水平及质量，其参数值又分别是多少等。此外，应用程序对 SP 在现有的服务中引入新服务也有着重要作用。不同的事件都可能引起产品/服务开发的需求，包括内部或外部的因素，它们暗示 SP 是时候去开发新服务及其 SLA 模板了，如市场需求、竞争压力、服务性能的内部迹象或借鉴成功 SLA 的经验等。因此，本阶段在识别 SLA 生命周期中的主要任务如下。

（1）识别客户需求。客户需求是开发新 SLA 的主要触发器及依据。当现有的服务无法满足不断变化的客户需求时，就产生了开发新产品/服务的需求，从而产生了新SLA 的开发需求。SP 在将当前服务交付给客户使用时，需要不断地收集客户在使用服务的过程中所反馈回来的信息，从而分析客户的使用偏好，识别出客户的需求。也就是此阶段 SP 主要收集客户三个方面的需求：SLA 中不存在的服务、SLA 中没有定义的服务、超出当前 SLA 参数的定义。

（2）识别并描述与客户需求相称的产品特征，如提供服务的水平，使用的服务参数及参数值等。一般来说，在产品描述中不仅要描述与某产品相关的 SLA 参数，还要在描述中表明该 SLA 参数值是否可以由客户自己选择指定、某参数值是否依赖于已选择的某些参数等。

（3）识别并描述网络的性能，如现有网络技术所能提供的服务水平、质量等级等，有助于 SP 较好地认清当前的技术水平，认清自己所能提供服务的能力及水平。同时，还需要将这些性能以可量化、可计算的参数及参数值的形式将其描述出来，以供客户选择和评价。

（4）准备标准的 SLA 模板。新产品的描述及其 SLA 模板是本阶段的结束标志及检验准则，为后阶段与客户的谈判和销售奠定了基础。

产品/服务开发的过程如图 7-40 所示。

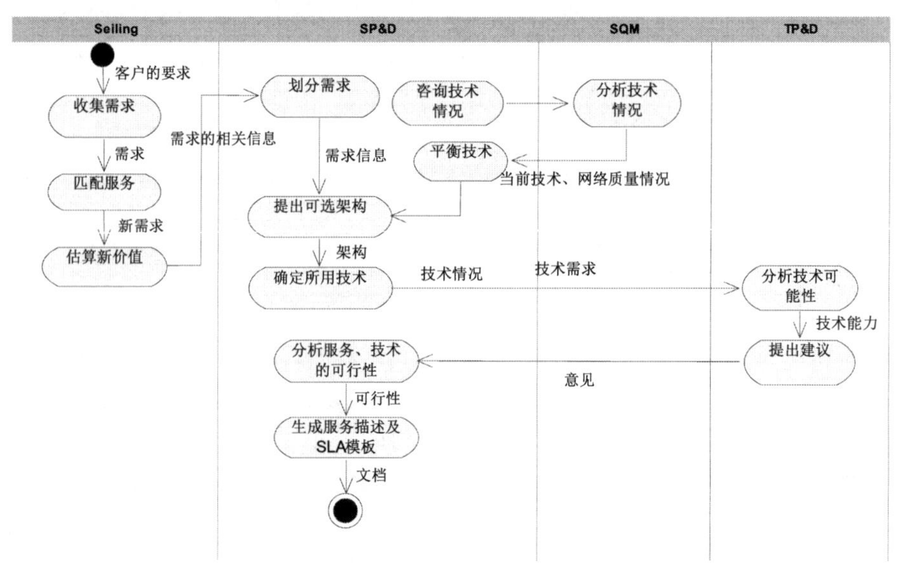

图 7-40　产品/服务的开发阶段

销售中心（Selling）持续不断地收集来自不同客户的不同请求，检查当前目录中是否有与客户的需求匹配或相近的服务，估计新服务所潜在的新客户、现在客户所能带来的利润、潜在的市场价值等，并将客户需求连同新服务的潜在市场价值及所估算的生命周期发送给服务计划和开发中心（service planning and development，SP&D）。

SP&D 将客户需求划分为业务方面的需求和技术方面的需求，咨询服务质量管理中心 service quality management，SQM）当前网络质量的情况，然后衡量提供新服务的可选架构，在不同架构的业务影响与不断变化的服务需求的潜在影响间达到平衡，确定开发新服务所需的潜在技术或技术的优先级，并将技术需求发送给技术计划和开发中心（technology planning and development，TP&D）。TP&D 根据收到的技术需求，比较当前技术的性能和可靠性能力，分析其技术实现的可能性、更新或改进技术所需的成本、实现新服务及实现技术 SLA 的时间跨度。前面已经讨论过，技术 SLA 是对 SP 而言的，使用的是技术术语来描述 SLA 中所提供的所有技术参数，如技术要求、性能参数、地理位置的要求和时间跨度需求等。如果 TP&D 认为支持服务可用性或 QoS 的某项技术尚未成熟，那么它必须给出使用其他特定技术的具体建议。TP&D 将估计出来的成本和时间值等信息返回给 SP&D。SP&D 依据所有返回的成本和时间等信息，评估服务和技术的可行性，如果可行，则生成服务描述文档和 SLA 模板，并将服务描述文档和 SLA 模板发送至各个部门，以备各中心各司其职，如销售中心负责服务的销售，服务配置中心根据与客户签订的 SLA 来配置服务，SQM 负责检测服务质量的执行情况等。

本阶段结束的标志是获得产品/服务的 SLA 模板。在 SLA 的管理过程中，不仅要对 SLA 的生命周期进行管理，还应对 SLA 模板的生命周期进行管理。毕竟，所生成的 SLA 模板并非一成不变。SLA 模板也会随着客户需求的变化、技术的进步以及服务的变化等因素而发展、演变。SP 应在提供服务的过程中，注意收集客户的需求，如客户需求的服务内容、服务参数及相关的参数值等，并以此来分析用户需求、改进 SLA 模板，使 SLA 模板尽可能地适应环境的变化。SLA 模板的生命周期包括初始模板的生成、用户的反映/回馈，分析用户需求，改进模板，生成最终模板等。当然，SLA 模板是一个公用的产品/服务模板，仅是为产品/服务提供一个整体的框架和视图，为客户提供产品/服务的选择依据。客户根据自己的个性化需求，在 SLA 的谈判和销售阶段，与 SP 进行谈判、协调，从而形成适合自身需求的 SLA。

7.3.2　谈判和销售阶段

经过产品/服务的开发阶段，成型的产品/服务及其描述文档和 SLA 模板即可以各种方式发布，供客户浏览、选择和订购。SLA 的谈判和销售阶段始于客户订购一个产品/服务，客商双方经过多次对产品/服务的特征、功能、价格及双方的职责等信息的协商、谈判后，签订包含一个或多个需要安装和使用的服务实例的合同。一般来说，SLA 被包含在单个服务实例的销售过程中。因此，谈判和销售阶段包含的活动主要有谈判服务的选项、服务参数的 QoS 水平、SLA 模板中服务参数值的潜在变化，并要详细说明 SLA 合同的责任和义务。本阶段主要依赖于服务及客户的类型，也就是说，SP 需要根据自己的服务及其水平，选择目标客户群体。例如，向当地居民或 SOHO 族（small office/home office）提供由 SP 预先定义的服务及其水平，与大企业客户则通过协商、谈判来确定服务的类型及其水平。

SP 在产品/服务销售和订购的过程中，获得客户对某一服务的具体信息，证实客户订单的可能性。这就需要 SP 核查当前可用的网络资源的情况及能力，确保自己能提供满足客户特定的服务及服务质量水平。因此，本阶段的主要任务包括以下几个方面。

（1）为特定的服务实例选择合适的 SLA 参数值。与客户谈判主要是围绕服务的实例、质量水平以及用于衡量质量水平的参数值等内容展开的。服务实例即是具体的服务内容。不同服务实例的参数不同，其参数值也不同。因此在谈判阶段，需首先针对这些项目进行协商，只有双方对所有的项目达成一致，方有后面的销售、实施等过程。

（2）确定签订 SLA 的客户成本，即确定客户购买产品/服务的价格。与具体服务实例及其质量水平相当的价格，也是谈判阶段须确定的主要内容之一。不同的服务及其质量等级，价格水平应该是不同的。受成本的制约，客户不得不权衡需求、成本和服务水平，从而选择既能满足自身需求又能将成本控制在可接受范围服务水平。

（3）确定发生 SLA 违规的 SP 成本，或当实现的服务水平超出 SLA 规定时 SP 所获得的奖金。服务在交付使用最理想的情况是，全过程服务的水平完全符合 SLA 的规定。实际上，却经常出现 SLA 水平不足或过高的情况。一般来说，SP 提供的服务水平不足时，客户应获得相应的赔偿；SP 提供的服务水平过高时，在客户同意的情况下，SP 可获得客户支付价格以外的奖金。但也存在客户不愿意给予奖金的可能性，也就是客户使用了在 SLA 水平之上的服务，却只需支付 SLA 水平的价格。因此，在谈判阶段，必须尽可能地描述这种可能出现的情况，协商其处理办法，避免纠纷。

（4）定义与产品相关的使用报告。其中，报告的时间和频率取决于 SLA 参数的性质，如服务可用性的报告可以以一段时间为单位，如一天、一周、一个月、一个季度或一年等。而故障报告则需即时产生并发送给客户及相关人员。

本阶段结束的标志是客户签订 SLA 合同。谈判和销售的过程如图 7-41 所示。销售中心接受来自客户对产品合同信息的咨询，查询客户信息，将客户信息发送给订单处理中心（order handling，OH）。如果是老客户，OH 则调出该客户以前的订单，如果是新客户，OH 则新建订单，并将订单的细节提交给服务配置和激活中心（service configuration & activation，SC&A）。SC&A 检查订单中各服务要素的可用性及可行性，如果涉及外部提供商的服务要素，则咨询采购中心（buying）。此外，SC&A 还需请求资源提供中心（resource provisioning，RP）帮忙检查支持该服务实例的能力及资源的可用性，并将核查的结果返回给 OH，由 OH 来确定产品的可用性，并将结果返回给销售部门。销售部门向客户提供 SLA 模板，针对 SLA 的细节向客户提出报价，与客户谈判、协商。在此过程中，销售部门可能会向 SC&A 发出更多的服务细节，而 SC&A 则向 RP 请求检查更多的资源及能力，直至销售部门与客户达成共识，客户签订 SLA 合同，合同中包含经过双方同意的 QoS 和 SLA 参数。此时，谈判结束，达成销售。

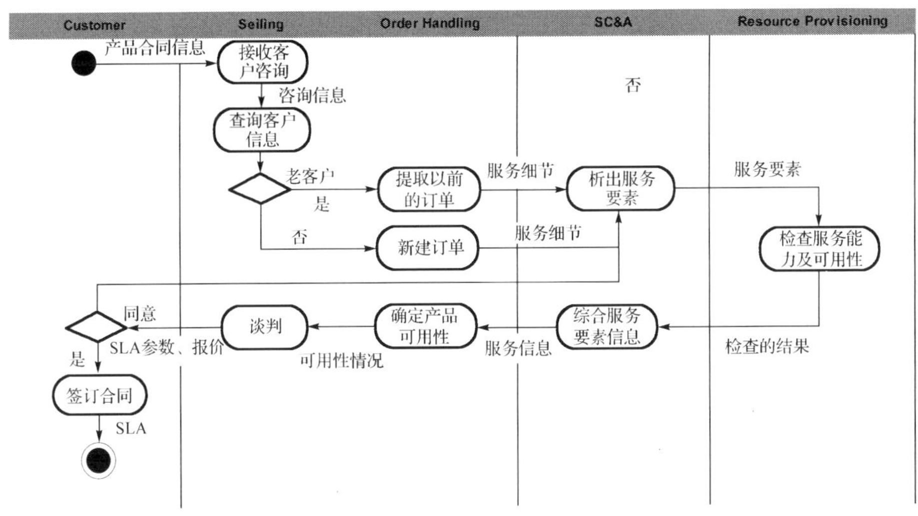

图 7-41　谈判和销售阶段

7.3.3　实施阶段

客户的请求在谈判和销售阶段转化为客户订单与 SLA 合同，而 SLA 合同在实施阶段被转化为可运行的、可接受的实例。因此，实施阶段即 SLA 实例化的过程，也就是激活服务、对服务及服务实例进行配置、安装、启用的过程。在转化的过程中，资源被整合起来满足客户的需求，服务的各部分被安装并激活。在通信领域，实施阶段的活动被认为是提供网络的活动，包括部署新的网络或服务资源，或配置相关的设备，用来支持 SLA 中明确说明所需的服务的水平和质量。不同 SP 实施 SLA 的过程不尽相同，但总体结果大体是一致的。因此，实施阶段的主要任务包括三个方面。

（1）配置和提供支持产品/服务的资源。某些 SP 会将提供资源放置在生命周期的不同阶段。本实施阶段所说的资源的提供是对个体客户产品/服务的准备和实例化，如家庭网络的提供、配置和安装。

（2）配置满足 SLA 的特定服务实例，如根据所签订的 SLA 配置和测试家庭网络的性能。

（3）激活服务，将服务交付给客户使用。

本阶段结束的标志是产生实例化的、经过测试的、可接受的产品。

与客户签订 SLA 后，客户的订单就进入了由 SP 安装服务和提供计时器的阶段，如图 7-42 所示。SC&A 配置订单中所请求的服务实例，并将请求发送至恰当的部门。例如，如果请求的是内部资源，则将请求发送至 RP，RP 配备好资源后将其行为和结果告知 SC&A。如果涉及外部服务要素，则将订单发送至采购中心，由采购中心分发订单至各个供应商或合作者，由他们来负责该服务要素的安装、交付使用和监测。SC&A 执行对服务实例的测试，以检验其关键质量指标（key quality indicator，KQI）

是否达到 SLA 的标准，并在管理服务目录中更新新的服务实例及其 KQI。此外，SC&A 还需通知 SQM 初始化监测新服务实例。一切准备就绪后，SC&A 通知订单处理中心，由订单处理中心通知客户及其他部门：服务实例经测试并激活，已准备就绪。相关部门或存储客户信息，或存储服务实例及其 KQI，以备查询和为后续服务提供参考。

7.3.4　执行阶段

执行阶段即执行 SLA 合同中的各项规定，它涵盖了 SLA 中服务所有操作，由 SP 向客户提供可用的服务，确保 SLA 规定的服务质量、服务质量参数及其参数值生效、起作用，使客户使用到与价格相当的服务及水平，SP 履行其职责，实现其对客户所做出的承诺，如图 7-42 所示。

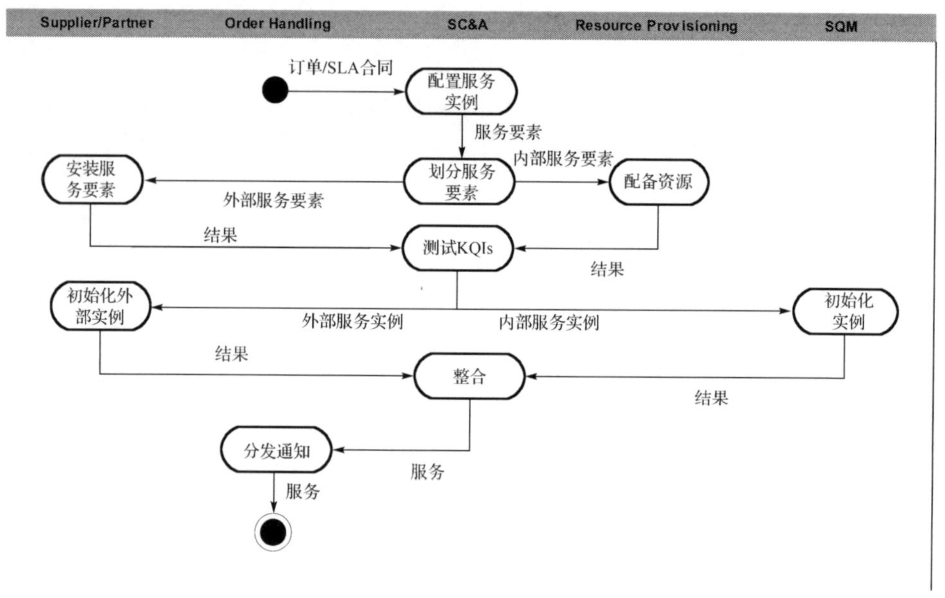

图 7-42　实施阶段

本阶段的主要任务包括以下几个方面。

（1）正常执行和监测服务。其中正常执行的情况包括一切正常、无差错的执行，以及出现中断但在 SLA 范围之内的执行，客户接受的服务均在 SLA 描述的范围之内。不管是由 SP 自己执行的服务还是由供应商/合作者执行的外部服务，都需进行全程监测。监测的目的，一方面是监测服务的性能数据，保证对服务的评价做到有据可依，有助于预测长期的服务能力；另一方面是保证服务的可用性及可靠性，如果服务出现故障或中断，则需及时发出警告，SP 立即采取行动，进行故障恢复或中断处理。

（2）即时报告服务执行的情况。报告记录的是服务执行和监测的情况。如前所述，报告的时间和频率依服务的类型和特征而定。某些服务实时监测、记录监测数据，但不需实时提交报告，正常运行的情况，可以累积一段时间后，再提交报告。而对某些突发情况，如服务出现故障、中断的情况，则需及时报告，以备 SP 发现情况并及时处理，确保服务可用性达到 SLA 的规定。

（3）SLA 违规的即时处理。SLA 违规即是服务的非正常执行，无外乎是 SP 首先发现中断或客户首先发现中断并报告中断。如果是 SP 首先发现服务中断，SP 则会采取一系列的措施，确保中断的时间尽量不违反 SLA 的规定。因此，此处的 SLA 违规是指客户首先发现的服务中断，并且中断的时间综合超出了 SLA 的规定，从而造成了 SLA 违规。客户可根据 SLA 来追究 SP 的责任。

执行阶段的结束标志是客户使用了服务，但执行的过程却存在正常执行和 SLA 违规的情况。正常执行是指所执行的服务在 SLA 规定的范围内，或是一切正常运行，如图 7-43 Case A 所示；或是曾出现过服务中断，但中断时间没超出 SLA 规定的范围，如图 7-44 Case B 所示。SLA 违规的情况是指客户发现服务没有达到 SLA 规定的质量等级，并向 SP 提出相应的赔偿，如图 7-45 所示。

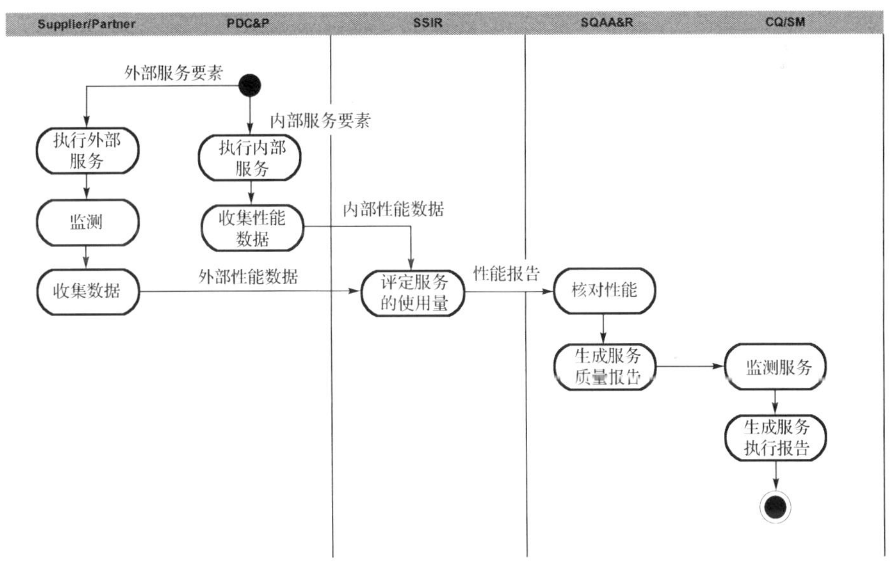

图 7-43　正常执行 Case A：一切正常

1）Case A：一切正常运行

内部服务是由 SP 执行的。RDC&P（resource data collection & processing）负责收集性能数据，将客户使用资源的数据发送给 SSIR（service & specific instance rating）来评定服务的使用量，并将其性能报告发送给 SQAA&R（service quality analysis，action & reporting），由 SQAA&R 计算所提供的服务实例的 QoS 是否达标、所统计的数据的平均值是否符合 SLA 规定等。第三方供应商/合作者执行和监测外部服务，将 SP 使用自身资源及收费数据发送给 S/PSBM（S/P settlements & billing management），S/PSBM

分析账单数据并将其发送给 SSIR 来评定服务使用量。此外，第三方还需将监测数据发送给 SQAA&R 相应的统计分析。SQAA&R 分析来自内部和第三方的性能报告，形成整体服务质量报告，发送给 CQ/SM（customer QoS/SLA management），以便 CQ/LM 监测和报告总体的技术和服务性能，核查服务质量报告是否符合客户 SLA 的规定，确保没有发生 SLA 违规的情况，并定期向客户发送服务水平的报告。SSIR 将收费清单发送给 B&CM（billing & collections management），B&CM 将账单的情况发送给客户。

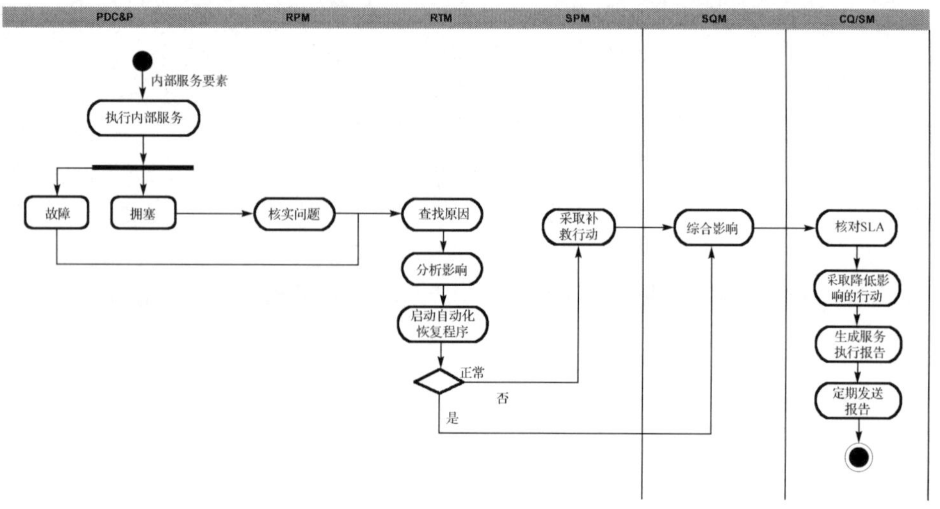

图 7-44　正常执行 Case B：服务降级或服务中断

2）CASE B：服务中断没有超出 SLA 的范围

与 Case A 一样，也是由 RDC&P 收集数据。出现阈值警戒线（threshold crossing alerts）意味着资源发生了拥塞或性能降级，以至于在执行客户服务的时候，服务能力的下降或消失。RDC&P 将所有性能数据发送给 RPM（resource performance management），RPM 核实资源所产生的性能问题并请求 RTM（resource trouble management）发现报警的原因和对服务性能的可能影响，并将详细内容发送给 SQM，以采取各种行动来保证服务的 KQI。出现故障警报（failure alarm）意味着某服务要素出故障，并且影响到使用该服务的一个或多个客户。RDC&P 把警报数据发送给 RTM 以采取进一步的行动。根据问题的性质，RTM 或启动自动化恢复程序，或将警报数据提交给 SPM（service problem management），让 SPM 选择处理问题的行动。SPM 估计出现服务中断的可能性及其持续的时间，采取最小化服务影响的行动。SPM 将问题的相关信息发送给 SQM，由 SQM 综合问题影响服务的详细情况，并将其发送给 CQ/SM。CQ/SM 核对客户 SLA，从 R&L（retention & loyalty）处获得客户信息，并采取一系列可能的行动避免违反 SLA。根据服务 QoS 参数对客户的重要性以及降级的程度，CQ/SM 可能还会通知客户服务降级的情况。

如果 RTM 无法启动自动化资源恢复程序，SPM 将会通知 SC&A 以采取补救措施。如果问题出现在资源层，SC&A 就需要在其基础设施上作调整，并把调整的需求发送给 RP（resource provisioning）激活。RP 着手于调整所需的资源配置以保证资源达到 KQI，然后生成更新文档交给 MPI（manage resource inventory），并将调整结果的报告（包括调整的时间、其他基础设施及参数等）交给 SC&A。SC&A 生成更新文档交给 MSI（manage service inventory），向 SPM 报告将所采取的行动。SPM 将调整后的行动细节发送给 SQM，以合并到正在进行的服务质量检测及管理过程中。

在 Case B 中，数据是由 RDC&P（resource data collection &processing）收集并发送给 RPM 作进一步分析。RPM 证实资源达到了 KPI，告知 RTM 问题已经修正过来了；然后将资源性能报告发送给 SQM 以计算 QoS 及平均服务水平。RTM 向报告 SPM 最近的资源问题。SQM 分析资源性能报告，确定出现问题的原因已经被解决并且达到了 KQI 后，将修正报告发送给 SPM；SQM 将整体的服务质量报告发送给 CQ/SM，以备 CQ/SM 监测和报告整体的技术和服务性能。CQ/SM 将服务质量报告与客户的 SLA 进行比较，确定没有出现 SLA 违规，并根据该服务质量对客户的重要性及降级的程度，CQ/SM 可能会通知客户，服务质量已经恢复。但 CQ/SM 会定期向客户发送服务性能报告。

3）非正常执行——客户发现的 SLA 违规

正如前文所述，服务在执行的过程中，总是会出现超出或达不到 SLA 中明确规定的参数及参数值。也就是说，在执行 SLA 的过程中，会出现违反 SLA 规定的情况。而发现 SLA 违规的情况至少有两种，一种是 SP 首先发现违规，并采取相应的补救措施，如 Case B。另一种是客户首先发现违规，并向 SP 报告服务非正常执行的情况。SP 处理客户发现的 SLA 违规的过程如图 7-45 所示。

客户在使用服务的过程中，察觉到服务及其质量的降级，并向 SP 的 PH 中心（problem handling）报告可见的参数降级情况。PH 将客户的信息发送给 R&L（retention & loyalty），由 R&L 提取客户的详细信息，说明该客户的重要性。PH 了解到该客户的忠诚度及其重要性程度之后，将客户所报告的问题的细节发送给 CQ/SM，由 CQ/SM 核实客户的 SLA，并采取一系列的措施检查、跟踪问题，尽量避免违反客户 SLA 的情况。如果出现同时有多个客户报告服务降级的情况，CQ/SM 则根据 PH 发送过了的客户信息，决定客户的优先级，以优先处理某些客户报告的问题，同时将优先级告知 PH，由 PH 将问题报告和合同职责的细节以及客户的优先级发送给 SPM。SPM 进一步调查是否的确存在这样的问题。然后请求 SQM 为他们发现的结果提供依据。如果服务没有故障，不存在问题，SPM 就将 SQM 发送过来的实际的服务参数及参数值发送给 PH，由 PH 通知客户、R&L 和 CQ/SM，各自终止之前所采取的任何操作。如果的确存在问题，并且采用自动化恢复程序就可处理该问题，则 SPM 向 RTM（resource trouble management）发送启动自动化恢复程序的请求，RTM 采取措施后，告知 SPM

其行动的细节，SPM 将纠正的行动告诉 SQM。如果采用自动化恢复程序无法解决问题，SPM 则需要请求 SC&A（service configuration & activation）采取必需的纠正行动。SC&A 确定需要改变基本的设备，并让 RP（resource provisioning）激活设备。RP 着手配置资源、更新资源以保证资源达到服务的 KQI，并向 SC&A 报告将更新的结果、更新的时间、更新的设备及可用的参数，由 SC&A 告知 SPM 相关的行动细节，再由 SPM 转告 SQM，以使 SQM 协助 RDC&P 进行服务质量的监测和管理。

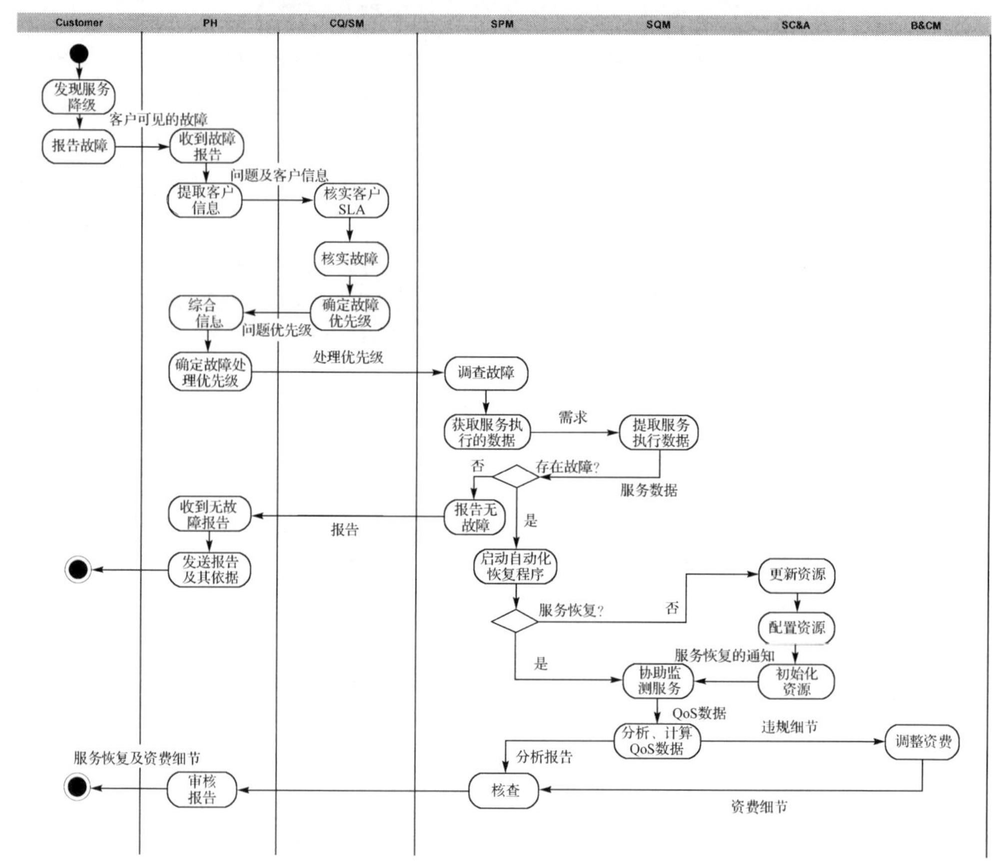

图 7-45　客户发现的 SLA 违规

RDC&P 将监测的性能数据发送给 RPM 作进一步的性能分析。RPM 将分析的结果和性能报告一并发给 SQM 计算 QoS 和维护提供服务的平均数据。当解决了客户报告的问题，并使服务达到了客户 SLA 的 KQI 时，SQM 将性能分析报告和修正报告发给 SPM，由 SPM 向 PH 报告问题已经解决，而 PH 则告知客户。同时，SQM 向 CQ/SM 发送问题解决的报告，由 SQ/SM 核实客户 SLA 的细节，并确定的确发生了 SLA 违规，并将违规的细节通知 B&CM（billing & collection management）。B&CM 计算资费的调整，并在最后结算服务费用时一同清算。

7.3.5　评估阶段

SLA 评估阶段的任务包含两个方面的内容。一方面是评估单个客户的 SLA 与交付给客户的 QoS 的情况；另一方面是评估某一时期 SP 所有业务的整体质量水平，包括整体的质量目标、业务目标以及风险管理的过程。后者被认为是 SP 内部业务评估的一部分。

其中，单个客户的阶段性评估内容包括以下几个方面。

（1）SP 实际交付给客户的 QoS 情况。由于 QoS 的评价存在不同的视角，如用户 QoS 需求、SP 提供的 QoS、SP 实际交付、提供给客户的 QoS 以及客户所感知到的 QoS。其中，SP 根据用户的 QoS 需求以及自己提供 QoS 的能力，来给用户配置相应的 QoS 参数。在执行相应的 QoS 参数和提供服务的过程中，总是会存在这样或那样的问题，使得服务没能按照需求或期望交付使用。也就是说，SP 实际提供的 QoS 可能与其提供 QoS 的能力和客户 SLA 中的规定不符，从而导致客户对 QoS 的感知及其满意度大幅下降。因此，在评估 SLA 的阶段，必须要根据服务在执行过程中所获得监测数据，为 QoS 的执行情况提供有力的证据，从而作为评价服务及其质量的依据。

（2）客户对服务质量的满意度。满意度主要是客户对服务的主观评价。影响用户满意度的因素主要有两方面，一方面是 SP 实际交付给客户的 QoS 情况，另一方面是用户对 QoS 的期望。用户的期望与 SP 实际交付的 QoS 不符，则会导致客户满意度的下降；反之，则客户满意度上升。通过调查客户的满意度，可以发现问题之所在，为后续服务提供改善的依据。

（3）改进客户满意度的潜力。SP 根据客户的满意度以及自身提供 QoS 的能力、其他服务能力，来确定自身提高 QoS 的潜力及改善客户满意度的潜力，以保持客户的忠诚度。

（4）客户需求的改变。评估客户需求，发现客户需求的变化，分析其变化的因素及趋势，有利于 SP 改进服务及其 SLA、开发新服务及新 SLA，吸引客户、保持客户的忠诚度，从而获得竞争优势。

SP 内部整体业务的质量水平评估内容包括以下几个方面。

（1）向所有客户交付的服务质量的整体情况。如果说单个客户的质量情况是偶然的事件，那么服务的整体质量情况则是 SP 服务实力的真实体现。因此，评估整体服务质量的情况，也是 SP 衡量自身服务实力的依据。

（2）重新调整服务目标。如果服务实力与服务目标相差太大（可能实力高于目标，或目标高于实力），当实力高于目标时，SP 可以调整服务目标，提高目标使之与实力相符。当目标高于实力时，SP 可以适当调低目标，或提高实力，使实力达到目标的要求。当然，SP 需要评估其中的人力、物力、资金及技术等成本。

（3）重新调整服务运营。目标调整后，相应地，服务的执行和运营也需要同步协调。

（4）识别服务支持的问题。服务的执行和运营离不开支持性、辅助性的活动。如企业的战略计划、风险管理、绩效管理、资金财产管理和人力支援管理等。这些支持性的活动适应企业的战略目标，与企业的运营活动相一致，才能充分发挥企业自身的核心竞争力。

（5）创建不同 SLA 的服务水平。企业可根据客户群的需求不同，创建 SLA 的不同服务等级，不仅有利于满足不同客户群体的需求，还有利于企业对所提供的服务及其 SLA 的管理。

评估的启动方式有三种，第一种是阶段性的评估，即根据 SLA 的规定，定期评估服务执行是否满足 SLA 的情况。第二是客户要求的重新评估，当客户对 SP 发送过来的评估报告存在质疑时，向 SP 提出的重新评估或复查的要求。第三是客户退出服务时的评估，此时评估促使客户退出服务的影响因素。因此，在评估阶段，主要是 SP 检查 SLA，以决定其是否满足业务的需求。基于以上的介绍，“满足业务需求”包括两方面。Case A 是指客户对 SLA 的需求发生了变化，现有的 SLA 已经无法满足客户的需求。因此，SP 需要对业务进行评估，来决定是否存在增强产品 SLA 的可能性。Case B 是 SP 在 CRM 上进行的内部评估，评价是否需要在提供服务的不同层次上重新调整基础设施以支持该层的 SLA 参数和服务的 KQI。

（1）Case A：客户需求发生了变化。客户与 Selling 讨论改变的需求。如果当前产品的 SLA 无法满足客户的需求，Selling 则将需求提交给 PD（product development），PD 重新评估当前产品的 SLA 的参数，并在产品开发过程中提高产品 SLA 及其参数。如图 7-46 所示。

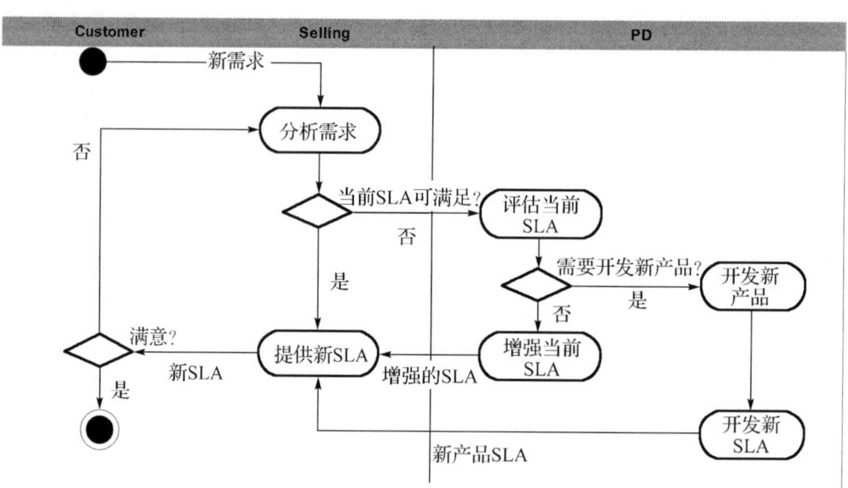

图 7-46　客户需求发生变化的评估

（2）Case B：内部评估。CQM（customer quality management）收到来自 CQ&SM 等部门的 SLA 趋势分析报告，了解经常发生 SLA 违规现象，引起过多的资金补偿，当前所能提供的服务 KQI 已经无法支持当初产品的 KQI，或者当前提供的服务水平整体上已经无法满足客户需求的水平。因此，CQM 请求 SQM 着手改进所需要的服务 KQI，SC&A 采取改进 KQI 的具体行动，并要求 RP 同时更新基础设施，RP 向 SC&A 报告具体的行动细节。RDC&P 负责收集性能数据，并将数据发送给 RPM 以作进一步的分析。RPM 将资源性能的报告发送给 SQM，以计算 QoS 和提供服务的整体实力。SQM 生成分析服务实力报告并发送给 CQ/SM，以便其监测并报告整体的技术和服务性能，同时也将实力报告发送给 CQM 以作进一步的趋势分析，确定服务是否满足所需的平均水平，给定的 SLA 是否与 SLA 的需求一致。如图 7-47 所示。

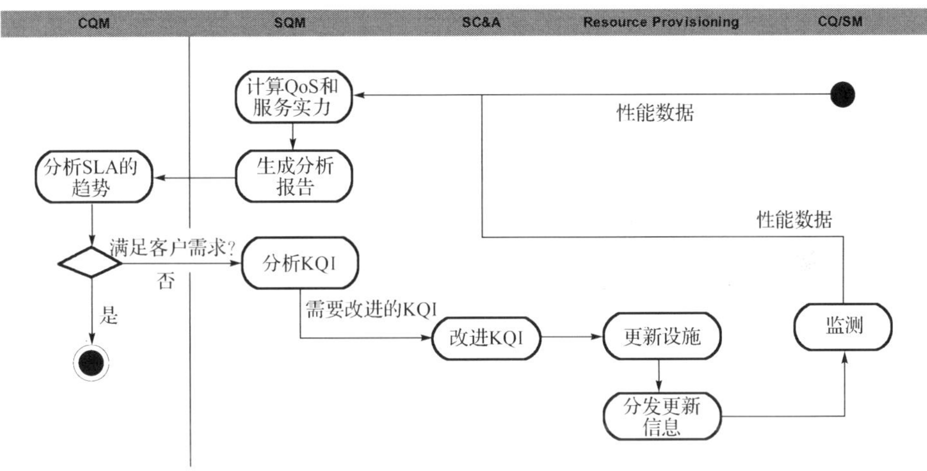

图 7-47　SP 的内部评估

7.3.6　关闭服务阶段

关闭服务阶段指的是 SP 因自身的问题，使得服务暂时关闭，客户无法使用服务的时期，其主要是解决与终止服务相关的客户端设备和线路问题。这个阶段涉及的、可能与 SLA 相关的问题包括以下几个方面。

（1）规定设备或线路的拆除或搬迁的责任。由于设备或线路的拆除、搬迁而导致服务的不可用，给客户带来了一定的损失和影响。SP 应主动承担该责任，并在 SLA 中规定给予客户的补偿或后续服务的相应折扣。

（2）承诺拆除或搬迁设备或线路的时间。SP 向客户承诺服务不可用的时间范围，有利于客户在这个时间段内安排和计划减少损失和影响的相关事务，或从事其他活动。因此，也需要在 SLA 中定义时间的范围，并明确规定超出范围后 SP 应承担的责任。

（3）规定 SP 有权使用客户的设备。设备或线路在拆除、搬迁的过程中，涉及对客户设备的测试、拆除或搬迁，因此，应在 SLA 中规定，SP 何时有权使用或有权访问客户的设备，以协助服务的关闭活动，减少关闭服务的时间。

（4）明确随之发生变化的相关程序。在 SLA 中应明确伴随关闭服务而发生变化的各种程序或手续，让客户了解其中的变化，作出回应以办理各种手续，为服务可用后使用服务提供基础。

总之，由于 SP 自身原因导致服务被关闭，对客户的行为产生的影响，客户对此应具有知情权。SP 均应在 SLA 中明确规定并勇于承担其中的责任，有利于客户感觉到 SP 是一个有责任心、可靠的企业，从而提高客户的满意度和忠诚度。

7.4　SLA 的参数管理

在 SLA 中，可能会涉及不同类型的 SLA 使用同样的参数名来表达不同的意思。特别是在收集用户对 QoS 需求方面，能用专业的术语来描述 QoS 需求的用户很少，他们描述的 QoS 总是与事务或与人相关的方面，如“服务参数”。而对提供商来说，一般是使用与网络或技术相关的专业术语，如“网络性能”。但用户的描述表达了他们对服务的需求，这些需求对提供商来说是极其重要的。提供商必须从用户的角度来考虑和设计与人相关的服务的方方面面，作为提供服务的依据。例如，对用户认为的“服务能力”，提供商必须将其转换为自己的网络性能参数，用“传输能力”、“可用性”和“传输能力”等从网络、技术方面去实现。提供商根据自己所获得的用户对 QoS 需求的描述，划分用户需求的优先次序，并将需求转化成为相对独立业务术语，创建一种可以被双方都能理解的共同语言，规范、统一地管理 SLA 及其不同的 QoS 参数，使之既能反映不同领域提供商提供 SLA 服务的内容，又能反映不同用户对服务质量的要求乃至其变化。至于某参数的特定值是用户和提供商在谈判 SLA 的商业主题中制定的。因此，参数管理的目的不是为了确定参数值，而是为了制定参数的分类方法。TMF 在服务和交付技术的基础上，从单个用户和整体用户的角度，用 6 种类型来组织、规范和管理 SLA 及其质量参数，这就是 SLA 的参数框架[162]，如表 7-1 所示。SLA 参数框架的目标是定义一种服务参数的分类方法，并将它们以一种连续的方式定义和陈列在 SLA 中。通过 SLA 参数框架可对 SLA 的参数进行规范化管理，消除用户与用户、用户与提供商间、乃至提供商与提供商间对参数的误解。

表 7-1　SLA 参数框架

服务角度	服务参数类型		
	技术特定	服务特定	技术/服务独立
单用户角度	参数列表 1	参数列表 2	参数列表 3
整体角度	参数列表 4	参数列表 5	参数列表 6

SLA 参数框架又称服务类型参数框架（service parameter categories framework）中，服务角度（service view）包含了单用户（individual user view）和整体角度（aggregate view），服务参数类型包含了技术特定（technology specific）、服务特定（service specific）

和技术/服务独立（technology / service independent）的参数。对应于不同的服务角度，就会有不同的服务参数类型。

7.4.1　服务角度

服务角度被划分为服务的单用户和整体角度。单用户角度的参数通常是与SAP（服务访问点）相关的、单个用户在某一特定时期可以体验到的服务性能，如服务接口或服务中断的最长时间。整体角度的参数是某一特定时期内所有服务用户实际获得的平均性能，包含服务的计费和服务整体的可用性，经过总体平均计算获得。单用户角度的参数可以用来定义服务中断的最长时间和两次故障间服务可用的最短时间。这些细节在整体需求层次上是看不到的。如表 7-2 所示。

表 7-2　典型的服务参数

服务角度	服务参数类型		
	技术特定	服务特定	技术/服务独立
单用户角度	物理接口细节	服务类型	某事件的最长中断时间
整体角度	每月记录的参数	计费方法（如按使用计费或按时间计费）	所有用户的平均可用时间

此外，在服务的整体角度方面，SP 的角度不同于客户的角度。SP 至少要考虑产生的收益、连续的收益、个性化服务、维护网络和服务等基础设施的成本等问题。这些问题可能会体现在 SP 各部门间的内部 SLA 中。

当然，并不是说所有的服务角度都包含三种服务参数的类型。某些服务可能同时包含技术特定和服务特定方面的参数，但有些服务可能只包含其中一方。如表 7-3 和表 7-4 所示。

表 7-3　DSL 接入的 IP 服务

服务角度	服务参数类型		
	技术特定	服务特定	技术/服务独立
单用户角度	速度	延迟、吞吐量	可用性、恢复的最长时间
整体角度	不可用的总秒数	分配延迟	MTBF，MTTR，MTRS

表 7-4　ATM 信元交付服务

服务角度	服务参数类型		
	技术特定	服务特定	技术/服务独立
单用户角度	CER，CLR，CTD，CDV 等最大值		可用性、恢复的最长时间
整体角度	CER，CLR，CTD，CDV 等平均值和总值		MTBF，MTTR，MTRS

注：其中，MTBF-两次故障的平均间隔时间，MTTR-故障修复的平均时间，MTRS-恢复服务的平均时间，CER-信元出错的概率，CLR-信元丢失的概率，CTD-信元传输延迟，CDV-信元延迟变化。

7.4.2　技术特定参数

技术特定参数是与支撑服务的网络技术相关的参数，特别是所提供的服务是网络承载的服务。不同的网络层，对应于不同的技术特定参数，如表 7-4 中所示的 ATM 层对应的是 CER，CLR，CTD，CDV 等参数，表 7-3 所示的 DSL 层对应的是高峰/低峰时的速率、干扰率等参数，IP 层对应的是与丢失或毁坏包事件有关的参数，如 IP 包丢失的概率、IP 包传输的延迟、IP 包延迟的变动等。此外，技术特定参数需要明确说明，如 SAP 的物理特征。这些技术特定参数并不一定与服务的终端用户相关，只是服务提供商内部或是网络运营商/服务提供商需要考虑的技术实现方面的因素。由他们提供技术特定参数，可供用户自由选择。

7.4.3　服务特定参数

服务特定参数是一些典型的、与支持应用有关的性能参数，包括服务特定或应用特定的技术参数，如计算机服务器、数据库的可靠性和可用性等。例如，由于电子商务不断发展，计算机服务器的参数将变得越来越重要，并影响着提供服务的整体可用性。综上所述，服务可用性被认为是最有意义的服务参数。服务可用性包含了服务的可访问性、可保持性和完整性。目前 Amazon，Google 和 Microsoft 的云服务 SLA，均以服务可用性作为衡量 QoS 的重要参数。服务可用性的计算方法如表 7-5 所示。

表 7-5　服务可用性的计算

测量	计算	实例
可用性/%	$\dfrac{\sum 在线时长\times 100}{\sum 在线时长+\sum 中断时长}$	99.9%
不可用性/%	$\dfrac{\sum 中断时长\times 100}{\sum 在线时长+\sum 中断时长}$	0.1%
给定时间间隔中平均的累计中断时间/h	某一给定的时间间隔中，累计的中断时间	8.76 小时/年

除服务的可用性外，不同的服务还有不同的服务特定的参数。如数据传输服务中，BER（比特错误率）、PDU（协议数据单位）的错误率和丢失率、不可用的总秒数和丢失、衰减、噪声、失真等相关的传输参数。在移动电话服务中，有呼叫实现率、呼叫中断率、噪声、回声、失真和可用性等参数。

7.4.4　服务/技术独立参数

服务/技术独立参数通常是独立于技术和服务实现的参数，通常是用时间来衡量，如两次服务中断的平均时间（mean time between outages，MTBO）或两次故障的平均间隔时间（mean time between failure，MTBF）、服务提供的平均时间（mean time to provide service，MTPS）、恢复服务的平均时间（mean time to restore service，MTRS）、首次使用时间、平均呼叫响应时间等。这些有时称为“运行性能指标（operatinoal peroformance cretiaria)”，有些是需要在 SP 管理部门记录下来的数据，如首次使用的时间。这些参数是放在服务项目的计费中作为计费和支付款项的重要参数。因此，在交付 QoS 的过程中，监测和获得确切的时间数据，无疑是至关重要的。

服务/技术独立的其他影响因素还有计费周期、服务接入和信息传输/交付过程中的安全、和提供服务时网络连接的可选路由和冗余说明等。在很多关键使命的服务中，如电子商务环境下的大型公司和金融机构，这些因素对企业生存有着重要的意义。

另外，可接受性是一个新的技术/服务独立参数。它描述的是用户对新技术、新应用的态度，如对移动网络接入的态度。可接受性定义为实际使用某项服务的人数占该服务目标群总人数的比例，它也作为用可用性来衡量客户满意度的另一种选择方法。

7.4.5　SLA 参数框架与 SLA 的服务层次的关系

综上所述，SLA 的服务大体可分为网络服务和业务服务两层。SLA 服务层次和 SLA 参数框架的关系如图 7-48 所示。

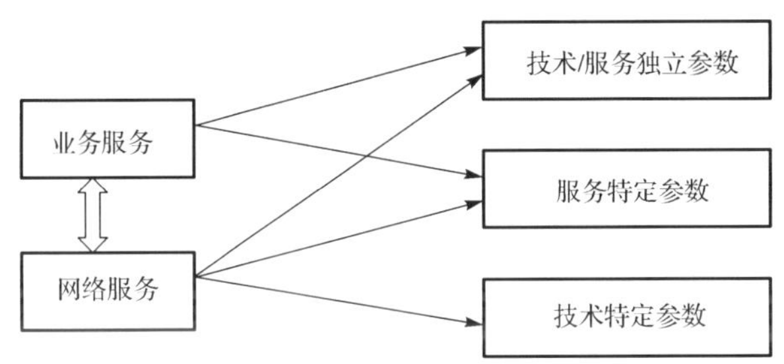

图 7-48　SLA 服务层次与 SLA 参数框架的关系

在衡量业务服务时，可以直接使用技术/服务独立参数和服务特定参数；在衡量网络服务时，可以直接使用三类参数。一般来说，业务服务使用的是服务特定参数，但网络服务并非只使用技术特定参数，具体使用哪种参数要看网络服务到底是实现的是使能性功能还是主要功能，如图 7-49 所示。当网络服务扮演使能性功能时，网络服务是作为上层业务服务的支撑，这时网络服务应该使用技术特定参数。当网络服务扮演主要功能时，网络服务本身也直接作为一种服务，例如，向下层或同层提供服务，这时网络服务使用的是服务特定参数，并且服务特定参数和技术特定参数就保持一样。至于技术/服务独立参数因为是支持网络服务和业务服务实现的参数，所以无论是网络服务和业务服务都可以使用。

当然，如果服务本身就使该服务具有服务能力的技术，那么它的服务特定参数和技术特定参数就是一样的。ATM 就是一个很好的例子，它既是一种服务，又是一种支撑上层业务服务的网络技术（如基于 IP 的传送服务、基于帧中继的传送服务、基于电路的传送服务）。因此，表 7-4 所示的 ATM Cell 交付服务的参数类型中，不区分服务特定和技术特定参数。

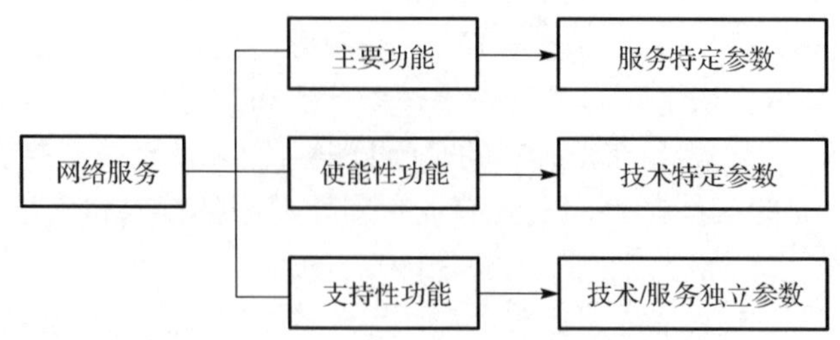

图 7-49　SLA 服务的功能与 SLA 参数框架的关系

7.4.6　SLA 参数框架与 KQI/KPI 的关系

把服务特定参数映射成便于测量和产生报告的技术特定参数有一定的难度。由于这个原因，传统的 SLA 几乎把关注点都放在了下层承载网络服务的性能上。不过，随着以服务为中心的管理趋势的加速，SLA 开始把关注重点放到服务质量的角度上而不仅仅是网络性能的角度。

GB 923[164]引入新的表征服务的指标，称为关键质量指标和关键性能指标（key quality and performance indicators，KQI/KPI），它们给出了应用或服务的性能的某些方面的量度。一个 KQI 是服务的某个方面的服务质量的直接量度，它是由多个称为 KPI 的度量因子决定的。这些 KPI 度量因子是支撑该服务的服务资源（网络的或非网络的）和下层服务的性能的量度。由于一项服务或应用是由一系列服务元素支撑的，所以计算该服务的某个特定的 KQI 可能需要多个不同的 KPI。也就是说，一个 KQI 可能对应多个 KPI。引入 KQI/KPI 概念的重要性在于服务提供商可以把关注的重点放在服务质量上面，以服务质量为中心，而服务质量是通过一定关系映射为服务性能来衡量的。如图 7-50 所示。

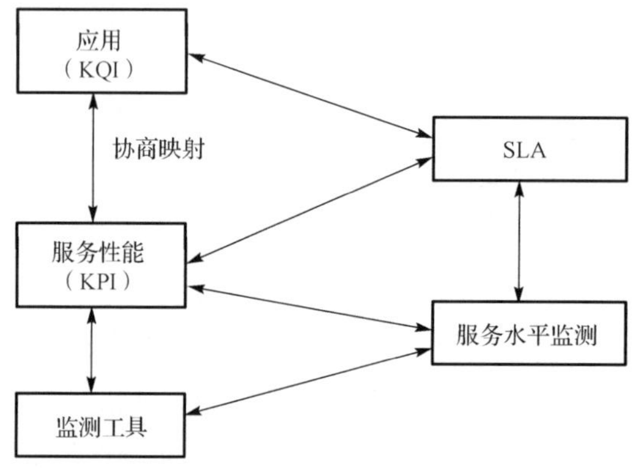

图 7-50　KQI，KPI 和 SLA 的关系

图 7-50 中，KQI 是由 KPI 参数聚合而成，一个 KQI 至少有一个 KPI 作为它的数据源，一般情况下，一个服务的 KQI 是由多个 KPI 聚合而成的。对于服务的某个 KQI

参数，不同的用户可以根据自己的关注点，要求服务提供商用不同的 KPI 来与之映射，这也是 SLA 协商、谈判的重要内容[164,165]。

在 SLA 中，决定应用或服务的 KQI 是十分重要的。把 KQI 映射为可直接测量的 KPI 后，才能对服务质量进行衡量。KQI 可以先从通用性的角度去考虑，然后再运用到某种特定的应用或服务中去，根据具体服务的特性而定。通用的 KQI 可以是可用性、语音或视频质量、响应时延、处理速率、连接时间等。对企业来说，关键是服务产品主观的感受质量（quality of experience，QoE），它描述了客户在使用服务或产品的过程中体验到的主观性感受。把它转化为客观性的 KQI 衡量标准，然后逐级映射为业务服务、网络服务的可测量的性能参数 KPI。只有这些可测量的参数才便于在 SLA 当中进行定义，并进行监测和生成报告。这样，就可以用服务的 KPI 通过一定的关系聚合形成相应的 KQI，通过 KQI 来对服务产品的服务质量进行综合评价[166,167]。

SLA 的参数框架和 KQI/KPI 都是有效的 SLA 参数。只不过 KQI/KPI 对服务质量（对应 KQI 参数）和服务性能（对应 KPI 参数）进行了区分。KQI 参数是与客户感受（如满意度）相关的服务质量的客观性衡量指标，而 KPI 参数反映地是服务本身的性能情况。因此，可以将两种模型结合起来使用，如表 7-6 所示。

表 7-6　SLA 参数框架与 KQI/KPI 的结合

服务角度	服务参数类型		
	技术特定	服务特定	技术/服务独立
单用户角度	服务 KPI ←	服务 KQI	支持性功能的性能参数
整体角度			

7.4.7　服务降级

服务降级（service degradation）是指服务仍然可用，但是相对以上参数在 SLA 中的值，其参数值已经有所下降了。发生服务降级的影响因素主要是跟服务可用性参数有关的。一般来说，随着设备的老化和外部影响的干扰，网络和服务性能会不可避免地发生变化。此外，在支撑网络中非预期的大规模拥塞也会削弱服务。一些不可预测的事件，如山洪、飓风、地震或某些有意的行为，甚至可能导致服务的崩溃。仅是提供网络资源本身是不足以保证合同性能的可持续性的。监测和管理 SLA 中说明的性能因子有利于保持客户的满意度和忠诚度，有利于避免 SLA 的违例和处罚。监测需要发现和定位服务降级的起因。这需要监测所有的性能等级和所有的服务过程，并非只简单地关注其来源和目的地[168,169]。

7.5　SLA 的监测

SLA 的监测是 SLA 生命周期管理中的重要内容。正如前面所述，不管是由 SP 自己执行的服务还是由供应商/合作者执行的外部服务，都需进行全程监测。监测的目的，一方面是根据 SLA 合同的需要，监测服务 QoS 参数的执行情况，获得相应的性能数据，从而生成服务性能报告（图 7-51）[166]，保证对服务的评价做到有据可依，有助于预测长期的服务能力；另一方面是保证服务的可用性及可靠性，如果服务出现故障或中断，则需及时发出警告，SP 立即采取行动，进行故障恢复或中断处理。性能报告记录的是服务执行和监测的情况。报告的时间和频率依服务的类型和特征而定。某些服务实时监测、记录监测数据，但不需实时提交报告。对正常运行的情况，可以累积一段时间后，再提交报告。而对某些突发情况，如服务出现故障、中断的情况，则需及时报告，以备 SP 发现情况并及时处理，确保服务可用性达到 SLA 的规定。

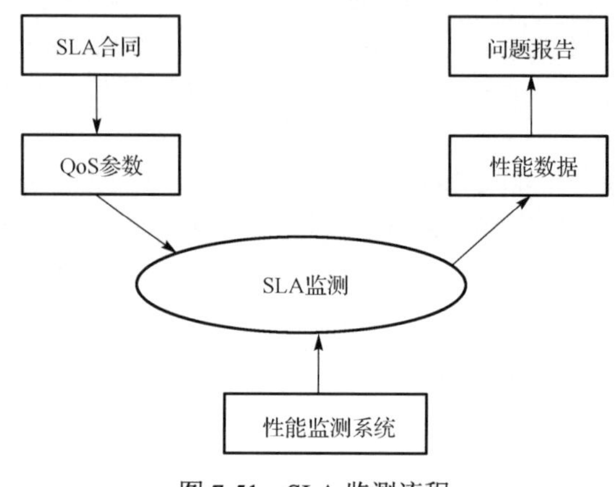

图 7-51　SLA 监测流程

7.5.1　QoS 和网络性能

SLA 的服务包含业务服务和网络服务两部分，监测必须通过底层的网络服务来检测、采集与服务有关的性能数据，并将这些数据映射成 QoS 参数，以确保 QoS 确实达到了预定的要求，如图 7-52 所示[82,169]。

通常，用户对服务提供商所提供服务的满意程度取决于服务质量，包括支持性能、可操作性能、服务性性能和安全性能等服务性能。其中，服务性性能是最易被影响的性能，它又进一步划分为服务可达性性能、服务可维护持性能和服务完整性性能。所有的服务性性能又都基于网络特性，依赖于网络通行度性能和其影响的资源和设备因素、可信性（dependability）和传输性能（transmission）。通行度性能（trafficability performance）由丢失和时延进行描述。可信性是可用性（availability performance）、可靠性（reliability performance）、可维护性（maintainability performance）和维护支持性能（maintenance support performance）的结合，并与各种状况下网络执行所要求功能的能力相关。传播性能（propagation performance）是传输性能的一个子集，指在容忍限度内传输介质传输信号的能力。资源和设备相关的网络性能包括规划性能（planning performance）、供应性能（provisioning performance）和相关的管理功能（administrative function），强调了网络规划和供应等方面对于整个服务质量结果的影响[82]。

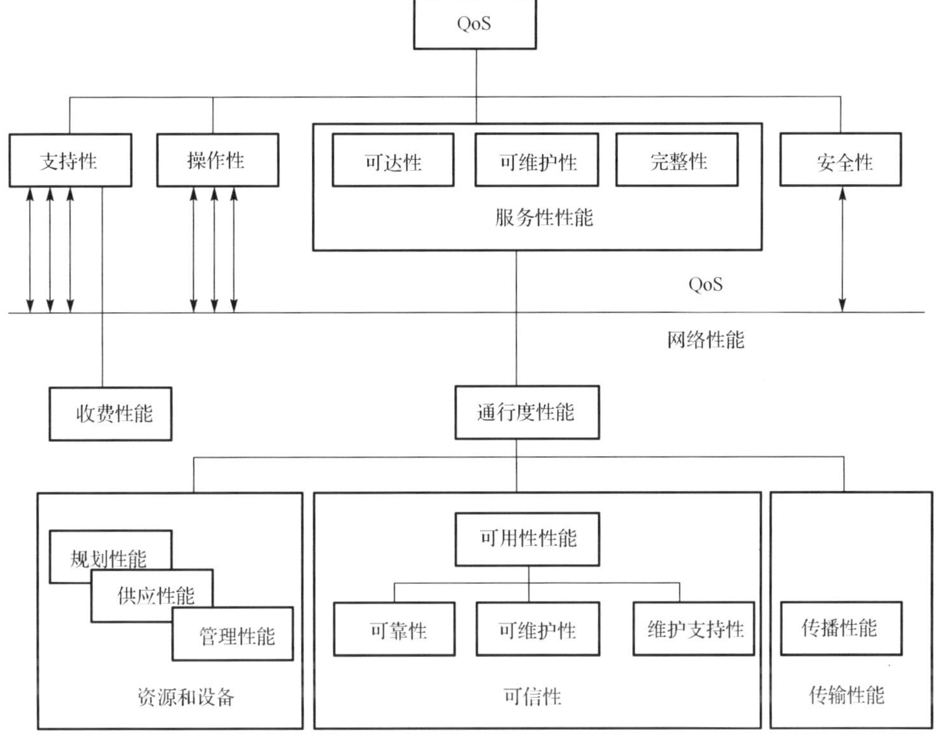

图 7-52　服务质量与网络性能

网络性能（network performance，NP）是网络或网络的一部分提供与用户之间通信相关的功能的能力，是网络本身特性的体现。网络性能取决于网络提供商的规划、开发、运营和维护，除去了服务支持性能和人为因素，是 QoS 的技术核心部分。网络性能是对服务性性能的主要影响。网络性能测量对于网络提供商是非常有意义的，并且在它们所应用的网络部分是可计量的，可以由一系列的性能参数进行测量和描述。而服务质量测量只能在服务访问点进行计量。服务提供商合并网络性能参数得到相应的 QoS 参数，使其既符合自己的经济利益，也考虑了用户的满意程度。通常，这需要在经济利益和 QoS 之间进行折中。网络性能度量（network performance metrics，NPM）和 QoS 之间的本质区别是：QoS 是面向用户的，而网络性能是面向网络运营商的。因此，QoS 集中于用户感知的影响，网络性能集中于向用户提供业务的网络效率。QoS 度量基于端到端的基础；而网络性能度量是网络部分边缘之间的联系。

例如，目前的网络服务，包括租用线路服务、IP 虚拟个人网络、DSL 服务和帧中继服务等，其网络服务的 QoS 参数包括可用性、传送率、响应时延、带宽、MTBF 和 MTRS 等。而其网络性能的度量（NPM）包括可用性、丢包率、时延和利用率等。其中，NPM 中的可用性是指网络管理层的连通性和功能性，也就是网络设备的物理连通性和相关网络设备是否能正常工作。丢包率包括单向丢包率和往返丢包率，时延由单向时延、往返时延和时延方差组成，如图 7-53 所示。QoS 参数是 SLA 监测的目标，需要 NPM 测量网络性能来保证 QoS 参数[166]。

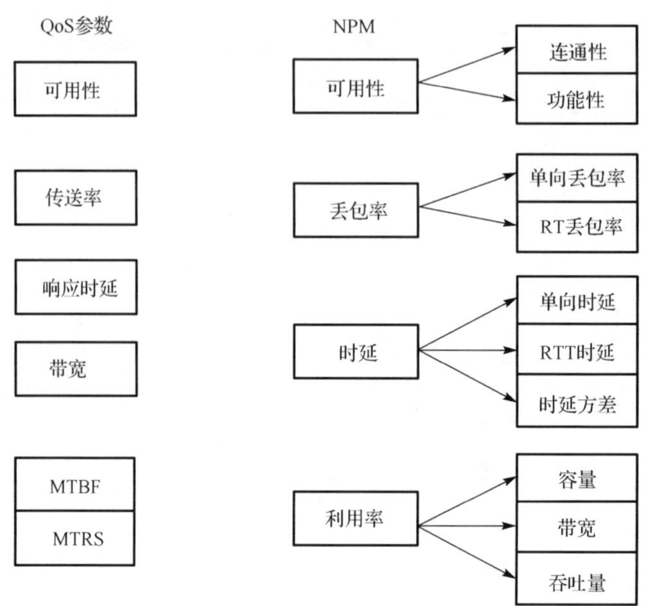

图 7-53　网络服务的 QoS 参数和 NPM

7.5.2　网络性能数据的采集

网络性能监测是测量 NPM 值的过程。NPM 采用各种不同的网络监测技术进行测量。传统的测量方式主要有三种：主动测量、被动测量和使用 SNMP 代理的方式。

（1）主动测量。主动测量指的是由监测程序的客户端按照一定的时间粒度构造一些虚拟的请求数据包，并且记录完成这些请求所需的时间等信息，通过这样的办法对某个具体服务的性能进行监测。目前计算机系统为一些 NPM 的测量提供了简单的主动测量工具，例如，Ping 和 Traceroute，但是 Ping 程序得到的信息仅仅能够用来判断探测点到服务器的连通性，以及服务器是否启用，还需要借助其他监测程序的客户端获得信息来判断服务器上某个具体应用服务是否可用。

（2）被动测量。对服务响应时间进行主动测量会为服务器带来额外的负载。当服务器有可能成为网络资源的瓶颈时，网络供应商一般会暂时停止这种主动测量，而是尽可能地利用服务器本身的一些信息来实现对应用服务性能的监测。被动测量方法主要借助于在网络、服务器以及服务应用组件中的代理，通过跟踪方式获取信息。这种测量方式不需要模拟网络通信，因此对网络系统影响较小，真实地反映了网络的服务质量。除此之外，它还能准确地描述网络中资源使用和服务运行情况。

（3）SNMP 代理。大多数数据网络管理系统软件提供了对 SNMP 的支持。系统通过使用嵌入到网络设备中的代理软件来收集网络的通信信息和有关网络设备的统计数据。代理软件不断地收集统计数据，并把这些数据记录到一个管理信息库（management information base，MIB）中。网络管理员通过轮询方式向代理的 MIB 发出查询信号可以得到这些信息来评价网络的运行状况，先进的 SNMP 网管甚至可以通过编程来自动关闭端口或采取其他矫正措施来处理历史的网络数据。

一般来说，丢包率、时延和连通性主要通过主动方式测量，利用率和吞吐量通过被动方式测量，功能性和吞吐量通过 SNMP 代理测量。

7.5.3　数据采集的实现

ASP Industry Consortium 对 SLA 进行了分类，它将所有与网络性能相关的数据分为了三大类：网络链路信息、应用服务性能以及服务器设备状态。通过网络链路和设备的监测、应用服务的监测和服务器的监测，可从网络层、传输层和应用层对整个网络进行实时监测，实时了解网络的运行状况[166]。

（1）网络监测。网络监测的对象主要包括网络链路与网络设备。对于网络链路的情况一般采用主动测量方式，根据 ICMP 协议，自定义数据包的大小以及个数，在一定的时间间隔内向被测站点或被测线路上的某一站点连续地发送 ICMP 报文，然后根据在一段时间内的响应时间和丢包率、路由信息等，来分析端到端的网络链路性能。

对于网络中的主要设备，例如，路由器、交换机等，则主要通过读取 MIB 库来获得信息，使用 RFC 中的标准 MIB。系统直接向管理节点的代理发送请求，查询 MIB 库中的相关信息字段，可以采集到所有支持 SNMP 协议的网络设备的相关硬件信息和目前的运行性能状态信息。

（2）网络应用服务监测。在保证应用服务不受影响的前提下，考虑测量的实时性和准确性的要求，对于应用服务质量的数据采集应当采用以被动测量为主，辅以主动测量的方式。通过主动测量，模拟客户端请求应用服务来获取相应应用服务的可访问性。对于应用服务性能的具体性能参数（如服务响应时延），则通过被动测量方式进行采集、分析后获得。被动测量中的关键性技术主要集中在数据包的监听和对数据包的数据结构分析上。

① 数据包的监听。

Cisco 的 NetFlow 和 Sniffer 技术是目前比较重要的数据包监听机制。这两个方法都可以在网络中的指定结点测量数据流的特性，让网络供应商获得关于数据包的详细信息。其中，Cisco 的 NetFlow 将网络中特定的源地址与目的地址间单向的数据包定义为网络的数据流。这个数据流还可以根据传输协议、输入接口和 IP 报头 ToS 域的值进一步分类选择。在选择中包含 ToS 域的值，使 NetFlow 能够将数据包按不同的服务等级分类。Sniffer 技术就是通过使 NDIS（network device interface specification，一种能够使简单的网络接口控制设备支持多种协议的 Windows 设备驱动程序接口）驱动程序工作于混杂模式下来监听数据通信。对于混杂模式的设定，主要通过修改网卡的接收结构寄存器（RCR）来完成，将其中的 PRO 字段设定为 1[166]。

需要指出的是这种分析应用服务性能的方法并不是一个实时的处理过程，而且用这样的方法分析数据包的内容需要较快的处理速度和较大的内存。它的优点是网络供应商可以在任意时间对网络中数据包进行跟踪记录，然后分析网络应用服务的响应时间，确保它们遵循 SLA 要求。

② 数据包的数据结构分析。

监听得到的数据为数据链路层的数据帧，按照实际运行网络中的 TCP/IP 协议模型，依次从下至上剥离每一层数据单元中的头部信息，通过解析其中的字段信息来完成数据的简单统计分析。数据的分析主要集中在应用层和网络层上完成。在网络层上，剥离底层的 MAC 帧的首部和尾部字段取得 IP 数据包，对 IP 数据包包头进行分析，取得相关的源 IP 地址与目的 IP 地址、服务协议以及时间等字段信息。服务协议字段指出了此数据包携带的数据所使用的协议[166]。在传输层与应用层的接口处，UDP 和 TCP 均使用端口与上层的应用进程进行通信。对于 UDP 来说，它采用无连接形式，所以只能简单地通过统计 UDP 数据包的发送和接收信息，来计算应用服务总的服务时间统计平均。对于 TCP 来说，它是面向连接的，在每一次面向连接的通信中都要进行 session 连接的建立和释放，通过 TCP 数据包首部字段中的同步比特 SYN 是否为 1 来判断是否发出请求，记录相应的时间信息，监测三次握手过程后，来测量 TCP 连接建立的时间。对于连接建立后数据传输过程中的数据匹配则通过 TCP 报文首部中的发送序号和接收序号实现。对于同一发送序号的 TCP 报文，从第一个接收到的字节开始计时，直到所有的字节均被接收，停止计时，两次时间差即为总应用服务的服务时间，通过所有不同发送序号的字节所获得的总应用服务时间的统计平均，将真实反映应用服务的服务性能。在应用层上，通过解析 TCP 和 UDP 报文中的端口信息字段，可以分析出具体的应用服务业务类型，根据不同的应用服务协议，来分析其性能。

（3）服务器性能检测。服务器的监测主要了解网络服务器的运行以及服务器系统资源的使用情况，它通过在服务器上安装的软件代理来实现，采用被动测量方式。服务器性能监测的参数主要包括 CPU、硬盘、内存、进程等，主要用来监测各种操作系统下服务器的运行状况。

7.5.4 QoS 参数与 NPM 的映射

目前各种 NPM 采集的技术已经非常成熟，可以通过各种网络性能监测工具直接获得，但是不能直接将这些数值作为 QoS 参数。服务提供商与用户之间的合同通过 QoS 参数来履行，而网络性能通过 NPM 来测量。换句话说，在测量 QoS 参数之前必须决定每一个 QoS 参数对应的 NPM。一个 QoS 参数可以映射为一个或者多个 NPM，这种映射机制取决于服务类型。服务质量信息应该表述为用户友好的形式——QoS 参数，而不是直接使用 NPM。因此，在 SLA 监测中有必要将测量得到的 NPM 转换为 QoS 参数。QoS 参数与 NPM 之间的映射分为测量映射和评估映射两个部分。

（1）测量映射。测量映射是多个 NPM 到一个 QoS 参数的确定过程，如图 7-54 所示为网络服务中 QoS 参数与 NPM 的映射实例。QoS 参数中的可用性映射到 NPM 中的可用性。QoS 参数中的传送率对应于 NPM 中的丢包率和时延，但这取决于网络服务提供商的决定。QoS 参数中的响应时延意味着 NPM 中的时延，QoS 参数中的带宽通过 NPM 中的利用率测量。利用率指链路吞吐量的百分率。与这些技术细节的参数相比，MTBF 和 MTRS 无法直接从 NPM 获得，因此服务提供商通过计算 NPM 违例发生的时间间隔来获得这些 QoS 参数。

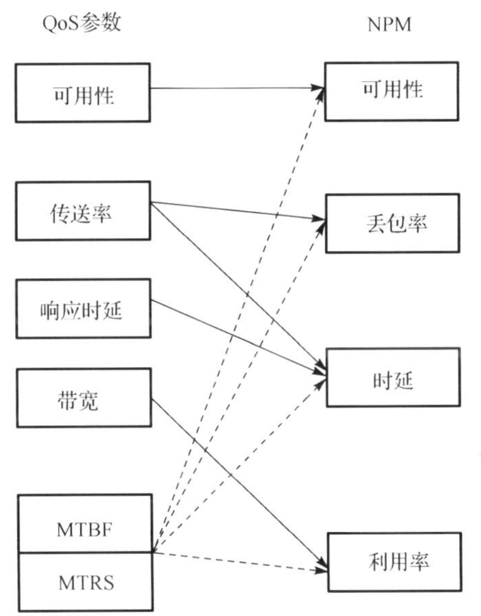

图 7-54　网络服务的 QoS 参数和 NPM 的映射实例

（2）评估映射。评估映射是完成测量获得的 NPM 值到 QoS 参数值赋值功能的映射。如式（7-1）所示中 QoS 的可用性参数评估映射实例。

$$\text{可用性} = 100 - \frac{\text{设备无效时间}}{\text{总监测时间}} \times 100\% \tag{7-1}$$

QoS 参数中的可用性意味着网络服务的连通性和功能性，因此，当某个网络设备发生故障或者出现了断路时，通过测量不可用的时间，然后将测量结果代入式（7-1），来获得 QoS 参数的可用性。

测量映射和评估映射是 SLA 监测的关键点。映射机制完全取决于服务的种类。当

QoS 参数对应的 NPM 确定后，NPM 的值可以通过某种网络监测方式获得，然后将测量获得的值代入评估映射中的评估函数，获得具体数值后，可以评定 SLA 中的 QoS 参数。

7.6　SLA 的评价

综合 SLA 管理的难题是对所有相关的网络数据、业务数据和用户数据进行有效管理。这需要收集来自不同层次的大量原始数据，并进行关联处理、计算和管理。SLA 指标评价体系如图 7-55 所示。在单个 SP 的前提下，资源管理层、业务管理层和用户管理层数据的采集、分析、计算及各层间的传递构成 SLA 指标评价体系[155]。

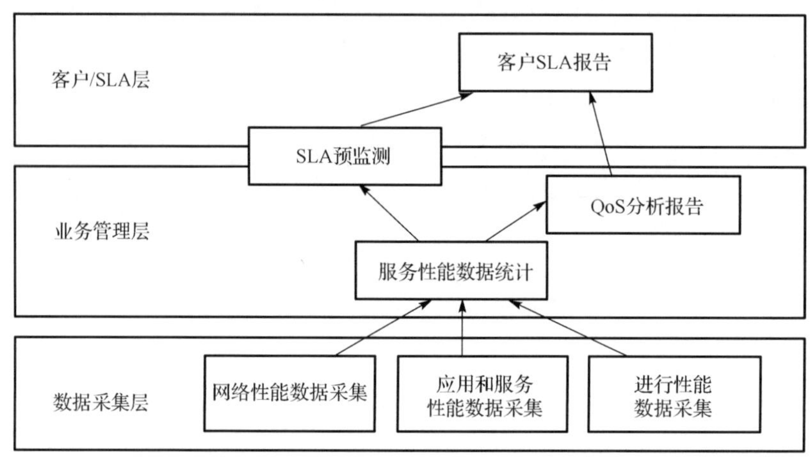

图 7-55　SLA 评价体系

数据采集层负责数据的采集测量、过滤和计算，生成影响 SLA 的端到端的数据，包括网络性能数据采集、应用和服务数据采集，以及进行性能数据采集，向其上的业务管理层发送网络性能通知、流量通知、网络故障通知、网络故障清除通知。

业务管理层负责数据分析和计算，向其上的用户管理层发送网络性能报告、网络性能降级通知、网络性能降级报告、流量通知、故障通知、故障清除通知。

客户/SLA 层负责数据分析和计算，生成发送给 SP 和用户的各类 SLA 质量评价报告。因此，对 SLA 的评价，可以从监测的功能和报告的功能两方面分析。

7.6.1　SLA 监测的功能分析

SLA 监测功能在 SLA 的评价中处于最重要的位置。分析 SLA 的监测功能，可以从以下几个方面入手。

1）SLA 监测的服务性能数据来源

具体来说主要有如下几个来源。

① 用户满意度调查。用户的满意度也是 SLA 监测的一个重要方面，用户的感受和投诉能从用户的角度来看待服务，能够发现 SLA 检测中存在的实际问题。

② 测试性应用程序。通过使用测试性的程序来获取服务性能数据，如常见的 ping。测试性应用程序，虽然受制于测试程序在网络中的位置，以及测试软件的软件性能，而且经常只能获得间接性的数据，但在某些时候却是不可缺少的。

③ 基于用户的监测代理。从用户端的代理获取服务性能数据。理论上这种方法在用户接入点安装代理，从而获取性能数据是非常精确的，但实际运用中，服务提供商很难采取在用户接入点安装代理的方式。一是因为不同的用户软硬件条件不同，服务商必须针对不同的用户条件来开发相应的软硬件，而这些软硬件的开发维护费用是非常庞大的。二是因为在用户端安装代理，会给用户带来不必要的系统和网络开销，并非每个用户都情愿安装服务商提供的软件。三是在用户端安装代理，存在安全隐患。如果代理被用户破解或者遭受病毒和和黑客攻击，可能造成从代理获取的数据不准确，直接影响监测的真实性和最终 SLA 报告对服务等级的评定。

④ 基于服务器的监测代理。从服务器的代理获取服务性能数据。在服务器方面，几乎所有主流的服务器硬件都提供了代理功能，但是由于服务器提供的服务千差万别，从服务器硬件代理获取的服务性能数据可能并不完整，有时还是需单独提供一个代理安装在服务器端。

⑤ 基于网络的监测代理。从网络设备的代理获取服务性能数据。这种方式无疑是最方便的，服务提供商对网络的改造也最小，因为现有的网络设备几乎都自带网络管理的代理，如最常见的 SNMP 代理。服务提供商在获取服务性能数据时，直接读取就可。但从网络端获取的数据与用户端的感受还是有一定差距，即使是在用户的接入设备来监测数据也不能保证对服务的分析完全正确，这时用户感受还是非常重要的。

在五个来源中，测试性应用程序，基于服务器的监测代理和基于网络的监测代理最为常见。如果要在实际的系统中选择采集的来源，还是应该从测试性应用程序，基于服务器的监测代理和基于网络的监测代理这三者入手。用户满意度由于存在主观的误差以及用户的监测代理在实现上存在一定难度，都只能作为次要考虑的对象。

2）服务性能参数采集方式

服务性能参数的采集方式主要有两种。

① 基于事件的获得。这种方式是以事件的方式获得数据，最常见的就是 SNMP 的 trap 方式，这种方式是一种实时（real time）的方式。

② 基于采集周期的获得。这种方式，相当于轮询。这种方式按照一定的采集周期对网络进行服务性能数据采集，这是一种近似实时（near-real time）的方式。

7.6.2 SLA 报告的功能分析

在服务具备性能数据的可量化后，实现 SLA 协定的可量化还应包括报告的生成和递交。报告的生成与递交可能在两个时间段发生。一是反映服务性能的 QoS 报告，二是在 QoS 基础上依据 SLA 合同产生的 SLA 报告，主要是对服务等级进行评定，并处理违例等相关情况。如果从用户和服务提供商的角度来说，QoS 报告也可称为内部报告，SLA 报告也可称为外部报告。性能数据收集起来后按照一定的时间间隔先形成一个内部报告。该内部报告可用于服务提供商对系统性能进行内部诊断以及进一步生成给客户的 SLA 报告。为了适应服务提供商内部流程和手段的需要，供服务提供商内部使用的报告的形式可以和提供给客户的正式 SLA 报告不同。在内部报告中，设定的不违例阈值可能比在 SLA 合同中规定得更加严格，以保证在违例情况发生前有机会采取纠正措施，避免合同中规定的违例情况出现。同样，内部报告的产生间隔也比外部报告要短，以便服务提供商内部可以根据报告分析对系统进行不断的调整，使系统得到优化加强。外部报告应该以适当的时间间隔和协商好的格式提供给用户。外部报告中要体现所提供的服务所达到的服务水平情况，以便让客户知道服务是否达到了 SLA 合同中协商的要求[169]。

此外，SLA 报告是按计划对单个 SLA 合同中的客户 QoS 进行周期性回顾和评估时生成的，QoS 报告是服务提供商在进行整体质量目标和风险管理时生成的。这两个活动在服务提供商中有不同的用法。客户周期回顾主要是对客户服务质量、客户对服务质量的满意度、潜在的改进、变化的客户需求等内容进行回顾和评估。而服务提供商在进行整体质量目标和风险管理时，主要是对所有客户的整体服务质量进行评估，以支持业务目标和业务运行维护流程的调整，找出服务支持中的问题，产生不同的 SLA 等级。

第 8 章　云计算的服务等级协议

云计算的服务等级协议（cloud computing service level agreement，CSLA），是云服务提供商和客户之间的合同，用于说明服务在可用性、性能和其他可测量目标方面期望达到的服务等级，确保在合同期限内，双方约定的服务质量水平能正确执行和实现[170]。服务等级（service level）是一组预期的、隐含的服务质量。服务质量是用户使用云服务的总体效果，这些效果决定了一个用户对该云服务的满意程度。服务等级反映地是提供商将资源交付给客户使用的服务质量的水平，是在资源交付的过程中，也就是提供商的资源转化成客户的服务的过程中，所实现或达到的服务质量的程度。如 Google App 用每月执行时间百分比来描述服务质量，保证每月执行时间的百分比为 99.9%[171]。这里，资源（resource）是构成服务（service）的基本模块[157]，由提供商控制和管理。提供商将不同的资源及资源量，以多种方式组合成不同等级（level，或称为层次、级别）的服务，提供给客户使用，如表 8-1 所示。对客户来说，客户使用的是服务，资源对客户是不可见的，但资源是计量服务性能及其所达到的服务层次的关键要素。因此，资源的等级与服务的等级是不同的。资源的等级是资源在交付给客户使用之前，提供商根据资源的性能，从低到高，划分为几个级别，同一级别提供相同的性能。它是提供商根据客户对服务性能的需求，将资源划分的等级。资源的等级包含了资源性能的大小、质量的高低，在一定程度上也反映了服务质量的等级，如 Amazon S3 依据每月的数据存储总量（GB）提供标准存储和去冗余存储两种等级，其存储服务的质量分别为可靠性达 99.999999999%和 99.99%[172]。标准存储和去冗余存储是 S3 提供的两种存储资源的等级，99.999999999%和 99.99%是标准存储的服务等级。这意味着在租用 S3 的标准存储，其服务可靠性（服务质量用可靠性来衡量）保证为 99.999999999%；租用 S3 的去冗余存储，其服务可靠性保证为 99.99%。

表 8-1　GCE 计算实例的等级

配置	虚拟内核数	内存/GB	本地硬盘/GB
小型	1	3.75	420
中型	2	7.5	870
大型	4	15	1770
超大型	8	30	2×1770

然而，保证的服务质量与最终实现的服务质量有时候是存在差距的[115]。尽管

Amazon 单方面保证 S3 标准存储的可靠性达 99.999999999%，但在实际交付使用的过程中，由于 S3 自 2006 年推出以来，多次遭遇了服务中断的情况，其可靠性往往无法实现 99.999999999%。这就意味着，提供商提供的服务质量与提供商实现的服务质量之间是存在差距的，而提供商实现的服务质量与客户感知到的服务质量之间也是有差距的[115]。因此，为了明确双方评价服务质量的细则，避免双方对服务质量的误解和因此产生的纠纷，客商之间往往以签订服务等级协议的形式，来保证客户方面的服务质量，或保证服务质量在不达约定标准的情况下，客户所能获得的提供商的赔偿。

本节根据《云计算用例白皮书 4.0》所列举的云计算服务等级协议的内容，分析当前 Amazon，Google 和 Microsoft 所提供的云计算服务等级协议，并对其进行比较研究。

8.1　云计算 SLA 的内容

《云计算用例白皮书 4.0》列举了云计算 SLA 应当包含的内容[170]。

（1）提供商所提供的一套服务的描述。如“Amazon EC2 是一个可在云端调整计算能力大小的网络服务”，“Google App Engine 是一个可创建应用程序的、易于管理和扩展的 Google 平台”，“Windows Azure 是 Microsoft 的 PaaS，是一个可开发和运行应用程序的平台，该平台可根据业务需求快速扩展或缩小”。

（2）对每项服务完整且详细的定义，包括专业术语的定义和说明。

（3）提供商与客户的责任。如 Amazon EC2 SLA 中描述“保证 Amazon EC2 每年正常运行时间的百分比不低于 99.95%，如果 EC2 没有实现承诺，客户将获得相应的服务折抵”。

（4）一套确定提供商是否按承诺交付服务的标准体系。为完整且详细地定义每项服务，提供商必须明确服务等级及服务目标（service level objective，SLO），因为 SLO 可客观地定义服务的可观测、可测量的条件，这是服务质量保证和服务定价的重要依据。如 Amazon S3 将存储分为 6 个等级，每个等级又依据存储的可靠性划分标准存储和去冗余存储（reduce redundancy storage）这两个子等级，前者的服务目标为数据存储的可靠性达 99.999999999%，后者的可靠性达 99.99%。不同的用例、应用程序以及数据类型具有不同的服务等级及服务目标。SLO 可以是吞吐量的参数、数据流的频率和时间、虚拟机以及其他资源和实例的可用性百分比等，如可靠性的百分比是衡量 Amazon S3 存储服务目标的参数，每月执行时间百分比是衡量 Google App 服务目标的参数。同时，在众多 SLO 中，可以根据重要性排列 SLO，如可用性比响应时间重要。当提供商无法同时交付和实现这两个 SLO 时，客户选择的是可用性而宁愿忍受较久的响应时间。

（5）一套监测服务的审核机制。为了衡量所交付的服务是否达到了预先 SLA 规定的 SLO，必须要对服务的执行进行监测与测量，并向客户提供监测报告。监测与测量是基于 SLO 来收集和处理云服务执行的相关信息。提供商和客户均可以通过监测云服务来管理和使用云服务。提供商可用其进行基础设施或其他管理决策。如吞吐量无法持续满足客户需求时，提供商可根据提供服务和使用服务的监测情况，提前预测下一步可能会出现的问题，并提前分配带宽或增加更多的硬件。客户可以通过监测来决定如何使用云服务。如在某一价位上，可以考虑是否增加更多的虚拟机或购买更多的存储空间。

（6）在不满足 SLA 条款的情况下，客户及提供商可采取的补救措施。Amazon，Google，Microsoft 等云计算服务供应商均采用“服务折抵”（service credit）的办法来补偿用户，即在完全支付本月或本计费周期的账单之后，对下月或下个计费周期的账单给予一定的服务折扣，折扣的程度根据服务未实现的程度来确定。如 Google 定义三种折抵等级，折抵下个计费周期的使用天数（即下个计费周期可免费使用的天数）是 3 天、7 天和 15 天。Amazon 和 Microsoft 折抵的是下个计费周期费用的百分比。其中，Amazon EC2 折抵等级只有一种，百分比为 10%，Amazon S3 和 Microsoft Windows Azure 的折抵等级为两种，分别是 10%和 25%。

（7）SLA 如何随时间变化，说明 SLA 生效的时间、终止时间。

目前 Amazon，Google 和 Microsoft 所提供的云服务的 SLA 中，尚未对 SLA 的版本如何随时间而更新的情况进行说明、未对服务进行相关的描述、未确定其监测服务的审核机制。但提供商在云服务的主页中详细介绍了服务的性质、功能及其相关的情况。客户如果需要使用云服务，须首先在各提供商的云服务主页中了解、比较各服务功能、内容及价格等，然后根据自己的需求，选择相应的提供商及其云服务，签订 SLA，作为服务质量的承诺与保证。

8.2　云计算 SLA 的需求

在定义 SLA 条款时，提供商或客户都会考虑与某项云服务有关的要素，如 SLO、双方的职责、服务维护、数据存储的位置、区域、业务连续性或灾难恢复的能力、系统冗余、代理商和经销商等。因此，所定义的云计算 SLA 要明确以下需求[170]。

（1）安全：客户必须了解自身的安全需求，需要什么控制与联合模式来满足这些要求。而提供商必须了解他们需要向客户交付哪些服务内容以确保相应的控制与联合模式。

（2）数据加密：数据在活动以及闲置时必须进行加密。SLA 必须指定加密算法的细节以及访问控制策略。

（3）隐私：基本隐私问题包括数据加密、保持、删除。SLA 要说清云服务提供商如何在多企业架构环境中隔离数据和应用。

（4）数据保持和删除：SLA 中必须明确提供商是如何遵守保持规则和删除策略的。如提供商应在 SLA 中说明，数据存储在哪个数据中心，如何收费。

（5）透明度：对于关键数据和应用，当违反了 SLA 条款时，提供者必须主动通知客户。这包括类似停电、断网和性能问题之类的基础架构问题，以及安全事件。

（6）关键性能指标术语的定义：标准化性能、术语，避免歧义和误解。常用的关键性能指标如“每月执行时间的百分比”，如 Google Apps 定义“每月执行时间百分比”=（月历的总分钟数–月历中停机期的总分钟数）/月历的总分钟数，Amazon S3 定义的“每月执行时间百分比”=100%–出错率。除此之外，定义中还必须明确定义何为“停机期”（downtime），何为“出错率”（error rates）。

（7）监测：是否需要指定第三方组织来监测服务的执行。Amazon 提供 CloudWatch 服务，根据实际使用量、监视程序执行事务的间隔和收集数据的周期而按月计费，如提供免费的基本检测服务，监测频率为 5min，而详细监测服务的监视频率则为 1min，每月每实例收费 3.5 美元。

（8）度量标准：是在事中可监测，事后可审计的有形事务。SLA 的度量标准必须进行客观而毫不含糊的定义。常用的公共度量标准有吞吐量、可靠性、负载均衡、耐久性、伸缩性、敏捷性、线性、自动化和客户服务响应时间等。目前提供的云服务中，“每月执行时间百分比”是最重要的度量标准，它还涉及其他的度量，如停机时间、停机周期、错误发生率、联机中断时间等。并且，对可靠性的说明必须要准确无异议。可靠性是常用的度量标准，不仅涉及服务等级的目标，还涉及服务的计费、服务的赔偿等多个方面。因此，提供商除了用多个“9”如 99.99999%来说明可靠性程度，还应该用清晰、明确的词语说明一年中或一个月中停机的时间或不可用的时间不应超过多少，如 5min 或 1h。

（9）数据审计：任何导致数据或可用性缺失的违背 SLA 的事件，客户均可提出赔偿要求，前提是客户能够提供审计的系统和程序。SLA 应当明确如何以及何时进行审计。因为这会给客户的损失带来补偿，而给提供商却带来破坏性和成本的增加，因此，提供商很可能要对其进行限制或收费。如 Google Apps 用户申请补偿折抵的期限是故障发生后的 30 天内，Amazon EC2 是在 SLA 期限内、故障发生后的 30 天内由用户提出申请，Amazon S3 是故障计费期结束后的 10 天内由用户提出申请，Windows Azure 是事件发生后的下一个计费月份结束前由用户提出申请。超过期限，提供商将不再受理，也不再给予赔偿或折抵。

（10）提供机器可读的 SLA：允许自动、动态选择云代理商。这也是云计算“按需自助服务”的基本特征的体现，自动代理可根据用户定义的业务标准、按需地选择云计算服务提供商。如有些用户的选择策略为“选择价格最便宜”的提供商，而有些用户的策略则为“选择安全性最高”的提供商。

（11）人工干预：尽管自助服务是云计算的基本特征之一，但有些问题总是必须通过人工干预的方式来解决的，特别是用户的帮助请求。SLA 中应说明，合同期内用户可提出帮助请求的次数、请求的费用、提供商对用户请求的响应速度等。

（12）硬件的擦除和销毁：假如云服务提供商的硬盘驱动出现故障，磁盘的盘片信息应在处理或回收该驱动之前彻底清零，否则就容易泄露数据。同理，云服务提供商应在用户关闭虚拟机之后对清零的记忆空间提供额外保护。

（13）法规：许多类型的数据和应用程序都受制于各种法规。提供商必须向用户证明其服务及行为的合法性。

（14）认证：有些专门为某些数据和应用程序提供认证的组织和机构。例如，用户可能会要求他们的提供商通过 ISO 27001 认证。同时，提供商将有责任证明他们认证的真实性，最新性。

《云计算白皮书 4.0》中提出，描述了美国国家标准和技术研究所的三种云交付模型或者称为云服务模型，即 IaaS，PaaS 和 SaaS，并指出与各模型相对应的 SLA 的需求如表 8-2 所示[170]。

表 8-2　云交付模型的 SLA 需求

需求	IaaS	PaaS	SaaS
数据加密	√	√	
隐私	√	√	√
数据保留与删除	√		√
硬件擦除与破坏	√		√
合规性	√	√	√
透明度	√	√	√
认证	√	√	√
关键性能指标术语	√		√
度量标准	√	√	√
审计	√	√	√
监测	√	√	√
可机读 SLA	√		

理想状态下，SLA 能同时保护用户和提供商的利益。但并不是每项要求在每个云计算用例场景均合适的。云计算用例场景描述的是典型的云计算用例。《云计算白皮书 4.0》描述了 7 种云计算用例场景，即最终用户到云、企业到云到最终用户、企业到云、企业到云到企业、私有云、更改云供应商和混合云。其中，“最终用户到云”是指应用程序在云端运行，由最终用户访问的场景；“企业到云到最终用户”是应用程序在公有云上运行，由员工和客户访问的场景；“企业到云”是云应用程序与内部 IT 功能集成的场景；“企业到云到企业”是云应用程序在公有云上运行，与合作伙伴的应用程序交互操作，即在供应链上的交互场景；“私有云”是由组织在其防火墙内托管云的场

景;“更改云供应商”是使用云服务的组织决定转换云提供商或使用其他提供商的场景;“混合云”是多个云协同工作，负责联合数据、应用程序、用户身份、安全和其他细节的云代理进行协调的场景。每种场景及其服务的 SLA 需求是不同的。表 8-3 给出了 7 种用例场景及其 SLA 需求。

表 8-3　云计算用例场景及其 SLA 需求

需求	最终用户到云	企业到云到最终用户	企业到云	企业到云到企业	私有云	更改云供应商	混合云
数据加密			√				
隐私	√	√	√	√	√	√	√
数据保留与删除			√	√			√
硬件擦除与破坏			√	√			√
合规性	√	√	√	√	√	√	√
透明度	√	√	√	√	√	√	√
认证	√	√	√	√	√		√
关键性能指标术语			√	√	√	√	√
度量标准	√	√	√	√	√		√
审计	√						
监测	√	√	√	√	√		√
可机读 SLA				√			

8.3　云计算 SLA 的管理

云计算是建立在互联网络基础上的、新型的 IT 服务交付方式，其参与方多、用例场景多，且角色具有多重性，商务关系更为复杂。提供商同样必须关注服务的运营过程，并把服务的重点放在客户和保证服务质量上，各商家才能够成功地竞争。云计算服务提供商同样需要 eTOM 商务过程框架来规范、集成并自动化云服务的商务运营过程，能高效地、有效地与其他实体或参与方开展商务，使通过网络实现的云服务能更多地关注客户、关注服务质量，实现其资源节约、资源共享、安全有保障等基本特征。如图 8-1 所示为云服务提供商应用 eTOM 商务过程框架来管理自身商业过程的概念结构。

图 8-1 中，可以看出，云计算服务提供商通过制定云战略，将云计算资源进行组合形成不同的云计算服务，以产品的形式提供给客户租用，如图 8-2 所示[173]为云计算服务及其产品类型，图 8-3 显示了云计算服务的用户通过开发式标准接口与服务提供商进行资源或服务的交互[170]。

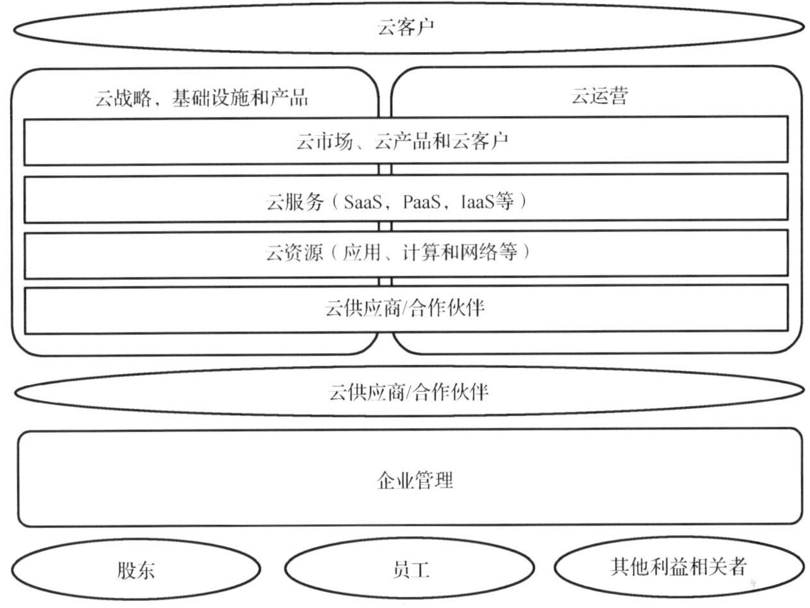

图 8-1　云服务应用 eTOM 商业过程框架的概念结构

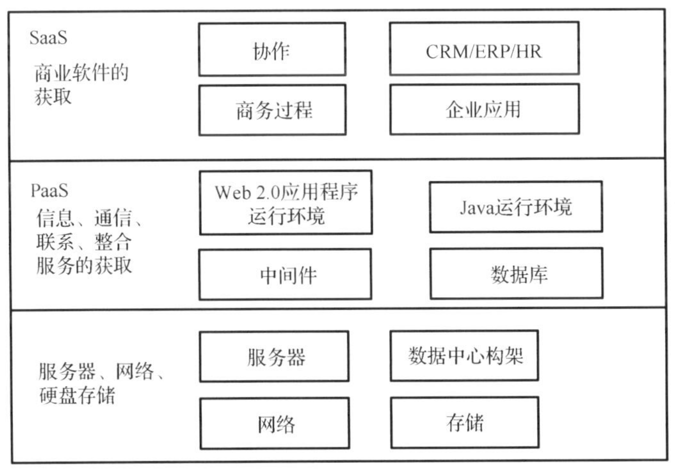

图 8-2　云计算服务及其产品

为保证交互的顺利进行，云计算服务提供商需进行容量规划（SIP 过程区）、对企业自身进行管理（EM 过程区），对服务资源和内容进行配置、计量、监测、计费、生成报告及 SLA 管理等。

云计算服务提供商开展云计算 SLA 管理的内容有以下几个方面。

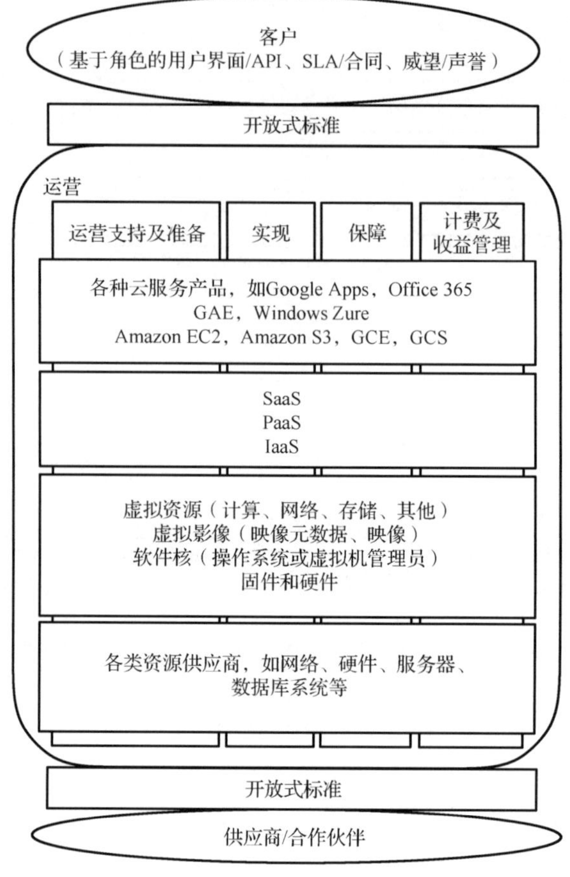

图 8-3　云计算服务的交互

8.3.1　云计算 SLA 的类型

根据业务的性质或参与方的性质不同，云计算 SLA 的类型包括以下四种。

（1）云服务提供商内部的 SLA：保证提供商内部资源流通、交互而签订的 SLA。

（2）云服务提供商-客户的 SLA：客户（包括企业或其他组织）租用提供商的资源或服务而签订的 SLA。

（3）云服务提供商-供应商的 SLA：提供商购买供应商或合作伙伴的资源或服务而签订的 SLA。

三种 SLA 的类型其实对应了四种不同的云计算用例场景，如图 8-4 所示。

云服务提供商内部的 SLA 发生在某云服务类型（SaaS 或 PaaS 或 IaaS）的内部，通常是提供商的私有云。

云服务提供商-客户的 SLA 发生在提供商向最终客户（单个客户或企业或其他组织机构）提供不同类型的云服务。如向客户提供 SaaS 服务的有 Google Apps，Microsoft

Office 365，Amazon 的 SQS 和 SNS 等。当然，企业或组织机构亦可向提供商租用其出租的私有云服务。

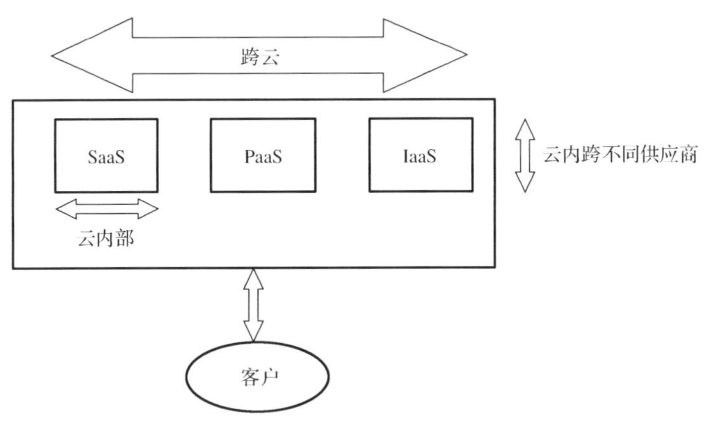

图 8-4　云计算 SLA 的类型

云服务提供商-供应商的 SLA 发生在某云服务类型的不同供应商和跨不同的云服务类型。某云服务类型的不同供应商如存储服务有 Amazon S3，Google Cloud Storage，Windows Azure Storage 等；跨不同的云服务类型如某应用程序可能会利用到存储、虚拟机或监测服务等。

8.3.2　云计算的 SLA 链

由于提供商与不同的实体产生资源和服务的交互，交互的过程中伴随着 SLA 的责任和义务，由此产生了 SLA 链。SLA 链把与多个实体按服务责任次序先后地排列起来，不同服务之间的依赖关系。提供商只有有效地管理自己的 SLA 链，才能分清资源供给的责任，避免不必要的纠纷。例如，在 Amazon EC2 和 Google Compute Engine 计算实例的定价中，由于两者均提供了第三方供应商的虚拟机（Linux 或 Windows），因此，他们在实例的定价中均明确说明，该实例的价格将随着第三方供应商的价格的变化而变化。

8.3.3　云计算 SLA 的生命周期

与其他 SLA 一样，云 SLA 也经历着开发、谈判和销售、实施、执行、评价及关闭等阶段。SLA 的产生意味着服务的交付使用。因此，SLA 生命周期伴随着服务生命周期的产生而产生、发展而发展、终止而终止。当开发出一项新的服务，如果这项服务需要与其他实体交付，就需要产生此服务的 SLA，以此保证服务交互后的一系列过程的执行；当谈判和销售一项服务时，需要在 SLA 中详细记录该服务的各项条款；当实施一项服务时，需要以销售服务中所签订的 SLA 为依据，配置相应的性能、参数；当执行一项服务时，需要参照 SLA 的条款，如果执行的服务未达到标准时，可及时调整或者弥补；当评价一项服务时，需要以 SLA 作为标准，如果达到 SLA 的每项规定，就实现其预定的服务质量；当关闭一项服务时，同时也需要关闭其 SLA，从此，SLA 的双方无责任与义务。

Windows Azure 开发了系列服务，它也定义了相应的 SLA，如 Cloud Services SLA（即 Compute SLA），Storage SLA，SQL Database SLA，SQL Reporting SLA，Service Bus SLA，Access Control SLA，Caching SLA 和 CDN SLA 等。

IBM 提供了 IBM Tivoli Service level Advisor 支持 SLA 的管理，它将 SLA 的生命周期分为 5 个阶段：初始状态为 SLA 的定义，由代表某一性能要求的客户提出相应服务性能的请求，提供商需根据客户的要求定义 SLA。随后，客户请求 SLA，也就是客户提出与提供商签订服务 SLA 的请求，SLA 的条款由客户与提供商谈判、协商而定。提供商根据已定义的 SLA 及客户需求，对 SLA 进行修改，或者终止谈判，不提供服务。第三阶段为通过 SLA 请求。此阶段仅是通过了 SLA 的请求，但 SLA 尚未被配置、尚未被激活，客户暂时还不可以使用服务。第四阶段为 SLA 激活的阶段。提供商根据所通过的 SLA 对服务进行配置、激活，使客户能使用到影响的服务或资源。最后一个阶段为 SLA 的终止阶段。客户与提供商及其服务脱离合同关系[174]，其状态图如图 8-5 所示。

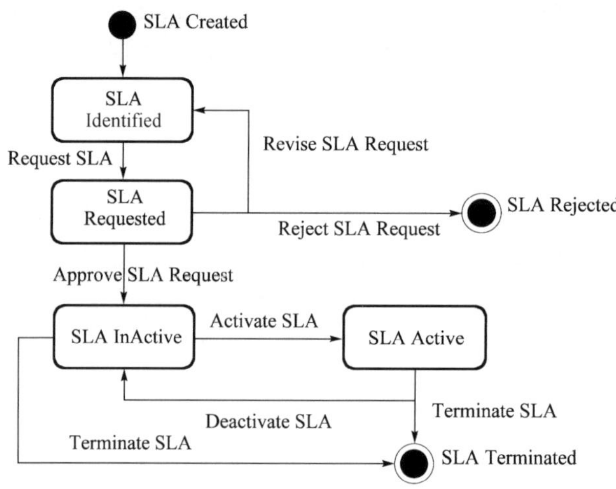

图 8-5　IBM 云 SLA 生命周期的状态图

8.3.4　SLA 的参数

一份 SLA 中会涉及各种参数，提供商需要确定哪些参数是与服务相关、哪些参数是与技术相关、哪些是独立于技术或服务的参数、哪些是关键性能的参数、哪些是关键质量的参数、哪些参数在执行的过程中发生了降级等。

此外，随着服务的开发、提供商能力的扩充，SLA 的性能参数也应发生相应的变化。原先定义 SLA 模板中的参数也应随之发生变化。

总之，对云 SLA 管理的目的就是要 SLA 适应变化，变化发生的可能是由于提供商自身能力的提升，或是由于环境的变化，或是由于技术的进步，或是由于客户需求的变化。

8.4　云计算 SLA 的业务关系模型

图 8-1 云服务应用 eTOM 商业过程框架的概念结构中显示了进行云服务交互的实体主要由云服务提供商本身、云客户、云供应商/合作者以及股东、员工和其他利益相关者。其中，云客户是指真正使用云服务的终端用户或企业组织。根据所使用的云服务类型和用途，用户需要接触不同的用户界面和程序接口。某些用户界面与其他应用程序类似，用户使用云服务时不需要了解云计算。有些用户界面则提供了管理功能，如启动或停止虚拟机。而用户在使用这些云服务前，需与提供商签订 SLA。

云供应商除为云服务提供商向客户交付的资源/服务提供硬件、软件、解决方案和服务的供应商（如内容提供商、应用服务提供商、Hosting 提供商、Internet 提供商）、连接提供商、接入提供商、传输提供商等外，还包括开发人员、管理人员、部署人员等。开发人员负责创建、发布和监管云计算服务，有些为最终用户编写基于云的客户端应用程序，有些编写使用云的传统应用程序。部署人员负责包装、部署和维护使用云的应用程序，即生命周期中提到的配置、部署 SLA 中定义的服务条款。管理员则在多个层次处理应用程序，包括部署和基础架构管理等。云服务提供商的供应商大体会有。服务提供商可自己为客户提供产品，也可与其他服务提供商签订合同，利用其他服务提供商的产品为客户提供服务。云服务提供商在向客户交付服务/资源时，会受制于其供应商，因此会以 SLA 合同的形式，来保证自身获得资源/服务的及时性及其质量。

云合作者不仅包括那些共同开发和销售某产品/服务/资源的合作伙伴，同时也包括那些延伸某产品/服务/资源，为该产品/服务/资源提供额外特征的互补型合作伙伴（complementary）。互补型合作伙伴利用自己的产品对云服务提供商所提供的云产品进行扩展，提供额外的功能，使得服务提供商的云产品对客户来讲更加方便和具有吸引力。如对于运营移动业务的服务提供商来说，专业的内容提供商就是他的一个互补者。

由此，形成了以云服务提供商为中心、与各参与方进行资源交互并签订 SLA 的业务关系模型，如图 8-6 所示。

图 8-6 中，云服务提供商与其他的参与者进行充分的合作，使得企业之间的能力分工、合作构成了“双赢”的业务关系模型。模型中，面向客户的服务提供商位于模型的正中心，它利用 ETOM 的过程框架作为指导，利用角色来反映云计算环境中的业务关系，有助于快速和有效地根据市场的变化进行自身角色调整和业务关系的重新配置。

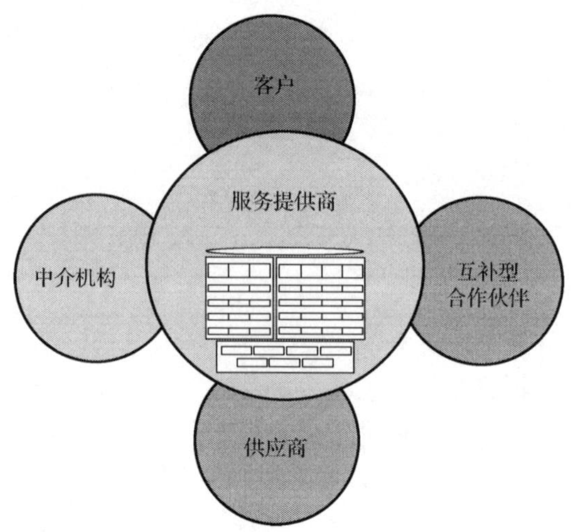

图 8-6　云 SLA 的业务关系模型

服务提供商之间的关系非常复杂，除图 8-6 中所反映的云服务提供商与各参与者有密切的业务关系外，还存在不同的合作时间（长期的、实时的）、不同的连接方式等关系，各参与者之间也可能存在相互联系的业务关系。连接方式主要有价值链的方式、Hub 方式或者两者混合的方式。其中，价值链的方式指的是服务提供商仅仅以串行的方式与相邻的供应商连接，Hub 方式指的是供应商都只与一个服务提供商连接。如图 8-7 为混合的连接方式，相互间签订 SLA 服务合同，从而形成复杂的 SLA 链。

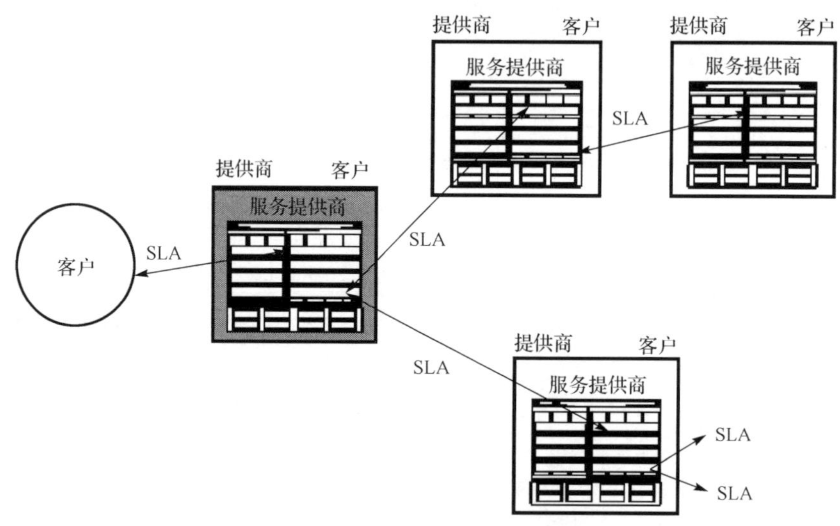

图 8-7　服务提供商的复杂业务关系

当服务提供商卖产品给客户时，它处于提供商的身份，利用 ETOM 过程框架中的 CRM 过程与客户发生交互；而当服务提供商需要利用其他服务提供商的产品时，它处于客户的角色，利用 ETOM 过程框架中的 S/PRM 过程与其他服务提供商的 CRM 过程发生交互。

8.5　云计算 SLA 的定价模型

云服务的客户有时必须租用云资源并支付费用，才能继续获得服务。因为云服务提供商开发、持续地提供可用的云服务，是需要成本支出的。提供商一般会综合考虑 IT 资源、每个部门费用支出、盈利能力和费用分配的情况，建立一个计量服务并对服务进行计费的价格模型，将服务出租给客户使用，并在 SLA 中明确收费标准，避免相互间就收费而产生的误解和纠纷。

8.5.1　云服务的成本设计

对每个云服务的提供商来说，每个可用的云服务都有其自身的资源分配原则。每一项服务成本的降低，就意味着 IT 资源的分配得到了改善，从而使得提供商普通 IT 部门的资本支出就变成了服务和用户的运营支出。例如，每个请求（request）的消息队列 GET 和 PUT 操作数都会构成每个客户的成本结构，进而累计为每个事务（transaction）的总成本，最终形成每个用户每月的成本。因此，提供商会对每个请求收取一定的费用，如 Google 云存储（Google cloud storage）和 Amazon S3 服务，对 PUT，POST，GET bucket 和 GET service 请求（后两者在 Amazon S3 中合称 LIST 请求）每月每千次收取 0.01 美元，对 GET 和 HEAD 请求每月每万次收取 0.01 美元。

综上所述，如果成本的计算是基于事务的，那么就要将成本特定的设计模式包含在应用程序的代码中。如果在应用程序的架构中，没有涉及关于每次使用应用程序资源的费用模式，那么它就无法提供任何合适的架构来实现事务的计量和计费功能。例如，如果要追踪和提交没一个 HTTP 或 SOAP 请求及其他基于云的应用程序的相关成本，由于资源（如服务器硬件、数据库请求、消息队列或监视服务）都是根据实际使用收费的，所以，必须在每一步的资源调用中包含事务用户的 ID。如调用外部服务获取数据库的数据，相关的 HTTP 请求就应该包含事务 ID 和用户 ID，以便以后关联这些度量。当然，这些应用程序中，还应有额外的线程来获取事务关联数据，以免核心事务的性能和响应时间受到影响[175]。

如果云服务计费的操作在一些公共基础架构中已经提供，尽管私有云和公有云的云服务计量方式是类似的，但一些构建在企业应用程序服务器基础架构的私有云中，仍然需要有应用程序特定的计费代码，以对公有云和私有云的安全需求差异实现不同的收费方式，从而管理提供商自身的资源使用和成本设计。

8.5.2　云计算服务的计费度量

对云服务的计费，除要考虑其服务的成本外，更重要的是要注意服务实现了哪些功能、包含了哪些内容，也就是要考虑不同云服务模型的具体内容。美国国家标准技术研究所（National Institute of Standards and Technology，NIST）[176]定义了云计算的三种服务模型，即基础架构即服务（IaaS）、平台即服务（PaaS）和软件即服务（SaaS）。由于 SaaS 的应用越来越广，SaaS 供应商将其进一步细化分出如 DaaS（数据即服务）和 MaaS（监视即服务）等服务，也得到了业界的认可和支持。

1）IaaS 的计费

IaaS 的用户可以使用基本的计算资源，如处理能力、存储器、网络部件或中间件。用户能控制操作系统、储存器及部署的应用程序，也有可能控制网络部件（如防火墙和负载均衡器），但不能管理或控制底层的云计算基础设施。IaaS 的计费一般是与服务器有关的，涉及的度量有服务器每小时按需服务的费用、预留服务器所需的费用、根据应用程序性能增加或减少计算资源单元的费用、根据使用的实例数进行基于存储卷的费用、预付与预留的基础架构资源费用、集群服务器资源的费用等，这些内容大部分都是按照每自然月计费的，也就是说，整个月累计的收费包含运行了整整 30 天的服务器实例费用和只运行了一分钟的服务器实例费用。例如，某用户在 4 月 28 日激活了某 5 美元/月的服务器实例，整个 4 月份他只使用了该服务器实例 3 天，但计费程序将会自动按 5 美元收取其 4 月份的服务费用。有些内容的计算则是按照时钟小时数计算。这里所谓的时钟小时数，是指以时钟小时为基准，如某用户在 10:52 开始使用 CPU 资源，在 11:07 时停止使用。按时钟小时计，该用户该时间段使用 CPU 资源的时钟小时数为 2 小时，即 10:52～11:00 为 1 时钟小时，11:00～11:07 为 1 时钟小时，总共是 2 时钟小时。如表 8-4 和表 8-5 所示为 Google Compute Engine 的定价[20]。

表 8-4　Google Compute Engine 的定价一

机器类型定价						
配置	虚拟内核数	内存/GB	GCEU	本地硬盘/GB	美元/小时	$/GCEU/小时
小型	1	3.75	2.75	420	0.145	0.053
中型	2	7.5	5.5	870	0.29	0.053
大型	4	15	11	1770	0.58	0.053
超大型	8	30	22	2×1770	1.16	0.053

注：其中，GCEU 为 Google Compute Engine Unit，是 Google 基于行业基准而制定的衡量实例计算能力的度量单位。

表 8-5　Google Compute Engine 的定价二

永久性磁盘定价	
提供空间	$0.10 GB/month
快照存储	$0.125 GB/month
I/O 操作	$0.10 per million

相对来说，使用预留实例的高级计费和规划能降低用户每月和每小时的费率，从而能够使计算资源具有已知的使用模式，并且能让用户根据需要建立底线。在提前预

留服务器的模式中，必须有一个初始的投入，以保护某些区域的特定服务器，从而最小化虚拟机每小时的使用量。如 Amazon EC2 Light Reserved Instance for Linux/Unix Operating systems 在 US（Virginia）的收费标准如表 8-6 所示[177]。

表 8-6　Amazon EC2 Light Reserved Instance for Linux/Unix Operating systems 在 US（Virginia）的收费标准

	1 年		3 年	
配置	预付费/美元	美元/小时	预付费/美元	美元/小时
小型（系统默认值）	69	0.039	106.30	0.031
中型	138	0.078	212.50	0.063
大型	276	0.156	425.20	0.124
超大型	552	0.312	850.40	0.248

从表 8-6 中可以计算出，用户对预留服务器实例的初始投入，可以让每小时的费用降低 50%以上。

对提供商来说，在非高峰时间降低实例数、高峰时间增加实例数，有助于改善服务器的可用性及其响应时间。对用户来说，由于提供商方面运行着大量的虚拟服务器，某些用户已启动的服务器的性能会出现一些折扣，使其不能完全实现其应有的性能。当然，在 SLA 条款明确的情况下，如果用户提出申诉，提供商将会对这些折扣造成用户方面的损失进行适当的补偿。同时，这些折扣及预留实例的需求，也有利于提供商规划自己服务器容量及性能，降低资源被耗尽或存在过多未被使用实例的风险。

2）PaaS 的计费

PaaS 的用户将托管环境用于其应用程序。用户能控制环境中运行的应用程序（也可能对托管环境具有一定控制权），但不能控制运行应用程序的操作系统、硬件或网络基础设施。平台通常是一个应用程序框架，它让开发人员可以在驻留的基础设施上构建并部署 Web 应用程序。

与 IaaS 的按使用服务费或按需预留付费的模式不同，PaaS 的费用一般是根据实际的使用量来收取的。实际使用收费可以让 PaaS 的供应商，能够根据监视的粒度在同组硬件上的多租户中运行程序代码。如某些租户其监视的粒度为每 5min，某些租户的监视粒度则为每 1min。这样，根据每个事务或每个应用程度的网络带宽、CPU 的利用率和磁盘的利用率就可以确定 PaaS 的费用。因此，PaaS 计费度量主要包括传入和传出的网络带宽、每小时 CPU 的使用时间、存储数据的大小、每月服务的收费及高可用性的程度等方面。

网络传入和传出的流量带宽决定了每个用户网络带宽的使用量。Web 应用程序会根据传入和传出的内容进行扩展。对于返回简单的 WSDL 和 RESTful 负载的 Web 服务，其行数要比那些包含大量图片、视频和音频的事务少很多。因此，基于每小时、每分钟或每秒钟 CPU 时间进行的事务计费和 HTTP 请求的计费是最准确的，它可以计算出总成本中每个事务的成本。但是，要精确计算每个事务用户在每个请求中使用了多少 CPU 资源，这是非常困难的。在这种情况下，通常是通过确定用户使用的存储数据量来确定每月的服务成本。如表 8-7 和表 8-8 所示为 Google 云平台 GAE(Google App Engine）的计价方式[20]。

表 8-7　Google App Engine 的定价一

	免费	收费版	超值版
		$9/app/month	$500/account/month
Dynamic scaling	Yes	Yes	Yes
Java Runtime	Yes	Yes	Yes
Python Runtime	Yes	Yes	Yes
Go Runtime	Yes	Yes	Yes
Usage based pricing		Yes	Yes
Infinitely scalable		Yes	Yes
SLA		Yes	Yes
Operational support			Yes
工具			
Google Plugin for Eclipse	Yes	Yes	Yes
Code upload/download	Yes	Yes	Yes
Graph History	Yes	Yes	Yes
Request Logs	Yes	Yes	Yes
Developer Access Control	Yes	Yes	Yes

表 8-8　Google App Engine 的定价二

主机	免费定额/app/day	超出免费定额之后的价格
On-demand Frontend Instances	28 free instance hours	$0.08 / hour
Reserved Frontend Instances		$0.05 / hour
High Replication Datastore	1GB	$0.24 / GB / month
Outgoing Bandwidth	1GB	$0.12 / GB
Incoming Bandwidth	1GB	免费
APIs		
Datastore API	50k free read/write/small	$0.10/100k write ops $0.07/100k read ops $0.01/100k small ops
Blobstore API	5GB	$0.13 / GB / month
Email API	100 recipients	$0.01 / 100 recipients
XMPP API	10k stanzas	$0.10 / 100k stanza
Channel API	100 channels opened	$0.01 / 100 channels opened

续表

主机	免费定额/app/day	超出免费定额之后的价格
Image Manipulation API	无限制	
Memcache API		
Users API		
Task Queue		
Files API		
URL Fetch API		
Cron		
Prospective Search API		

其中，每“写”操作的收费要比每“读”的收费要高，这大体是由于“写”比“读”对存储设备的损耗大，且“写”比“读”比较难实现，耗时长，占用资源多，因而“写”操作的成本通常比“读”操作的成本要高。

类似 Google PaaS 服务的计费是通过计算平台中所运行的数据存储在基础架构的服务器的数据量来计算服务成本的，通常会存在对实例的某些功能进行限制，通过运行应用程序代码产生固定的费用。此外，有些企业的应用程序需要支持高可用性。高可用性能在需求可预测的情况下根据实际需要提升服务的质量。这时，提供商就需要复制基础架构并通过额外的基础架构项目来支持应用程序的高可用性。提供商也会通过遏制其他基础架构的利用率从而支持高可用性，如对不长期运行的安全代码、耗费 CPU 的事务，以及其他内置的安全措施的需求[173]。

3）SaaS 的计费

SaaS 的用户可以使用某应用程序，但不能控制运行该程序的操作系统、硬件或网络基础设施。对 SaaS 应用程序的计费通常是每月订阅费用或每个用户每月费用的计费方式。每月订阅费用是固定的，一般以半年或一年作为最短协议期。这种按月计费的方式对中小型组织的吸引力最大，它将高昂的初期软件资本投资改变成为按月的运营费用，既可以帮助他们快速地启动开展业务所需的软件，又极大地节约了组织的初始投入。每月订阅或每个用户每月费用的方式，具有较强的可伸缩性，可以随着组织业务的增长、规模的扩大而变化。如表 8-9 所示为 Google Apps 的计费方式[20]。

表 8-9　Google Apps for business 的定价

Google Apps 的关键特征	个人及小团体（免费）	企业一般商业活动（$5/user/month or$50/user/year ）	企业金库——要求高安全性及具备电子发现的特征（$10/user/ month）
User maximum	10 users	Unlimited	Unlimited
Email inbox size	10 GB	25 GB	25 GB
Custom email address	√	√	√
Email, calendar, docs and team sites	√	√	√

续表

Google Apps 的关键特征	个人及小团体（免费）	企业一般商业活动（$5/user/month or$50/user/year ）	企业金库——要求高安全性及具备电子发现的特征（$10/user/ month）
Self-service online support	√	√	√
24/7 customer support		√	√
99.9% uptime guarantee		√	√
Disable Gmail ads		√	√
Mobile Device Management		√	√
Email and chat archiving			√
Standard retention policies			√
E-discovery			√

此外，提供商会根据用户的数量或数据量，对计费进行优化或折扣。如用户的数量，取决于某组织允许访问 SaaS 应用程序的用户数，允许访问的用户数越多，每月的费用就会越高。而如果用户使用的数据量达到一定量的存储卷数，就会有相应的折扣。

4）DaaS 的计费

DaaS 可以通过按实际使用量收取数据库服务器实例和可伸缩的数据库服务的费用。这与传统企业自建的数据库基础架构的根本区别在于基于云的 DaaS 具有可伸缩性及可按使用付费的特点。如表 8-10 和表 8-11 所示，分别为 Microsoft Windows Azure 的 SQL 服务器和 SQL 数据库的定价[170]。

表 8-10　Microsoft Windows Azure SQL 服务器的费率

计算实例大小	CPU 内核数	Web（$/小时）	标准（$/小时）
特小	共享	不适用	不适用
小型	1	$0.045	$0.55
中型	2	$0.045	$0.55
大型	4	$0.045	$0.55
特大型	8	$0.09	$1.10

表 8-10 中仅为 SQL 服务器的费率，如需使用 Azure 的云计算实例，还需支付标准 VM 的费率。SQL 服务器分为 Web 版和标准版，不同版本的计费不同。

表 8-11　Microsoft Windows Azure SQL 数据库的费率

数据库大小	每月每数据库价格
0～100MB	固定$4.995
大于 100MB，小于等于 1GB	固定$9.99
大于 1GB，小于等于 10GB	第 1 个 GB 为$9.99，每个额外的 GB 为$3.996
大于 10GB，小于等于 50GB	前 10 个 GB 为$45.954，每个额外的 GB 为$1.998
大于 50GB，小于等于 150GB	前 50 个 GB 为$125.874，每个额外的 GB 为$0.999

5）MaaS 的计费

MaaS 主要是提供监视外部服务、监视基础架构的实例和监视 CPU 运行时间等服务。这些服务一般是根据实际使用量、监视程序执行事务的间隔和收集数据的周期而按月计费，如表 8-12 所示为 Amazon CloudWatch 在美国弗吉尼亚州的费率。

表 8-12　Amazon CloudWatch 在美国弗吉尼亚州的费率

定制度量的检测	$0.50/度量/月
Amazon EC2 实例的详细监测	$3.50/实例/月，监测频率为 1min
Amazon EC2 实例的基本监测	$0.00/实例/月（免费），监测频率为 5min

其中，$0.50/度量/月为 Amazon CloudWatch 的标准费率。每个实例包含 7 个度量，因此，Amazon EC2 实例的详细监测为$3.50/实例/月。

8.5.3　云计算服务的定价模型

云服务提供商向客户提供租用云服务的收费标准一般是采用效用计算理论，以弹性定价的方式，根据用户的情况，采取不同的付费方式收取相应的服务费用，如按使用付费和按需预付费的方式。按使用付费的方式即根据用户实际使用的实例数、数据量或使用时间等累积一个时间段后，再对其收取相应的服务费用；按需预付费即用户预先估计自己使用服务的水平，购买相应的服务等级或标准，预先支付服务费用。对应地，各云服务提供商常用的弹性定价模型主要有每单位定价（per-unit pricing）、分级定价（tiered-pricing）和预订（subscription-based pricing）。三种定价模型都具有灵活弹性，相对简单，且容易估算费用，使用者和提供商都乐于选用这种价格模型。

（1）每单位定价模型，是典型的按使用付费的方式，通常适用于数据传输或内存使用，预先对每单位资源或服务确定固定的价格，然后根据使用的情况收取相应费用，因此也认为是按使用付费（pay-per-use）模型。例如，GoGrid Cloud 系统采用 RAM/小时作为计量内存分配使用情况。相对而言，每单位定价的方式无疑更为灵活，它允许用户根据特定的应用程序需求来灵活订制主内存的大小。

（2）分级定价模型，是指云服务以几个不同等级的形式提供给用户，每一等级的价格相同，提供相同的、可使用的、固定的计算能力或存储能力，并在 SLA 中明确规定每单位时间的使用价格。等级越高，资源的数量和性能等服务标准也随之提高，其价格也因此不同。多数云服务提供商均采用分级定价的形式，对不同级别的性能收取不同的费用，如 Google，Amazon 和 Microsoft 云服务中的存储服务、计算实例、数据传输等。该定价模型可同时适用于按使用付费和按需预付费的方式。

（3）基于预订的价格模型或称为预租用，是三种价格模型中使用得最广泛的一种按需预付费的方式。用户通过估计某一时间段内（通常是以月或年为单位）可能会使用到的云服务的大体情况，选择资源或服务的组合及消费程度，以签订合同的方式确定消费这一组合的固定价格。但是这种价格模型没有对用户实际使用资源和服务的情况进行准确计量，一方面，可能会低估了资源实际使用量，破坏了 SLA 协议并导致损失。另一方面可能高估资源的实际使用量，使资源未被充分利用从而造成资源的利用效率低。Google，Amazon 和 Microsoft 的云服务均使用了这种价格模型。此外，根据租用方式的不同，同一款配置的服务的租金也可能会有所差别。如 Amazon 提供了三种租用方式：按需租用、预留租用和现场租用[165]。其中，按需租用（on-demand）的客户依据租用服务的时间交纳费用，以每小时为一个计价单位，除此之外没有其他费用。这种租用方式适合需要频繁调整计算资源规模的客户，客户可以不必过多考虑令人头疼的 IT 资源购置计划，可以将一次性购买资源的大块费用拆散成为多次购买的零散费用。预留租用（reserved）的客户需另付一笔预留金并承诺使用 1 年或者 3 年 EC2 服务，在承诺的服务期间，客户只需依据租用的时间交纳相对低廉的费用，也许只有“按需租用”方式的 45%。现场租用（spot）方式是针对 Amazon 的闲置计算资源设计的。这种方式没有固定的租用价格，Amazon 会根据目前资源的充足情况以及客户需求的强烈程度设定一个“现场价格”，并随时调整。客户根据以往的价格以及自身的预算，对资源给出一个“心理价格”。如果客户的“心理价格”高于 Amazon 的“现场价格”，客户就可以以“现场价格”一直租用 Amazon 的计算资源，直到“现场价格”上涨超过当前租用价格，或者客户决定不再继续租用。

与 Amazon 的现场租用方式类似的还有动态定价（dynamic pricing）的策略。动态定价是根据使用资源的情况，动态地变化价格。但与现场租用方式是针对闲置的计算资源不同，动态价格策略一般是针对高价值的服务，即提供商拥有少量的资源，却有极高的市场需求。这也是取决于客户的选择、分类和合适的心理价位。资源将会在对其具有特别需求的客户间分配，使资源的配置更经济有效。而对提供商来说，他们还可以以捆绑服务的方式获取更多的利润。

8.5.4 典型云计算服务价格策略的比较

目前市场上典型的云服务提供商主要是 Amazon，Google 和 Microsoft 的云服务，服务的内容几乎囊括了 IaaS，PaaS 和 SaaS（包含 DaaS 和 MaaS）的方方面面。Microsoft Windows Azure 的云服务主要以 IaaS 为主。其主要服务如表 8-13 所示。

表 8-13 三大云服务提供商的典型服务

		Amazon	Google	Microsoft
IaaS	计算	EC2	GCE	Windows Server & Systems Center, Windows Azure
	数据传输	EC2, S3	GCE, GCS	Windows Azure
	存储	S3, EBS	GCE, GCS	Windows Azure
PaaS		EC2, EMR	GAE	Windows Azure
SaaS		SQS, SNS	Google Apps	Office 365
DaaS		Amazon RDS	Google BigQuery	Windows Azure SQL DB
MaaS		Amazon CloudWatch		

三大典型云服务提供商均提供了与 IaaS 有关的服务，如计算实例、数据传输和存储等，并为各项服务做了详细的定价。但只有 Microsoft 的每项云服务定义了 SLA，其他的提供商并没有定义每项服务的 SLA，而是粗略地定义整个云服务的 SLA。以下从三家提供商提供的服务模型的价格策略及与价格紧密相关的客户支持服务作详细的比较。特别说明的是，同样的服务，在不同的计费区域或数据中心，其费率也不同。其区域或数据中心的划分如表 8-14 所示。

表 8-14　云服务提供商的计费区域

	区域
Amazon 8 个数据中心	美国的弗吉尼亚、北加利福尼亚、俄勒冈和 AWS GovCloud，欧洲的爱尔兰，亚太的东京、新加坡，巴西的圣保罗
Google 2 个区域	区域 1 是美国和 EMEA（欧洲、中东、非洲）地区，区域 2 是亚太地区
Microsoft 2 个区域	CDN 的计费区域 1 包括北美和欧洲地区，区域 2 包括亚太、拉丁美洲、中东和非洲地区 其他数据传输的计费区域 1 包括 6 个子区域，即欧洲北部、欧洲西部、美国东部、中北部、中南部、西部，区域 2 包括 2 个子区域，即亚洲东部和东南部

在 IaaS 服务模型中，三家提供商均以等级的方式提供不同计算实例、数据传输和存储服务。

1）计算实例的比较

计算实例就是逻辑上的计算机，用户租用一台这样的逻辑上的计算机，就可以使用提供商在这台计算机上预先配置的计算资源，包括 CPU、内存、硬盘和 I/O 总线等。

综上所示，Amazon EC2 计算实例购买选项有按需实例、预留实例和现场实例三种类型。前两种类型按性能不同进一步细分了 7 种类型 14 个等级，现场租用划分了 6 实例 13 个等级。按需实例和现场实例的计费方式均以每小时使用量进行计算，无需投入初始费用。预留实例按利用率的程度细分为轻量级、中等级和重量级 3 种预留实例类型，需预先投入一定的初始费用，也就是预付费，每种类型中依然划分了 7 类实例 14 个等级，租期有 1 年和 3 年，租期越长，费率就越优惠，而且，按 1 年租期的费率要比按需租用的费率要便宜至少 50%以上。此外，预留租用的费用达到一定的程度，还有相应的折扣，如预留实例消费总额达到 250000～2000000 美元，预付费和每小时的费率均可折扣 10%，预留实例消费总额达到 2000000～5000000 美元，预付费和每小时的费率均可折扣 20%。租用方式的不同费率如表 8-15 所示。

从表 8-15 中可以看出，由于现场实例是针对 Amazon 的闲置计算资源设计的，它既不需预付费用，也固定的租用价格，其价格由 Amazon 根据当前资源的充足情况以及客户需求的强烈程度设定，并随时调整，因此，相对按需实例、预留实例，其每小时的费率是最低的。预留实例需预付一定的费用，其中，轻量级的预付费最低，中等级的次之，重量级的最高。与此同时，在 3 种预留实例的类型中，轻量级的每小时费率最高，中等级的次之，重量级的最低。选择预留实例的用户，均可随时关闭实例，Amazon 将不收取该关闭时段的费用。尽管预留实例需预付一定的费用，再根据使用实例的小时数进行计费，但相对按需实例来说，预留实例还是非常低廉的。据 Amazon EC2 的统计，相对按需实例，租用轻量级利用率的预留实例，预留期为 1 年的可节约 42%，预留期为 3 年的可节约 56%；租用中等级利用率的预留实例，预留期为 1 年的可节约 49%，预留期为 3 年的可节约 66%；租用重量级利用率的预留实例，预留期为 1 年的可节约 54%，预留期为 3 年的可节约 71%[175]。而且，在预留期内，实例的利用率越高，就越节省、划算。因此，对那些定期每天执行时间只有 2 小时，或者每周仅执行几天，或者只在需要时偶尔执行，或 1 年内实例的使用率只有 35%或 3 年内实例的使用率只有 8%左右的实例来说，轻量级利用率的预留实例无疑是一个最好的选择；对那些大多数时间都在执行的实例，或者 1 年内利用率达到 69%或 3 年内利用率达到 44%的实例，可考虑选择中等级利用率的预留实例；对恒定不变、总是需要执行的实例，或者 1 年内利用率达到 85%或 3 年内利用率达到 76%的实例，使用重量级利用率的预留实例是绝对节省的，如表 8-16 所示。

表 8-15　Amazon EC2 实例等级及其费率（以在美国弗吉尼亚州使用 Linux/UNIX 为例，单位为美元/时）

		按需实例 On-Demand Instances /（美元/时）	预留实例（Reserved Instances）						现场实例 Spot Instances
			轻量级 Light Utilization		中等级 Medium Utilization		重量级 heavy Utilization		
			1 年期						
			预付费/美元	（美元/时）	预付费/美元	（美元/时）	预付费/美元	（美元/时）	
标准实例（Standard Instances）	小型（默认）	0.080	69	0.039	160	0.024	195	0.016	0.007
	中型	0.160	138	0.078	320	0.048	390	0.032	0.013
	大型	0.320	276	0.156	640	0.096	780	0.064	0.026
	超大型	0.640	552	0.312	1280	0.192	1560	0.128	0.052
微型实例（Micro Instances）	微型	0.020	23	0.012	54	0.007	62	0.005	0.003
高内存实例（High-Memory Instances）	超大型	0.450	353	0.22	850	0.133	1030	0.088	0.035
	双倍超大型	0.900	706	0.44	1700	0.266	2060	0.176	0.07
	四倍超大型	1.800	1412	0.88	3400	0.532	4120	0.352	0.14
高 CPU 实例（High-CPU Instances）	中型	0.165	178	0.10	415	0.06	500	0.04	0.018
	超大型	0.660	712	0.40	1660	0.24	2000	0.16	0.07
集群计算实例（Cluster Compute Instances）	四倍超大型	1.300	1450	0.742	3286	0.45	4060	0.297	0.9
	八倍超大型	2.400	1762	0.904	4146	0.54	5000	0.361	0.253
集群 GPU 实例（Cluster GPU Instances）	四倍超大型	2.100	2410	1.234	5630	0.74	6830	0.494	0.346
高 I/O 实例（High I/O Instances）	四倍超大型	3.100	2576	1.477	5973	0.909	7280	0.621	无

表 8-16　基于 Linux/UNIX 3 年期预留实例费用相对按需实例费用的节省率

每年利用率/%	轻量级利用率的预留实例/%	中等级利用率的预留实例/%	重量级利用率的预留实例/%
20	36	17	–53
40	49	47	24
60	53	56	49
80	55	61	62
100	56	64	69

Google Compute Engine（GCE）提供了两种计费方式，一种是按每实例每小时计费，另一种是按每 GCEU 每小时计费。GCEU 为 Google Compute Engine Unit（GQ），是 Google 描述各种类型实例的 CPU 性能的单位，以 2.75GQ 为一个逻辑内核的最低能力，每 GQ 每小时的费率为 0.053 美元。在按每实例每小时计费的方式中，GCE 划分了 4 种机器级别，如表 8-4 所示。

Microsoft Windows Azure 按每实例每小时计费，提供了 4 种实例级别，如表 8-17 所示。

表 8-17　Microsoft Windows Azure 的实例等级及其费率

云服务实例大小	CPU 内核	CPU 速度/GHz	内存	实例存储/GB	I/O 性能	美元/小时
特小	共享	1.0	768MB	20	低	0.02
小型	1	1.6	1.75GB	225	中等	0.12
中型	2	1.6	3.5GB	490	高	0.24
大型	4	1.6	7GB	1000	高	0.48
特大型	8	1.6	14GB	2040	高	0.96

以三大云服务提供按需使用的标准计算实例作比较，如表 8-18 所示。

表 8-18　三大云服务计算实例的配置及其费率

	虚拟内核			内存/GB			实例存储/GB			费率（美元/小时）		
	EC2	GCE	Azure	EC2	GCE	Azure	EC2	GCE	Azure	EC2	GCE	Azure
小型	1	1	1	1.7	3.75	1.75	160	420	225	0.080	0.145	0.12
中型	1	2	2	3.75	7.5	3.5	410	870	490	0.160	0.29	0.24
大型	2	4	4	7.5	15	7	850	1170	1000	0.320	0.58	0.48
超大型	4	8	8	15	30	14	1690	2340	2040	0.640	1.16	0.96

从表 8-17 中可以看出，同一型号（小型、中型、大型和超大型）的实例，GCE 的配置最高，价格却适中，对只需普通计算实例的用户来说，GCE 无疑是物美价廉的最好选择。但 EC2 所提供的实例的等级多至 14 种可供客户选择，购买选项除了按需实例，还有预留实例和现场实例，可满足不同层次用户的性能需求、不同成本预算的个体用户或企业用户需求，特别是对企业或其他组织，实例的弹性要求高、使用率高，EC2 针对这种情况，提供了相应优惠费率和折扣，有助于降低企业的成本支出。

2）数据传输服务的比较

用户在租用计算实例的同时，也需要租用相应的网络连接服务以传输数据。数据传输服务包括数据的传入和数据传出。三家云计算服务提供商均提供了数据传输服务，并根据传入和传出的数据总量对数据传输收费。其中，三家提供商均免费提供数据传入服务，因为大部分服务的上下行流量是不对等的，下行的流量远高于上行的流量，也就是数据传出的流量远高于数据传入的流量。数据传出服务的费率是基于特定区域而分级定价的。对数据的传入服务不收费，而传出服务收费，主要提供商用销量大、需求大的服务维持较高的价格，从而提高整体销售的利润率。

Amazon 的 EC2 和 S3 均定义了数据传输的费率，两种服务的数据传入均不收费。每月前 1GB 的数据传出暂不收费。数据传出至同一 S3 区域（region）的不收费，在同一区域的 EC2 和 S3 服务相互的数据传出也不收费，其他区域间的 S3 间、EC2 间或 S3 与 EC2 间的数据传出通过互联网连接进行数据传输，按表 8-19 的费率计费。

Google 的 GCE 和 GCS 均定义了数据传输的费率，两种服务的数据传入均不收费。同一地理位置（zone）的数据传出服务不收费，同一区域内不同云服务的数据传出不收费。数据传出至同一区域不同地理位置，费率为$0.01/GB/month，数据传出至美国范围内的不同区域，暂享促销费率$0.01/GB/month。数据传出至其他地区，按表 8-20 的费率计费。

表 8-19　Amazon（美国弗吉尼亚区）、Google（区域 1）和 Azure（区域 1）数据传出的费率

	Amazon(EC2/S3)				Google(GCE/GCS)			Microsoft Windows Azure			
等级（TB/月）	<10	<40	<100	<350	<1	<9	<90	<10	<40	<100	<350
费率（$ GB/月）	0.12	0.09	0.07	0.05	0.12	0.11	0.08	0.12	0.09	0.07	0.05

Microsoft Windows Azure 对同一子区域内各 Azure 服务间的数据传出不收费，每月前 5GB 的数据传出暂时不收费。其他地区的数据传出按表的费率计费。

从表 8-18 中可以看出，提供商以“阶梯价格”来设计数据传出的费率，每月传出的数据总量越大，每单位的费率就越低，以鼓励用户多购买数据传输服务。并且 Amazon 和 Microsoft Windows Azure 所定义的数据传出服务等级数、每一等级的数据量及其费率完全相同，可谓在价格上相互参照，相互竞争。Google 划分了 3 个等级，第一等级只从 1TB 开始，其第二等级相当于 Amazon 和 Azure 的第一等级，相对 Amazon 和 Azure 的费率，Google 数据传出的收费较高。

3）存储服务的比较

当租用计算实例自带的存储空间已无法满足用户的存储需求时，用户就需要额外租用其他的存储服务。除此之外，云存储服务还可以为那些具有专门存储需求的用户提供服务，如企业档案的存储与备份。三家云计算提供商均提供了云存储服务，如表 8-20 所示。

表 8-20　三大云存储服务等级及其费率

	等级/（TB/月）	费率/（$/GB）	
Amazon S3（美国弗吉尼亚州）		标准存储	去冗余存储
	<1	0.125	0.093
	<49	0.110	0.083
	<450	0.095	0.073
	<500	0.090	0.063
	<4000	0.080	0.053
	>5000	0.055	0.037
GCS	<1	0.12	
	<9	0.105	
	<90	0.095	
	<400	0.085	
Microsoft Windows Azure		地域冗余	本地冗余
	<1	0.125	0.093
	<49	0.11	0.083
	<450	0.095	0.073
	<500	0.09	0.063
	<4000	0.08	0.053
	>4000	0.055	0.037

Amazon S3 将存储分为 6 个等级，并依不同区域每月的数据存储总量（GB）分标准存储和去冗余存储（reduce redundancy storage）级别定价。两者在服务保证上有所差异，前者的数据存储可靠性达 99.999999999%，后者则为 99.99%。Amazon EBS（Amazon elastic block store）专为 EC2 计算实例提供额外的存储空间，可创建 1GB～1TB 的存储卷到 EC2 计算实例的设备上，多个存储卷可加载在同一实例上。EBS 的计价方式比较简单，按客户占用的存储空间、占用时间以及读写次数来计费，即每月每 GB 收费 0.01 美元，每百万次 I/O 请求也是 0.01 美元。EBS 为 S3 提供的快照（snapshot）存储服务，每月每 GB 收费 0.125 美元。

Google Cloud Storage（GCS）将存储分为 4 个等级，依每月数据存储的总量（GB）计价。GCE 还提供永久硬盘，其中，硬盘空间每月每 GB 收费 0.1 美元，即将提供的快照存储服务与 Amazon EBS 的快照存储服务价格一样，每月每 GB 将收费 0.125 美元。

Microsoft Windows Azure 存储提供了 6 个等级两种冗余的存储，分别是地域冗余和本地冗余。其中，地域冗余是通过将数据另外存储在同一区域内的另一个子区域中来提供最高级别的持久性；本地冗余是在单个子区域内提供高度持久且高度可用的存储。其计价方式以每月的日均数据存储量（GB）为单位计算存储容量费用。每月日均数据存储量的计价方式与每月数据存储总量的计价方式在本质上是一样的。

从表中可以看出，与数据传输服务相似，每月存储的数据总量越大，每单位的费率就越低。Amazon S3 和 Microsoft Windows Azure 所定义的存储服务等级数、每一等级的存储总量及其费率完全相同。两家提供商在价格上相互参照、相互影响和相互制约，共同竞争市场份额。但 Google 的 GCS 有别于 S3 和 Azure，其价格低于 S3 的标准存储和 Azure 的地域冗余存储，但高于 S3 的去冗余存储和 Azure 的本地冗余存储。

4）应用程序服务

Amazon 目前提供的应用程序服务有 Amazon SQS（simple queue service）。SQS 提供消息队列服务，是托管队列，增加不同任务应用在分布式组件之间的工作流，允许开发者移动数据而不丢失信息，按每月请求事务和数据传输的总量计费。此外，Amazon 将提供系列的应用程序服务，如 Amazon SES（simple email sending）（测试阶段）提供 Email 的收发服务，Amazon SWF（simple work flow）（测试阶段）提供创建可扩展的、有弹性的应用程序工作流服务，用于整合应用程序组件的工作流；Amazon SNS（simple notification service）（测试阶段）意在建立和借助 Push 机制发送来自云计算的通知，可用于网络中监视 Web 应用和时间敏感信息的升级；Amazon Cloud Search（测试阶段）为用户提供完全的云搜索服务，为用户的应用程序提供快速整合和高度扩展搜索功能。

Google 提供的应用程序服务即其 Google Apps。在 Google Apps for Business 的版本中，应用程序服务包括 Email、日历、文档等，如表 8-18 所示。Google 免费提供某些应用程序的使用，同时另外提供两种可供用户选择的购买方式，Google 可为支付费用的用户提供更高级别的应用程序的特征和功能。

Microsoft Office 365是 Microsoft 提供有关办公软件和商业软件的应用服务，其中包括基于网络的办公应用软件，如 Word\Excel\PPt，支持 Email、通信和共享日历的 Exchange Online、用于共享和存储信息、文件和网页 Sharepoint、提供安全保障的 Forefront，提供声音、即时通信、视频、网络会议等功能的 Lync Interface。Office365 需用户预订，向用户每月收取 6 美元。

5）平台服务

在 PaaS 的服务中，Windows Azure 为开发者提供根据自身的业务需要快速增加或减少应用程序的平台，按使用收费。GAE（Google App Engine）为开发者提供易于管理、扩展和创建应用程序的平台，它的资费标准有三种方式，即免费版、收费版及超值版（如 PaaS 计费中的表 8-6 所示）。免费版可使用的服务内容非常有限，收费版中，一个网络应用每月收费 9 美元，超值版则是每个账户每月收费 500 美元。与使用运行在 EC2 和 S3 上托管的 Hadoop 框架的 Amazon EMR（Elastic MapReduce）相比，EMR 按照 machine-instance-hour 收费，GAE 则是按照 process-instance-hour 的收费模式。这对开发人员来说是非常重要的。因为 EMR 允许企业和开发者处理大规模数据，用户可以并行运行几十个进程，不需担心费用问题。但在 GAE 中，即使当进程在等待 I/O 传输的过程中，仍然在收取费用。这也意味着，在对支持的语言进行编译时，更少的

CPU 消耗时间，等于更少的花费；同时运行多个进程，等待的时间就会更长，花费也会越高。这对于在开发中往往需要多线程处理多个 Web 请求的 Python 开发者来说，GAE 每个进程实例每小时 0.08 美元的收费要比 EMR 每机器实例 0.08 美元的收费，似乎更为昂贵。从另一个角度来看，开发者使用 GAE 的一个重要理由是可以充分利用自己的 CPU，这样他可以将主要精力放在优化 Web 程序上，而不是系统调优上。而且，共享资源的有效利用也是 GEA 的好处之一。当开发者只使用一个单一处理或者只是想运行一些小程序的实例时，GAE 可以用很好的方式访问 Web 服务器、数据库、Memcache，并且价格很便宜。当然，这是从价格的比较。如果涉及具体功能方面的比较，则 EMR 和 GAE 各有优劣，具体体现在以下几个方面[173]。

（1）从存储的角度来看，GAE 目前严重依赖于 BigTable，它提供了一个 JPA&JDO 访问接口，但它不支持所有的 JPA&JDO 功能，特别是关系型数据库部分。而 Amazon EMR 已经支持 SQL 数据库，开发者可以使用 Oracle，MySQL 等熟悉的关系数据库。

（2）从运行维护的角度来看，在 GAE 中，应用程序维护和升级是件轻而易举的事，它为各种应用程序提供了一个详细的管理面板，包括日志查看器和数据查看器，一个程序可以有多个版本。而在 Amazon EMR 中，因为它属于 IaaS 类型，所有维护和升级相关的事情必须由开发者亲力亲为。

（3）从开发限制的角度来看，GAE 的开发者会受到平台的限制，它没有线程，提供的 SDK 也是受限的，有些类和功能不能被使用，也不能写文件系统等。尽管如此，90%的商业应用程序仍然可以在 GAE 上正常运行。但对于那些要使用线程，或写文件系统的应用，最好还是选择 Amazon EMR，因为它提供了所有底层访问和控制权。

（4）从语言支持的角度来看，目前 GAE 支持 Java 和 Python，任何可以转换成字节码、可在 JVM 上执行的任何编程语言都可以在 GAE 上运行。但如果开发者使用其他编程语言，最好选择 Amazon EMR。因为开发者可以在它的操作系统上安装语言运行的环境，也拥有几乎完整的硬件和操作系统控制权，而且，Amazon EMR 还托管了许多有趣的 C#，.NET，ASP.NET MVC/Visual Studio 项目。

6）数据库服务

在 DaaS 的服务中，Windows Azure SQL Server 是建立在 IaaS 虚拟机的基础上的，提供数据库服务器实例的服务，其服务的费率按使用所选定的实例小时数来计算，标准版的每小型实例每小时 0.55 美元起。Windows Azure SQL DB 是对用户每月所使用的每个 SQL 数据库来收取服务费用的，100MB 以内每月每数据库固定价格为 4.995 美元，如 DaaS 计费中表 8-8 所示。Amazon Simple DB[174]是经过优化的非关系型数据存储，它可以消除繁重的数据库管理员工作。Web 服务方式的数据项存储和查询请求，该服务自动创建和管理多份数据以确保数据的高可用率和稳定性。用户可以每月免费获得 25 机时（machine hour）和 1GB 存储。之后每机时 0.14 美元，数据传输转换为存储的费率在不同的区域，其费率也不同，如表 8-21 所示。Amazon 关系数据库服务

（relational database service，RDS）是在云计算环境下通过 Web 服务提供了弹性化的关系数据库，接管数据库管理员的任务。Amazon RDS 可兼容以前使用 MySQL，Oracle 和 SQLServer 数据库的所有代码、应用和工具。它可以自动地为数据库软件打补丁并完成定期的按计划备份。当然，对 MySQL，Oracle 和 SQL Server 的收费标准也不同。而 Google BigQuery 提供的是大数据查询的数据库服务，让开发者可以使用 Google 的架构来运行 SQL 语句对超级大的数据库进行操作。用户每月可免费处理 100GB 的数据，之后，对 2TB 以内的数据存储，每月每 GB 收费 0.12 美元，对每天 2 万以内的查询和 20TB 以内的数据处理，每月每 GB 的处理将收费 0.035 美元。尽管 Amazon 和 Google 均提供数据库服务，但显然，两者的目标对象是截然不同的。后者只为少数需要进行大数据（big data）处理的客户提供服务。

表 8-21　Amazon Simple DB 的数据传输费率

	US（Virginia）Pricing
数据传入	
All data transfer in	$0.000 per GB
数据传出	
First 1 GB / month	$0.000 per GB
Up to 10 TB / month	$0.120 per GB
Next 40 TB / month	$0.090 per GB
Next 100 TB / month	$0.070 per GB
Next 350 TB / month	$0.050 per GB

7）免费服务

所有传入的数据免费，同一地理位置的数据传出免费，还提供其他免费版的专门服务，其功能和特征各异，如表 8-22 所示。

表 8-22　三大云服务提供商提供的免费服务项

<table>
<tr><th colspan="2"></th><th colspan="2">Amazon</th><th colspan="2">Google</th><th>Microsoft</th></tr>
<tr><td colspan="2">计算实例</td><td colspan="2">微型实例 Linux/UNIX 和 Windows 各 750 小时</td><td colspan="2"></td><td>75 小时的小型计算实例</td></tr>
<tr><td colspan="2" rowspan="2">存储</td><td>S3</td><td>每月 5GB 的存储</td><td colspan="2" rowspan="2">5GB</td><td rowspan="2">35GB</td></tr>
<tr><td>EBS</td><td>每月 30GB+1GB 的快照存储</td></tr>
<tr><td colspan="2" rowspan="2">数据传输（输出）</td><td colspan="2" rowspan="2">15GB+1GB 的区域数据传输</td><td>欧美</td><td>20GB</td><td rowspan="2">20GB</td></tr>
<tr><td>亚太</td><td>5GB</td></tr>
<tr><td rowspan="2">请求</td><td>Get</td><td colspan="2">20000</td><td colspan="2">30000</td><td></td></tr>
<tr><td>Put</td><td colspan="2">2000</td><td colspan="2">3000</td><td></td></tr>
<tr><td colspan="2">应用程序</td><td colspan="2">√</td><td colspan="2">√</td><td>√</td></tr>
</table>

Amazon S3 免费使用的等级：新用户一年内每个月可获得 5GB 的存储、20000 条 Get 请求，2000 条 Put 请求，15GB 的数据传出。

Amazon EC2 为新用户提供免费使用一年的服务，每月免费的定额为：EC2 执行 Linux/UNIX 和 Microsoft Windows Server 微型实例各 750 小时，强性负载平衡（elastic load balance，ELB）750 小时和 15GB 数据处理，30GB 的 Amazon EBS 标准卷存储和 2 百万次的 IOs 和 1GB 的快照存储，所有 AWS 服务总计 15GB 的带宽输出，1GB 的区域数据传输。

Google Cloud Storage 在 2012 年 12 月 31 日前为第一次使用 GCS 的用户提供免费使用的定额：5GB 的存储、下载和下载各 25GB 的数据（其中欧美地区各 20GB，亚太地区各 5GB)、30000 条 GET/HEAD 请求，3000 条 PUT/POST/GET bucket/GET service 请求。但 Google Compute Engine 未提供免费使用的计算实例。Google Apps 为个人及小团体（10 人以下）免费的应用程序服务，如 Email、日历、文档和网站等；GAE 也为开发者提供免费版的平台服务，他们可在这个平台上开展基本应用程序的开发工作。

Microsoft Windows Azure 提供免费使用 90 天的服务，如 10 个网站（可免费使用 1 年)、75 小时的小型计算实例、35GB/500 万的存储事务、1DB 单元的关系数据库、100k 的访问控制事务、500k 消息和 1500 延迟小时的服务总线、128MB 的缓存、20GB 的数据传出、500k 的 CDN 事务。

8）客户支持服务

（1）Google 的云客户支持服务。

Google help 提供的云客户支持主要区别三种购买选项的用户，如表 8-23 所示。

表 8-23　Google 客户支持选项

	所有用户	付费用户（paid）	超值版（premier）用户
社区资源（community resources）	√	√	√
计费支持（billing support）		√	√
技术支持（technical support）			√

付费用户可填写账单申请表（request billing credits）获得计费支持服务，超值版用户可通过登录 Google Enterprise Support Portal 或 Email 的方式获得技术操作上的支持服务。各种用户均不需支付额外的费用，用户在选择购买选项中，自动获得该选项所包含的客户服务。

（2）AWS 的客户支持服务。

Amazon 的云服务 AWS 提供四个级别的客户支持服务，除了基本的客户支持，还为开发者、商业和企业提供专门的客户服务。所有 AWS 的客户均免费享受基本支持，包括资源中心、产品疑问解答（24 小时客户服务）、论坛和 EC2 的状态诊断。用户需支付专门的客户支持服务费用才可获取开发者、商业和企业级别的客户支持服务。如表 8-24 所示。

表 8-24　AWS 的客户支持服务

	基本的客户服务	开发者的客户服务	商业的客户服务	企业的客户服务
24 小时客服	√	√	√	√
论坛支持	√	√	√	√
文档、白皮书、最佳实践指南	√	√	√	√
访问技术支持	支持健康诊断	Email（上班时间）	电话，面谈，Email（24/7）	电话，面谈 Email，TAM（24/7）
指定联系人		1	5	无限制
响应时间		12 小时	1 小时	15 分钟
架构支持		构建模块	用例指南	应用架构
最佳实践指南		√	√	√
客户端的诊断工具		√	√	√
直接面向高级支持工程师			√	√
第三方软件支持（测试）			√	√
AWS 信用器（测试）			√	√
基础设施事件管理			联系定价	√
直接面向技术客户经理（TAM）				√
一流的案例指导				√
管理商业评论				√

其中，基本支持（Basic）是免费的，或者说，它的费用是包含在 AWS 的服务中的。开发者（Developer）支持服务每月收费 49 美元。也就是说，要想获得开发者级别的支持，除了要支付 AWS 服务，每月还要额外支付 49 美元。商业（Business）级别的支持服务，其费用是根据客户每月 AWS 服务的总支出来收取一定比例的服务费用。其收费级别如表 8-25 所示。

表 8-25　AWS 客户支持服务的收费情况

收费等级	收费比率/%	AWS 服务费用		客户支持服务费用	
		商业/美元	企业/美元	商业/美元	企业/美元
1	10	<10	150000	100	15000
2	7	10～80	150000～500000	（$10000)*10% + （超出$10000 的部分）*7%	$(150000)*10% + （超出$150000 的部分）*7%
3	5	8000～250000	500000～1000000	($10000)*10% + ($70000)*7% + （超出$80000 的部分）*5%	($150000)*10% + ($350000)*7% + （超出$500000 的部分）*5%
4	3	>250000	>1000000	($10000)*10% + ($70000)*7% + ($170000)*5% + （超出$250000 的部分）*3%	($150000)*10% + ($350000)*7% + ($500000)*5% + （超出$1000000 的部分）*3%

第一级：商业级别每月最低 100 美元，企业级别每月最低 15000 美元。

第二级：按第一级收费之后，其余部分收其中的 7%，两级收费之和作为支持服务的费用。

第三级：按第一、第二级收费之后，其余部分收其中的 5%，三级收费之和作为总的支持服务的费用。

第四级：按前三级收费之后，其余的部分，收其中的 3%，四级费用之和作为总的支持服务的费用。

（3）Windows Azure 的客户支持服务。

Windows Azure 支持 4 种客户支持服务，其中，在线论坛主要是为获取社区成员的帮助，服务控制板只要是提供检查运行的状态的服务，支付疑问只要是提供关于计费、预定、管理或提高配置的帮助服务，客户支持主要指获取技术支持服务。Azure 未说明需这些支持服务是否需要支付额外的费用。三家提供商所提供的客户支持服务中，AWS 的客户支持服务的说明较为详细，服务的内容、收费比较明确，不足的是，需要额外交付客户支持服务的费用。Google 的客户支持服务包含在日常使用云服务的费用中，为不同等级的用户提供不同层次的客户支持。

8.6　典型云计算 SLA 案例

目前市场上典型的云 SLA 主要有 Google，Amazon，IBM，Microsoft 等，如 Google Apps SLA，Google App Engine SLA，Google Compute Engine SLA 和 Google Cloud Storage SLA，Amazon EC2 SLA 和 Amazon S3 SLA，Microsoft Windows Azure Compute SLA 和 Storage SLA 等。这些 SLA 均描述术语的定义、SLA 例外描述及服务折抵等几个方面。由于所提供的云服务各有差异，其 SLA 也不尽相同。

8.6.1　Google 云服务的 SLA

Google 典型的云服务有 Google Apps，Google App Engine，Google Compute Engine，Google Cloud Storage 等。相应地，Google 云服务的 SLA 有 Google Apps SLA，Google App Engine SLA，Google Compute Engine SLA 和 Google Cloud Storage SLA。且这些 SLA 都从属于 Google 许可协议（Google License Agreement），是 Google 和其客户签订的关于使用 Google 服务的协议[169]。Google 云服务的 SLA 是在 Google License Agreement 的基础上签订的、与使用 Google 云服务的质量有关的协议，其 SLA 的描述框架如表 8-26 所示。

表 8-26 显示，Google 云服务的 SLA 包含了几个方面的内容：有关 Google 云服务的 SLA 的说明、有关 SLA 中涉及的术语的定义、有关服务折抵的申请办法、最大的服务折抵和 SLA 例外情况的说明等。

表 8-26　Google 云服务 SLA 描述框架

<table>
<tr><td colspan="5">有关 Google 云服务 SLA 的说明</td></tr>
<tr><td rowspan="8">术语定义</td><td>Google Apps SLA</td><td>Google App Engine SLA</td><td>Google Compute Engine SLA</td><td>Google Cloud Storage SLA</td></tr>
<tr><td>停机时间</td><td>停机时间</td><td>停机时间</td><td>停机时间</td></tr>
<tr><td>停机期</td><td>停机期</td><td>停机期</td><td>停机期</td></tr>
<tr><td rowspan="2">Google Apps 所包含的服务</td><td>包含的服务</td><td>包含的服务</td><td>倒退需求</td></tr>
<tr><td>合格的应用程序</td><td>计划的停机时间</td><td>有效的申请</td></tr>
<tr><td>每月正常运行时间百分比</td><td>每月正常运行时间百分比</td><td>每月正常运行时间百分比</td><td>每月正常运行时间百分比</td></tr>
<tr><td>服务折抵</td><td>账务折抵</td><td>账务折抵</td><td>账务折抵</td></tr>
<tr><td>服务</td><td>出错率</td><td>维修时段</td><td>出错率</td></tr>
<tr><td colspan="5">服务折抵的申请办法</td></tr>
<tr><td colspan="5">最大的服务折抵</td></tr>
<tr><td colspan="5">SLA 例外情况</td></tr>
</table>

1）关于 SLA 的说明

有关 Google 云服务的 SLA 的说明主要是 Google 云服务的 SLA 从属于 Google License Agreement，有关每月服务质量的承诺。如 Google Apps SLA 的说明："在 Google Apps 协议（Google Apps Agreement）条款生效期间，每个自然月 Google Apps 所包含服务的网络接口至少有 99.9%的时间对客户是可操作和可使用的（Google Apps SLA）。如果 Google 没有履行 Google Apps SLA，并且如果客户达到 Google Apps SLA 的职责范围，客户就有权获得如表 8-27 所描述的服务折抵。这份 Google Apps SLA 由 Google 描述，当满足 Google Apps SLA 时，客户可获得的唯一补偿和故障例外的情况"。

表 8-27　Google SLA 服务折抵办法

每月正常运行时间百分比		服务折抵	
Google Apps 和 Google Cloud Storage	Google App Engine 和 Google Compute Engine	Google Apps（折抵使用服务的天数）	Google App Engine, Google Compute Engine 和 Google Cloud Storage（折抵账面上服务费用的百分比）
99.0%～99.9%	99.00%～99.95%	3	10%
95.00%～99.00%	95.00%～99.00%	7	25%
<95.0%	< 95.00%	15	50%

其他 SLA 的说明，如 Google App Engine SLA，Google Compute Engine SLA 和 Google Cloud Storage SLA 的说明与 Google Apps SLA 的说明仅在每月服务质量的承诺上有所不同，如 Google App Engine 和 Google Compute Engine 承诺每自然月所包含服务的合格应用程序至少有 99.95%的时间是可操作和可使用的，Google Cloud Storage 承诺每自然月服务至少有 99.9%的时间是可操作和可使用的。否则，客户有权获得如表 8-26 所描述的账务折抵。

2）SLA 中术语的定义

SLA 中的术语包括停机时间、停机期、包含的服务、每月正常运行时间百分比、服务折抵和账务折抵等；表 8-26 说明了服务折抵的具体办法。服务折抵是在任何违反此 SLA 的情况下，客户可获得的唯一补偿。

Google 云服务中衡量服务可操作、可使用的参数是每月正常运行时间百分比。根据参数的数值，将服务划分了 3 个等级，对应不同程度的服务折抵。其中，免费的天数是指客户在服务期结束后可额外增加的服务天数，而不需支付服务费用。账务折抵是根据每月正常运行时间百分比的等级，折抵客户每月服务费用的百分比，用于抵消未来月份等额的服务费用。每月正常运行时间百分比的等级是根据服务的承诺划分的，Google Apps 和 Google Cloud Storage 承诺的可用时间为 99.9%，因此，低于 99.9%高于 99.0%的服务为第一级，Apps 折抵免费使用 3 天，Storage 折抵当月 10%的服务费用。Google App Engine 和 Google Compute Engine 承诺的可用时间为 99.95%，因此，低于 99.95%高于 99.0%的服务为第一级，折抵当月 10%的服务费用。其他的低于 99%高于 95%的服务均为第二级，折抵免费使用 7 天或折抵当月 25%的服务费用，低于 95%的为最高级，折抵免费使用 15 天或折抵当月 50%的服务费用。

3）服务折抵的申请办法

Google 在 SLA 中均说明了是由客户提出服务折抵请求，且客户要在获得服务折抵权利的 30 天内通知 Google 方。若是没有遵从这个要求，则视为客户主动放弃获得服务折抵的权利。其中，Google Compute Engine 还需客户填写计费申请表（billing request form）来告知 Google 获得账务折抵的资格，并且提供服务器的日志文件、故障发生的日期和时间等信息来表明客户由于外部链接故障而带来了损失。如果双方发生争议，Google 将针对客户的申请、本着诚信的原则，由客户来审计系统日志、检测报告、配置记录及其他可用的信息。

4）最大的服务折抵

Google Apps SLA 明确指出，每个自然月内服务折抵最多的天数不超过 15 天。服务折抵不能转化为资金总额，除非那些采用 Google 每月计费计划（Google's monthly billing plan）的客户。

Google App Engine，Google Compute Engine 和 Google Cloud Storage 的 SLA 指出，每月最多累计的账务折抵不能超过当月服务费用的 50%。申请到的折抵费用将以货币借贷的形式，用在抵消未来 60 天内发生的服务费用。

5）SLA 例外情况

针对 Google Apps 服务，列出了 Google Apps SLA 排除的情况或任何性能问题，如由于不可抗力（如自然灾害）、或由于客户的设备或第三方的设备、或在 Google 合理控制之外而造成的服务故障。

针对 Google App Engine，Google Compute Engine 和 Google Cloud Storage 等服务，对应的 SLA 不适用于以下故障：在 Google 合理控制之外的因素、由于客户或第三方的软件或硬件、或由于滥用或其他违背 Agreement 的行为、或被管理控制台列出的限额限定的故障。

所有的 Google 云服务的 SLA 均从属于 Google License Agreement，SLA 的描述框

架完全一样。只是由于各云服务提供的服务内容不同，如 Google Apps 提供的是应用程序服务、Google App Engine 是为开发者提供平台服务、Google Compute Engine 提供的是网络计算服务、Google Cloud Storage 提供的是网络存储服务。因此，在 SLA 术语定义和服务折抵的描述上有所差异。

8.6.2 AWS 的 SLA

AWS（Amazon Web Service）是 Amazon 云服务的统称，其中最具竞争力的是 EC2 和 S3，Amazon EC2 是提供计算能力的网络服务，Amazon S3 提供的是网络存储服务。对应的 SLA 是 Amazon EC2 SLA 和 Amazon S3 SLA，其描述框架如表 8-28 所示。

表 8-28　AWS SLA 描述框架

<table>
<tr><td colspan="3">有关 SLA 的说明</td></tr>
<tr><td colspan="3">服务承诺</td></tr>
<tr><td rowspan="7">术语定义</td><td>EC2 SLA</td><td>S3 SLA</td></tr>
<tr><td>服务年</td><td>出错率</td></tr>
<tr><td>年度正常运行时间百分比</td><td>每月正常运行时间百分比</td></tr>
<tr><td>区域不可用及区域不可用性</td><td rowspan="4">服务折抵</td></tr>
<tr><td>不可用</td></tr>
<tr><td>资格折抵期</td></tr>
<tr><td>服务折抵</td></tr>
<tr><td colspan="3">服务承诺与服务折抵</td></tr>
<tr><td colspan="3">折抵申请与偿还程序</td></tr>
<tr><td colspan="3">SLA 的例外情况</td></tr>
</table>

在描述框架上，AWS 的 SLA 与 Google 云服务的 SLA 基本相同，Google 在对 SLA 进行说明时，就已经对服务做出了承诺，而 AWS 将“说明”与“承诺”划分开来，分别描述。

1）有关 SLA 的说明

与 Google 云服务的 SLA 的说明一样，有关 AWS SLA 的说明主要是说明 AWS SLA 是从属于 AWS Customer Agreement（AWS 协议）的，说明在 SLA 中称谓的指代，如亚马逊网络服务（“AWS”或“我们”）和 AWS 服务的用户（“你”）。如“这份 Amazon EC2 服务等级协议（SLA）是管理使用亚马逊弹性计算云（Amazon EC2）的政策，从属于亚马逊网络服务（AWS）的客户协议（AWS 协议），签订于 LLC 的亚马逊网络服务（“AWS” 或 “我们”）和 AWS 服务的用户（“你”）之间。这份 SLA 单独地用于每个使用 Amazon EC2 的账户中。除非在此提出另外的方面，否则这份 SLA 从属于 AWS 协议的条款，并且以大写字母书写的条款与 AWS 协议中说明的具有同样的意思。我们持有根据 AWS 协议改变这份 SLA 条款的权利”。

至于 Amazon S3 SLA 中的说明，除了“这份 Amazon S3 服务等级协议（SLA）是管理使用亚马逊简单存储服务（Amazon S3）的政策”，其他的描述，几乎完全一样。

2）服务承诺

AWS 保证每个服务年（service year）中可用的 Amazon EC2 服务，年度正常运行时间百分比（annual uptime percentage）至少为 99.95%；保证任何计费周期的月份中（monthly billing cycle）可用的 Amazon S3 服务，每月正常运行时间百分比（monthly uptime percentage）至少为 99.9%。其中，衡量 Amazon EC2 服务可用的参数是年度正常运行时间百分比，衡量 Amazon S3 服务可用的参数是每月正常运行时间百分比。如果 AWS 没有实现服务承诺，客户就有权获得如下所描述的服务折抵。

3）术语定义

Amazon EC2 SLA 中的术语包括服务年、年度正常运行时间百分比、区域不可用和区域不可用性、不可用、资格折抵期和服务折抵等。Amazon S3 SLA 中的术语包括错误发生率、每月正常运行时间百分比、服务折抵等。SLA 对这些术语均明确定义，避免客商对术语产生的歧义及误解。

4）服务承诺与服务折抵

服务折抵是折抵服务费用的百分比，EC2 如果在服务年内年度正常执行时间的百分比低于 99.95%，客户在资格折抵期内就有权获得等于服务费用 10%的服务折抵，并返还至 EC2 的账户中。S3 的服务折抵是以每月使用 S3 总费用的百分比来计算的，如表 8-29 所示。

表 8-29　AWS 服务折抵办法

Amazon EC2		Amazon S3	
年度正常运行时间百分比/%	服务折抵/%	每月正常运行时间百分比/%	服务折抵
<99.95	10	99～99.9	10
		<99	25

EC2 承诺年度正常运行时间百分比不低于 99.95%，S3 承诺每月正常运行时间百分比不低于 99.9%。一旦没有实现承诺，客户可获得相应的服务折抵。S3 将服务折抵划分了两个等级，每月正常运行时间低于 99.9%高于 99%的为第一级，折抵 10%的服务费用；每月正常运行时间低于 99%的为第二级，折抵 25%的服务费用。EC2 未划分折抵等级，凡是没实现承诺 99.95%的年度正常运行时间，折抵 10%的服务费用。

EC2 的客户可在年度正常运行时间百分比低于 99.95%（以 365 天计算）后的任何时间均可提出服务折抵的申请。EC2 的服务折抵只能折抵未来使用 EC2 服务的费用，S3 的服务折抵只能折抵未来使用 S3 服务的费用。AWS 将折抵的费用返回至客户支付费用的记账卡上。服务折抵不能兑换成现金或用于支付其他的 AWS 服务，也不能转移到其他的账户上。

5）折抵申请与偿还手续

EC2 的服务折抵由客户通过 Email 提出折抵申请，其中在 Email 的主题中显示客户的账户号，Email 的正文部分需说明发生出错率事件的时间和日期，提供出错服务器请求日志文件。客户可在最后一次报告事故后的 30 个工作日内提出申请。如果 AWS 核实该服务年内的年度正常运行时间百分比低于 99.95%，AWS 将在申请折抵当月的一个计费周期内返还折抵费用至客户的账户中。与 EC2 一样，S3 的服务折抵也是由客户通过 Email 提交服务折抵的申请及相关信息。所不同的是，客户需在该出错发生的计费周期结束后 10 天内发送 Email 申请。如果 AWS 确认该月的每月正常运行时间百分比低于 99.9%，AWS 将在出错当月的一个计费周期内返还服务折抵。如果客户不提出申请，或者不提供足够的信息，客户将没有资格获得服务折抵。

6）SLA 例外情况

EC2 和 S3 SLA 的例外情况均说明了服务承诺不适用的情况，包括任何不可用、吊销或终止服务的情况，以及不受 AWS 控制的外部力量影响而导致的故障，如不可抗力、网络接入、客户方面或第三方的行为、设备、软件或其他技术因素等。

Amazon EC2 SLA 和 S3 SLA 均从属于 AWS 协议，其描述的框架完全一样。只是由于 S3 提供的是网络存储服务，而 EC2 提供的是计算服务，因此，在 SLA 术语定义和服务折抵的描述上有所差异。

8.6.3 Microsoft Windows Azure SLA

Microsoft Windows Azure 云服务包含系列服务，如计算服务、存储服务、SQL 数据库服务、业务分析服务、访问控制服务及内容传输网络服务等，分别对应系列 SLA，如 Compute SLA，Storage SLA，SQL Azure SLA，SQL Reporting SLA，Access Control SLA 和 CDN SLA 等。其中，典型的云服务是计算服务和存储服务，其 SLA 的描述框架如表 8-30 所示。

表 8-30　Microsoft Windows Azure SLA 描述框架

<table>
<tr><td rowspan="4">适用于所有服务等级的标准条款</td><td colspan="2">术语定义</td></tr>
<tr><td colspan="2">服务费用折抵补偿要求</td></tr>
<tr><td colspan="2">SLA 例外情况</td></tr>
<tr><td colspan="2">服务费用折抵</td></tr>
<tr><td rowspan="3">服务等级</td><td>Compute SLA</td><td>Storage SLA</td></tr>
<tr><td>每月联机可用时间服务等级</td><td rowspan="2">每月正常运行时间百分比服务等级</td></tr>
<tr><td>每月角色执行个体执行时间服务等级</td></tr>
</table>

在描述框架上，Azure 的 SLA 与 Google 云服务的 SLA 和 AWS 的 SLA 有所不同。Azure 的 SLA 在更大的框架上划分适用于所有服务等级的标准条款和服务等级。在此基础上，在标准条款中再详细描述术语的定义（包括通用术语及特定服务的术语）、SLA 例外情况、服务费用折抵及其申请办法，详细划分各具体服务的服务等级及其折抵办法。其中，服务费用折抵即服务折抵，说明折抵的是服务的费用。

1）适用于所有服务等级的标准条款

适用于所有服务等级的标准条款包括术语的定义、服务费用折抵补偿要求、SLA 例外情况、服务费用折抵的办法等内容。

（1）术语的定义。术语包括通用术语，如补偿要求、客户、客户支持、事件、服务、服务费用折抵、服务等级和特定服务的术语，如 Compute SLA 中的承租者和更新网域、Access Control SLA 中的容错网域、SQL Reporting SLA 中的 SQL 报告实例等。Azure SLA 中明确定义了这些术语，有助于客商双方共同理解这些术语的含义。

（2）服务费用折抵补偿要求。Azure 服务费用折抵补偿要求客户必须在事件发生后的 5 个工作日之内，通过 Microsoft 所规定的程序，将事件告知客户支持，并在事件发生后下一个计费月份结束前提交补偿申请，附上足以支持补偿要求的证据，即与事件有关的详细信息，如事件的描述、延续的时间、网络路径追踪信息、受影响的 URL 及客户尝试排除事件所采取的行动等。

（3）SLA 例外情况。SLA 例外情况明确了该 SLA 的适用范围或边界，说明了由于 Microsoft 控制范围之外的因素、或是由于客户或第三方硬件软件、或是由于客户方面的行为、或是由于服务处于测试期间等因素造成的服务不可用问题，均不适用于 SLA 的条款。

（4）服务费用折抵的办法。服务费用折抵介绍了服务费用折抵的办法，说明服务费用折抵是在违反此 SLA 情况下，客户可获得的唯一补偿，是按服务价格的比例进行折抵与 Azure 服务相关的月费用。

2）服务等级

Compute SLA 的服务等级表现为每月联机可用时间服务等级（monthly connectivity uptime service levels）和每月角色实例执行时间服务等级（monthly role instance uptime service level）两个类型。Storage SLA 的服务等级表现为每月正常运行时间服务等级。

（1）每月联机可用时间服务等级。Compute SLA 的每月联机可用时间服务等级定义了最高联机分钟数、联机中断时间和每月联机可用时间百分比的计算办法，计算公式为每月联机可用时间百分比=（最高联机分钟数–联机中断时间）/最高联机分钟数。衡量每月联机可用时间服务等级的参数采用每月正常运行时间百分比，其折抵的办法如表 8-31 所示。

表 8-31　Microsoft Windows Azure SLA 的服务等级及其折抵办法

<table>
<tr><th colspan="3">每月正常运行时间百分比</th><th rowspan="3">服务折抵
（折抵服务价格）</th></tr>
<tr><th colspan="2">Compute SLA</th><th>Storage SLA</th></tr>
<tr><th>每月联机可用时间服务等级</th><th>每月角色实例执行时间服务等级</th><th>每月正常运行时间服务等级</th></tr>
<tr><td><99.95%</td><td><99.9%</td><td><99.9%</td><td>10%</td></tr>
<tr><td><99%</td><td><99%</td><td><99%</td><td>25%</td></tr>
</table>

（2）每月角色实例执行时间服务等级。Compute SLA 的每月角色实例执行时间服务等级定义了最高角色实例执行分钟数、角色实例中断时间和每月角色实例执行时间

百分比的计算办法，计算公式为每月角色实例执行时间百分比=（最高角色实例执行分钟数–角色实例中断时间）/最高角色实例执行分钟数。衡量每月角色实例执行时间服务等级的参数仍然采用每月正常运行时间百分比，其折抵的办法如表 8-30 所示。

（3）每月正常运行时间服务等级。

Storage SLA 的服务等级表现为每月正常运行时间服务等级。在每月正常运行时间服务等级中描述了相关的术语，如储存异动总数、失败储存异动、错误发生率等，确定了每月正常运行时间百分比的计算办法，计算公式为每月正常运行时间百分比=100%–平均错误发生率，承诺每月正常运行时间百分比为 99.9%，并列举未实现承诺的服务费用折抵办法。

Azure 的计算服务与存储服务的服务折抵办法均是折抵服务的价格，衡量参数均为每月正常运行时间百分比，均划分了两个等级（10%与 25%），但它们的服务承诺值不同（99.95%和 99.9%）。每月联机可用时间服务等级承诺的每月正常运行时间百分比为 99.95%，低于 99.95%而高于 99%的服务可折抵 10%的服务价格，低于 99%的服务可折抵 25%的服务价格。每月角色实例执行时间服务等级和每月正常运行时间服务等级承诺每月正常运行时间百分比为 99.9%，低于 99.9%的服务可折抵 10%的服务价格，低于 99%的可折抵 25%的服务价格。

由于服务费用等于服务价格乘以使用时间，因此，服务费用的折抵与服务价格的折抵在本质上是一致的。所以，Microsoft Windows Azure Compute SLA 中折抵服务价格的百分比的办法与 Amazon EC2 和 S3 SLA 中折抵服务费用的百分比的办法是一样的，只是表述不同。

Microsoft Windows Azure 的系列 SLA 都采用了统一的 doc 格式，且某些 SLA 提供多达 18 种语言的版本，相对 Google、Amazon 单一英语版本、html 格式的 SLA，Azure 的 SLA 在语言上显然要丰富得多，在格式上显然更为规范。

8.6.4 典型云计算服务等级协议的比较

以下从 SLA 的内容和管理等角度，综合比较以上典型云服务的 SLA。

1）SLA 的内容

从所涉及 SLA 的具体内容上来讲，由于所提供的服务不同， SLA 在服务质量的参数的定义、计算方法、服务折抵等级的划分上都有所不同。其中，服务折抵表现的是服务质量实现的情况，是所有 SLA 内容中最为重要的部分。典型云服务 SLA 服务折抵办法的比较如表 8-32 所示。

（1）就 SLA 的描述框架来说，Microsoft Windows Azure 较 Google 和 Amazon 要详细、规范。Microsoft 制定了一些适用于所有服务等级的标准条款，而 Google 和 Amazon 均没有制定相关标准条款。

（2）就 SLA 服务折抵等级的划分上来说，Google 划分的粒度更小些，折抵的程度更大些。Google 最大的折抵等级为每月服务费用的 50%。

（3）就服务等级来讲，Google，Amazon 和 Microsoft 的云服务 SLA 都以服务的折抵等级来代替服务等级。且只有 Microsoft Windows Azure 的系列 SLA 明确定义了“服务等级”。

（4）就 SLA 格式来说，Microsoft Windows Azure 提供了统一 doc 格式的 SLA 文档，较 Google 和 Amazon 要规范、标准。

（5）就 SLA 文档所使用的语言来说，Microsoft Windows Azure 提供了多达 18 种语言的 SLA 文档，适用性比 Google 和 Amazon 都广泛。

所有的 SLA 几乎都是用服务的可用性来衡量服务质量，但均未明确对“可用性”作出定义，且几乎一致地选择“每月（或年）正常执行时间百分比”来作为衡量可用性的参数，但未在 SLA 中描述该服务的具体功能和价格等内容。客户需自行了解、比较各云服务功能、内容及价格。

2）SLA 的管理

各云服务提供商都会定期发布新版 SLA，新版本是在旧版的基础上，根据用户的需求及实际的效用，对某些内容及格式进行增、删、改等操作，称为 SLA 的管理。SLA 的管理描述 SLA 随时间变化的情况。如 Google 对 Google Apps 企业办公软件套装的 SLA 做出重大调整，不再允许定期或者非定期停机维护，10 分钟以内的停机维护也不再豁免。而 Google 在以前的 SLA 中规定自己有定期停机维护的权利。新版 SLA 删除了相关条款，一切定期与非定期维护时间均将被计入停机时间。如果每月停机时间超过 0.1%，Google Apps 用户将获得赔偿。此外，Google 还调整了停机时间的计算方法。此前，少于 10 分钟的停机直接被忽略不计，这意味着一年累计的停机时间可以超过 21 个小时。如今，少于 10 分钟的停机将被记入服务中断时间[178]。三大云 SLA 的管理异同主要表现在以下几个方面。

（1）在 SLA 描述框架的管理上，三者基本相同，都包括一些名词术语的定义与说明、服务费用折抵、SLA 例外情况、服务等级这几个方面，更新内容的可能性及其频率都比较低。

（2）在 SLA 文档采用的格式和语言上，Google 和 Amazon 均是 Html 格式，采用单一语言英语；Microsoft 采用的是 doc 格式，并附有如汉语、捷克语、丹麦语、荷兰语、法语、希腊语等 18 种语言的版本可供下载。显然，Microsoft 的 SLA 文档较之格式统一、规范，便于管理与更新。

（3）在 SLA 的生命周期管理上，SLA 具有自身开发、谈判销售、实施、执行、评价和关闭的生命周期。IBM 开发了 Tivoli Service Level Advisor 支持 SLA 的管理，它将 SLA 的生命周期分为 5 个阶段：SLA 的定义、客户请求 SLA、通过 SLA 请求、SLA 的激活和 SLA 的终止阶段[153]。Google，Amazon 和 Microsoft 可在此基础上，根据自身 SLA 管理的活动，改善 SLA 的生命周期，使 SLA 能适应客户需求、服务内容的变化。

综上所述，各云服务提供商根据自身服务的内容及功能，在 SLA 中以“每月（或年）正常运行时间百分比”作为衡量服务可用性的参数，进而衡量服务的质量。如果提供商未实现在 SLA 中承诺的服务质量，客户有资格根据服务质量的等级获得相应的服务折抵。尽管有些提供商折抵免费使用服务的天数，有些折抵服务的费用，有些折抵服务的价格，但这些折抵在本质上都是一致的，只是折抵的程度有所不同而已。由于所有的 SLA 中均未描述该服务的具体功能和价格等内容，因此，客户需自行了解、比较各云服务功能、内容、价格及其服务质量的承诺，选择能满足自身需求的、有保障的服务。而对提供商来说，他们需定期或不定期地更新 SLA，使 SLA 能适应客户的需求、服务内容的变化。但由于各公司推出的云服务及其 SLA 也都是依据自己的标准，云计算及其 SLA 在业界尚未形成统一的标准。各公司可综合参考其他公司的标准，互补优缺，促进云 SLA 的发展和完善，使其规范化、标准化，并最终形成一个统一标准，实现对 SLA 的管理规范，以更好地保障云服务质量。典型云服务 SLA 的服务折抵办法如表 8-32 所示。

表 8-32　典型云服务 SLA 的服务折抵办法比较

<table>
<tr><th colspan="2"></th><th colspan="4">Google SLA</th><th colspan="2">Amazon SLA</th><th colspan="3">Microsoft Windows Azure SLA</th></tr>
<tr><th colspan="2"></th><th>Apps</th><th>GCS</th><th>GAE</th><th>GCE</th><th>EC2</th><th>S3</th><th>Storage</th><th colspan="2">Compute</th></tr>
<tr><td rowspan="3">承诺的服务质量</td><td>衡量参数</td><td colspan="4">每月正常运行时间百分比</td><td>年度正常运行时间百分比</td><td>每月正常运行时间百分比</td><td>每月正常运行时间百分比</td><td>每月正常运行时间百分比</td><td>每月正常运行时间百分比</td></tr>
<tr><td>参数的计算方法</td><td colspan="4">（月历的总分钟数–月历中停机期的总分钟数）/月历的总分钟数</td><td>100%–一年内“区域不可用”状态持续 5 分钟的百分比</td><td>100%–出错率</td><td>100%–出错率</td><td>（最高联机分钟数–联机中断时间）/最高联机分钟数</td><td>（最高角色实例执行分钟数–角色实例中断时间）/最高角色实例执行分钟数</td></tr>
<tr><td>承诺值</td><td colspan="2">99.9%</td><td colspan="2">99.95%</td><td>99.95%</td><td>99.9%</td><td>99.9%</td><td>99.95%</td><td>99.9%</td></tr>
<tr><td rowspan="5">服务折抵</td><td>临界值</td><td colspan="2">99.9%、99.0%和 95.0%</td><td colspan="2">99.95%、99%和 95%</td><td>99.95%</td><td>99.9%和 99%</td><td>99.9%和 99%</td><td>99.95%和 99%</td><td>99.9%和 99%</td></tr>
<tr><td>等级</td><td colspan="2">3、7 和 15</td><td colspan="2">10%、25%和 50%</td><td>10%</td><td>10%和 25%</td><td colspan="3">10%和 25%</td></tr>
<tr><td>计算方法</td><td>按故障当期累计的天数计算</td><td colspan="3">按故障当期总服务费用的比例计算</td><td colspan="2">按出故障当期购买服务的费用的比例计算</td><td colspan="3">按购买服务的价格的比例计算</td></tr>
<tr><td>折抵办法</td><td>折抵未来服务免费的天数</td><td colspan="3">折抵费用以货币借贷的形式，抵消未来 60 天内发生的服务费用</td><td colspan="2">折抵费用返还至该服务的客户账户中，抵消未来使用服务的费用</td><td colspan="3">按服务价格的比例进行折抵与 Azure 服务相关的月费用</td></tr>
<tr><td>申请限期</td><td colspan="4">故障发生后的 30 天内</td><td>SLA 期限内、故障发生后的 30 天内</td><td>故障计费期结束后的 10 天内</td><td colspan="3">客户必须在事件发生后的 5 个工作日之内将事件告知客户支持，并在事件发生后下一个计费月份结束前提交补偿申请</td></tr>
</table>

第 9 章　图书馆云的服务等级协议

随着市场竞争的加剧，不管是云计算服务还是图书馆云服务，提供商均同时面临着提高自身竞争优势和满足用户性能需求的双重压力。他们一方面致力于减少服务的成本，另一方面又必须努力去改进并保证服务质量，使自己的服务相对于其他竞争者具有差异性，有利于满足用户需求并获得用户的满意度。

从前面第 5 章的分析可以得知，图书馆云的服务质量由提供商提供的服务质量、服务交互的过程质量和用户感知的结果质量这三个维度正向反映。第一个维度是与提供商有关，第三个维度是与用户有关，而第二个维度同时与提供商和用户有关。因此，保证图书馆云的服务质量可从两个角度分别开展，第一个角度是提供商角度，这是可以从技术上获得保证的。提供商从自身的角度，在技术上构建健壮的图书馆云平台环境、保证服务交互的过程质量。但仅仅如此还不足以获得用户的满意度，还需要结合第二个角度，即用户的角度。提供商需要在用户评价服务质量上加以管理或制度的约束，制定用户评价服务质量的统一标准，使用户明确服务质量的相关变量，从而树立合理的期望，有利于降低期望与感知间的差异，保证用户的满意度。

服务等级协议就是这样一种面向用户、从管理上约束提供商和用户的行为、约束用户评价服务质量的统一标准。它是经过用户和提供商双方谈判的、共同理解的、关于服务质量评价及在服务过程中双方需遵守的职责等的谈判结果。SLA 在 20 世纪末就被引入到传统图书馆领域，后又延伸到图书馆的电子服务领域及基于网络的图书馆服务。自图书馆云服务上市以来，图书馆云服务等级协议也成了明确图书馆和用户双方的职责、保证图书馆云服务质量的重要措施。本章以服务等级协议为例，关注用户方面服务质量的实现与评价，分析服务等级协议在保证图书馆云服务质量上所具有的价值及其如何实现该价值。

9.1　图书馆云 SLA 的服务质量描述

用户在购买图书馆云服务时，用户所获得的服务质量水平及其评价标准被明确地描述在图书馆云服务等级协议中。图书馆云服务等级协议（service level agreement for library cloud，图书馆云 SLA）是图书馆云提供商和机构图书馆之间为保证服务质量而签署的一份关于服务内容、双方职责、质量水平和价格等服务细节的协议[4]，用于约定服务质量的指标及服务双方的职责。它明确了与服务质量有关的一些定义，量化了服务质量的相关参数和指标，避免对服务质量的标准存在歧义，在图书馆云服务的复杂环境中保证服务质量具有重要价值。

9.1.1 通用 SLA 模型与服务质量参数

ITU-T 将 SLA 描述为两个或多个实体通过谈判、协商而签订的一份正式协议，协议中规定了各参与方评价服务的性质、实体的责任和优先级等相关的范围，它有一个通用的 SLA 模型[153]，如图 9-1 所示。

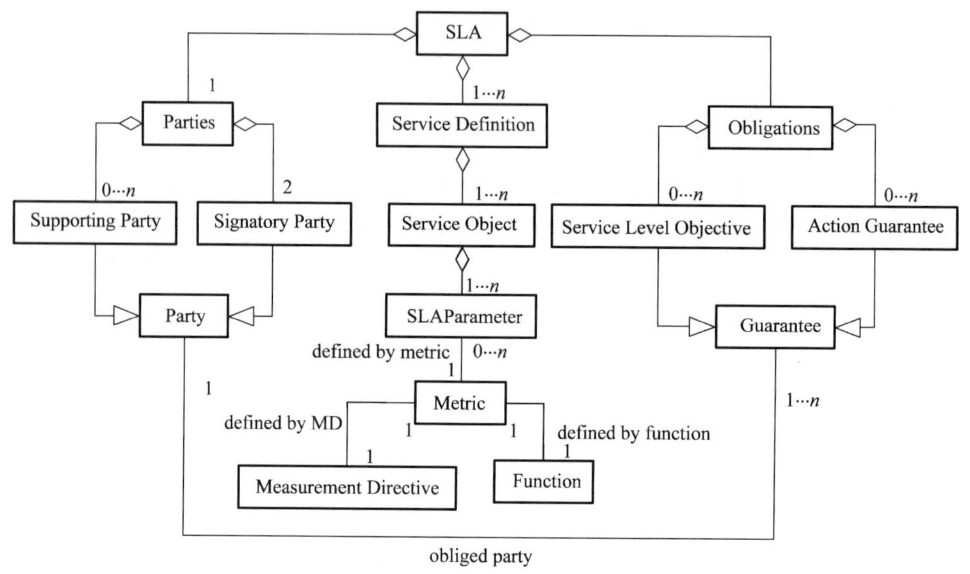

图 9-1　通用 SLA 模型

从该通用模型可以看出，图书馆云 SLA 需包括参与方（Parties）、服务定义（Service Definition）和权责（Obligations）三方面的内容，这三方面的内容均是围绕服务质量的问题展开的。

首先，参与方包括支持方、签约方及其相关属性。签约方是签署 SLA 的各方授权代表及相应的角色，关注的是服务及其服务质量的实现。支持方是为签约方提供支持的一方，主要是支持检测服务质量的实施情况。当然，在 SLA 中，支持方可以有多个，也可以不需要支持方。

其次，权责描述了各方在履行 SLA 协议过程中所应遵守的职责和义务，包括服务等级目标、保证服务质量的行为、服务质量的承诺及其监测机制等。

最后，服务定义说明了服务质量的目标及测量该服务质量目标的参数的计算办法。如 Amazon EC2 SLA 中描述了 EC2 服务可用性的目标是“保证 Amazon EC2 每年正常运行时间的百分比不低于 99.95%”。它采用服务可用性作为衡量服务质量的主要方面，评测的质量参数（或称为变量）为每年正常运行时间百分比，是可观测的变量，其计算办法是 100%减去一年内区域不可用状态持续 5 分钟的百分比。

此外，SLA 作为一个经济合同，它明确某些例外情况以及未达到规定的质量水平时提供方对客户方的赔偿办法。例外情况是明确 SLA 中不包含的内容，如由于自然灾害或第三方不可控因素造成的服务不可用现象，不属于提供方的责任等。如 EC2 SLA 的例外情况说明了服务承诺不适用的情况，包括任何不可用、吊销或终止服务的情况，以及不受 AWS 控制的外部力量影响而导致的故障，如不可抗力、网络接入、客户方面或第三方的行为、设备、软件或其他技术因素等。赔偿办法作为保证客户的满意程度的补救措施，通常是罚金或折扣的形式。如当 EC2 没有实现承诺的服务质量目标时，作为对用户的赔偿，它将折抵 10%的服务费用。

9.1.2　图书馆云 SLA 服务等级与服务质量水平

所谓服务等级（service level）是一组预期的、隐含的服务质量，用来反映服务质量的水平[153]。服务降级是在服务实际交付使用的过程中，质量参数的值有可能没有达到 SLA 承诺标准的情况。服务降级（service degradation）是指服务仍然可用，但是相对于 SLA 中规定的服务质量水平来说，其实际的质量水平已经下降了。服务降级意味着实际交付的服务质量的水平与所承诺的服务质量的水平之间存在差距，即质量参数的值没有达到该等级所规定的值。服务发生降级后，提供商为保持客户的满意度和忠诚度，通常会对服务降级现象给予相应的赔偿，如对服务费用给予相应的折扣。当然，服务降级的程度不同，赔偿的程度也会有所不同。

影响服务降级的因素主要是跟影响服务可用性的质量参数有关的[166]。一般来说，随着设备的老化和外部影响的干扰、非预期的大规模拥塞等因素都会削弱服务，服务的质量水平会不可避免地发生变化。此外，一些不可预测的事件，如山洪、飓风、地震或某些故意的破坏行为，都有可能导致服务的中断乃至崩溃。

前面表 8-1 列出了典型云计算 SLA 的服务等级及其服务折扣等级。图书馆云服务 SLA 也是如此，其服务折扣反映了当服务出现降级时，提供商给予图书馆的赔偿办法。

因此，提供商必须对 SLA 中相应的质量参数进行连续的监测和管理[167]，并在 SLA 中尽量排除那些由于第三方不可控因素而导致服务中断的例外情况、说明服务降级后提供商对图书馆所采取的补偿办法。这样不仅有利于保持图书馆的满意度和忠诚度，也有利于避免提供商方的 SLA 违例和更多补偿成本的支出。

9.1.3　图书馆云 SLA 业务关系与服务质量责任

SLA 的业务关系实际上反映地是业务实体间的关系，一般是签约的提供商与客户的关系，反映签约方在服务质量上所应承担的职责与履行的义务。

SLA 是提供商和客户之间签署关于服务质量职责和义务的协议。这意味着 SLA

存在于客商两端之间，客户端唯一地拥有一个提供商，所有与服务质量有关的问题，都由该提供商负责，形成了服务责任的一站式，如图 9-2 所示。

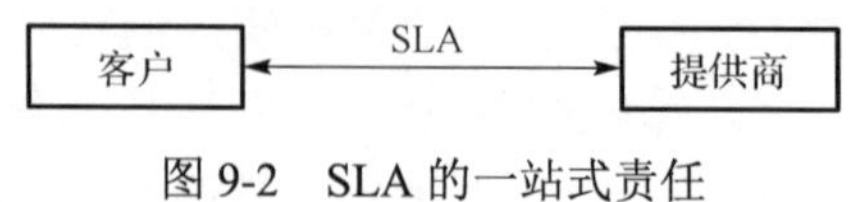

图 9-2　SLA 的一站式责任

一站式责任是用服务质量的实现来约束服务双方的行为，即为达到预定的服务质量目标，提供商应履行哪些义务，而客户在使用服务的过程中又应遵守哪些行为规范。它反映地是 SLA 参与实体间的相互作用关系[153]，任何一方不履行职责的行为都可能会影响实际的服务质量水平。在一份 SLA 中，客户只有一个服务提供商，唯一负责所有的服务质量，任何与服务质量有关的问题，均由该服务提供商负责，当然由于客户或例外情况引起的服务质量问题除外。

在组合服务的环境下，一项服务由若干个服务要素（service element，SE）组成，每个服务要素提供服务的某些功能。当提供商向客户提供服务时，他是一个服务提供商的角色，与客户签订一份 SLA。但是当提供商需要从供应商处购买某服务要素时，他就是一个客户的角色，该供应商是服务提供商的角色，两者间也签订有一份 SLA。如果提供商所需的 SE 来自不同的供应商，他则需与不同的供应商签订多份 SLA。

服务中所涉及提供商与供应商之间的服务要素的购买关系，以一份新的 SLA 在两个提供商间实施。该服务提供商就作为这份新的 SLA 的客户，当出现与服务质量有关的问题时，他同样也可以根据 SLA 的一站式责任找其责任供应商来协商解决。

这种从“客户”端到“提供商”端的 SLA 的一站式责任描述了 SLA 签约方内部间关于服务质量的责任与义务，简化了复杂环境下客商双方的权责问题，为复杂环境下客户的服务质量提供了保障。

不管是在云计算服务还是在图书馆云服务中，提供商均是通过网络将这些服务包或产品交付给用户使用的。理清 SLA 的业务关系对提供商和客户都具有重要的意义。

（1）有助于提供商和终端客户识别 SLA 的组成部分及各组成部分所实现的功能和所完成的任务。不同的 SLA，其服务要素不尽相同，将其明确地描述出来，有助于提供商和客户之间的统一理解，避免双方的认识不对称。

（2）有助于提供商和终端客户认识 SLA 在供应链节点上的不同方面。不同类型的 SLA 在 SLA 链条上所处的节点不同，其角色和任务也不相同。将 SLA 的链条进行切分，有助于将复杂的 SLA 划分为一些简单的 SLA，便于提供商和客户的理解和接受。

（3）有助于提供商找到 SLA 与质量参数之间的关联。不同类型的 SLA 的组成要素不同，其所对应的质量参数也不同。SLA 类型的划分，有助于将终端客户的质量参数和提供商的性能参数都准确地匹配并定义在相应的 SLA 中，提供客商之间理解的一致性，准确地评估自己接受服务的能力和期望，从而选择与需求相当的产品。

9.1.4　图书馆云 SLA 保证用户服务质量的价值

综上所述，图书馆云是处在组合服务的环境下，图书馆云的部分或全部的服务部件是从第三方厂商处购买的，服务的参与方间的关系复杂，角色又具有多重性，增加了测量服务质量与保证服务质量的难度。因此，机构图书馆在购买图书馆云服务时，需与图书馆云提供商协商签订 SLA 以保证所获得的服务质量。SLA 对签约双方都有重要意义。对机构图书馆来说，当所获得的服务质量没有达到 SLA 中约定的质量标准时，他有权根据 SLA 向提供商索取规定的违例赔偿。对提供商来说，他必须通过 SLA 来规范服务，并在 SLA 清晰描述，以利于权责的明确与衡量。特别是 SLA 具有明确一站式责任的作用，有利于服务质量的保证，也有利于双方责任和义务的衡量，保证用户的满意度。

具体来说，图书馆云 SLA 对保证机构图书馆的服务质量的价值主要体现在以下几个方面。

（1）SLA 明确了与服务质量有关的一些定义，量化了服务质量的指标，避免服务质量的标准存在歧义，有利于澄清双方的责权。

（2）SLA 根据服务质量水平的高低，提供了不同的服务等级，将有差异的个性化服务与不同图书馆的实际需求相结合，针对不同的图书馆制定不同的服务等级，以合同的方式将需求的差异和服务的差异很好地结合了起来，提供有针对性的服务，尽可能地契合了图书馆的需求，有利于提高图书馆用户的满意度。

（3）SLA 有利于满足需求。图书馆根据自己不同的服务需求选择不同层次的服务质量水平，而不同的服务质量水平的收费标准是不同的。这实际上是按需求消费的方式，有利于图书馆在需求与预算开支中作出平衡。

（4）SLA 有利于帮助建立图书馆对提供商的信赖。提供商必须按照 SLA 约定的服务等级来保证服务质量。如果出现了违例，需要按照合同的细则进行赔偿。SLA 实现提供商对图书馆的服务承诺用法律层面的合同来保证，增加了图书馆使用服务的安全感，加强了图书馆对提供商的信任。

SLA 对提高提供商方面的服务质量的价值主要体现在两个方面。

（1）SLA 敦促提供商不断创新，提高提供服务质量的能力。签订 SLA 后，提供商就有了一种约束，促使他形成良好的服务意识，采用新技术、加强管理、实时监控网络的运行情况、主动发现不足，通过不断创新来提高服务质量。

（2）SLA 的实施有利于提供商对图书馆的用户信息进行深度挖掘，了解不同图书馆的个性化特点，方便以后向特定图书馆提供更有针对性的服务。

9.2　图书馆云 SLA 的组成要素

图书馆应适应环境和读者需求的变化，不断提高其服务质量，是其赖以生存和发展的基础[179]。传统图书馆的服务质量管理，是一个可以客观测度、绝对的服务质量标准[180]，如开放时间的长短、馆藏规模、人均文献利用率的高低等。随着网络技术及商业 SERVQUAL 服务质量评价标准的引入，图书馆服务质量的标准从“书本位”向“人本位”的思想转移[181]，面向用户的主观感知成了图书馆服务质量的重要标准。根据使用者来评价图书馆有多成功，这就被认为是质量[182]。然而，用户的主观感知过于定性，且不同的用户，其满意度很难达到一致。图书馆如何能在定性和定量之间实现平衡？电信服务的 SLA，结合了面向用户的定性方式和可计量的定量方式，在定性和定量间实现了平衡。图书馆借用了这种方式，实现了既能采用面向用户主观感知的服务质量评价标准，又能较为客观地评价服务质量，确保用户客观地评价图书馆服务的质量。

通用 SLA 模型的内容框架中最重要的要素有质量参数、服务等级及业务关系。本节从传统图书馆 SLA 描述的内容出发，重点讨论图书馆云 SLA 内容框架的重要要素。

9.2.1　传统图书馆 SLA 的内容

传统图书馆的 SLA 是面向图书馆服务，图书馆与读者达成的关于服务的职责与义务的协议。图书馆作为服务的提供方，向读者提供图书馆的功能、服务与资源等。从面向读者的满意度的服务质量标准出发，为提高读者的满意度和忠诚度，图书馆与读者签订了 SLA，一方面使读者了解图书馆所能提供的服务质量的程度，形成对服务的客观期望；另一方面实现了图书馆服务质量的测量。SLA 就是这样一种读者主观评价与客观测量服务质量的一种方式。

英国的图书馆（如谢菲尔德大学（The University of Sheffield）图书馆[183]、大英图书馆[184]（British Library）、伦敦大学伯克贝克学院（Brikbeck College）图书馆[185]、利物浦约翰摩尔斯大学（Liverpool John Moores University）的图书馆[186]、巴希尔登医疗图书馆[187]（Basildon Healthcare Library）等）广泛应用 SLA 作为设定图书馆目标的手段。他们通过与用户（包括大学、当地政府）签订协议，发现服务目标与用户的需求和期望之间的差距，以开发更多、更有价值的服务[188]。美国的耶鲁大学（Yale University）图书馆[189]、弗吉尼亚社区学院（Virginia Community College）的图书馆管理系统[190]也向用户提供了使用图书馆的服务、功能和资源的 SLA。图书馆的 SLA 将图书馆和这些代表用户的机构联系起来，既表达了用户使用图书馆服务的权利和义务，又提供了一个刚性检查图书馆服务的本质和水平的机会，发展了图书馆与用户关于他们需求和期望的对话。本书根据他们提供的 SLA 的内容，总结了图书馆 SLA 的基本内容包括如下三个方面。

（1）服务描述：对服务进行一般性描述，说明服务的范围和性质等。

（2）双方的职责：描述提供方、用户在提供服务和使用服务的过程中所应履行的职责。

（3）服务可用性：说明用户可以使用服务的情况，一般用“开放时间”（open hours）来描述服务的可用性，如“周一至周五 8:00～下午 5:00（学院放假、假期或其他日程调整除外）[191]”，如果涉及的是可通过网络提供的数字资源或服务，其“开放时间”一般为“24 小时”（网络、系统维护时间除外）。

其中，谢菲尔德大学图书馆将服务划分为 15 个项目，包括图书馆专员服务、馆藏服务（资源的购买、支持学习和教学、数字馆藏等）、咨询服务、借阅服务、访问学习空间、自助复印、文献传递服务和馆际互借、远程读者支持、标注编目服务、信息素养服务、客户额外支持需求帮助服务、特藏室服务、客户反馈服务等。每一个项目的服务都有该服务的 SLA，这些 SLA 具有统一的格式，内容详尽、规范，包含以下内容信息。

（1）服务介绍：如“文献传递和馆际互借服务提供学校图书馆文献的可用性，当不可用时，从其他图书馆和文档提供商中获得，甚至需要海外供应商。对方可能租借文献，或提供复印本。该服务还定期提供到达波士顿斯帕大英图书馆的免费公共汽车服务”。

（2）服务的客户团体/资格人员：说明具备使用该服务资格的客户或人员，如“文献传递和馆际互借服务适用于所有用户”。

（3）提供方的责任：说明提供方在提供服务方面的职责，如“文献传递和馆际互借服务提供方的责任是有效地处理请求，监测供应方的执行情况，并利用最经济有效地方式提供文献；促进大英图书馆公共汽车服务的有效利用”。

（4）用户的责任：说明用户在使用服务时的职责，如使用数字馆藏服务的用户的责任是“遵从大学 IT 的业务守则、JANET（UK）可接受的使用政策和许可条款和条件，可访问图书馆网站和内容提供商的 Web 站点，但不许非法系统性地下载数字内容，所有资源都被用于教育，禁止商业利用。有关适当使用数字资源，可使用 Email 咨询”。

（5）服务的可用性：说明服务可用的情况，如数字馆藏服务的可用性为“校园内外 24 小时服务”。

（6）服务计量：说明计量服务效率的标准，如借阅服务的衡量办法是“返架——90%归还的条目将在 2 个工作日内返回架上；保存——在学期中，60%的请求将在 5 个工作日内将在馆藏可用，90%在 10 个工作日内将放置在何时的位置；在假期，60%的请求将在 10 个工作日内将在馆藏可用，90%在 15 个工作日内将放置在何时的位置”。

（7）依赖性：说明服务的依赖性，如服务所依赖的渠道、服务的经费、访问途径等。如数字馆藏服务的依赖于“校园网和 MUSE 门户的可用性，内容提供商服务器的可用性”。

（8）反馈和监测：说明用户反馈的渠道和监督机制，如数字馆藏服务的反馈和监测方式有三种，分别是“学生满意调查、由学生自愿参与的新服务使用测试、在图书馆实验室和大学门户网站的 Email 反馈机制”。

必要时，谢菲尔德大学图书馆 SLA 的内容还描述服务基准、业务定位，例外情况、计费办法、故障响应措施，并显示服务的联系方式。如文献传递和馆际互借服务的计费方法是“A4 纸为 1 单位，A4 双面和 A3 为 2 单位，A3 双面为 4 单位”；借阅服务出现故障时，“将启用自动恢复系统，然后在第一时间内尽可能迅速地调查故障原因”。

与以上介绍实体图书馆的 SLA 不同，OCLC 向其图书馆成员提供了基于网络的、完全商业化的 SLA。该 SLA 的客户并非使用服务的最终用户，因此，本书不将其列入图书馆 SLA 的范围内，而是将其看作网络服务的 SLA。OCLC 在其 SLA 中明确了所提供的服务的服务等级和性能目标，如 CONTENTdm Quick Start SLA[192]、CONTENTdm Hosting Service SLA[193]。前者明确说明了 OCLC 承诺的每月正常运行时间为 99%。后者在前者条款的基础上，增加“唯一的补偿”条款，如表 9-1 所示。

表 9-1　OCLC CONTENTdm Hosting Service 的服务等级及赔偿办法

每月实际运行时间百分比/%	服务折抵/%
99～97	15
94～96.9	25
92～93.9	50
90～91.9	75
＜90	100

图书馆将 SLA 引入传统图书馆服务领域，形成了传统图书馆服务的 SLA，其描述内容与云计算 SLA 或电信 SLA 既有相同之处，也有所不同。相同之处体现在四个方面。

（1）均明确了签约方及其业务关系。SLA 是服务双方关于服务交付细则的协定，有了签约方，其业务关系也就比较明了。图书馆 SLA 的签约方是图书馆和用户。SLA 使用户和图书馆建立了业务的联系，业务过程由图书馆提供相应的服务或资源，交付给用户使用。

（2）均对服务进行定义，使用户对服务具有初步的了解。

（3）均描述服务双方的职责，提供方根据职责所在，提供服务质量，用户履行职责，从而获得相应的服务质量。

（4）均使用“服务的可用性”作为服务质量维度的衡量标准，使得服务质量的测量有据可依。

尽管传统图书馆的 SLA 在服务、双方职责和服务的可用性等方面的描述与云计算服务的 SLA 一样，但两者在内容、规范上也还存在很大差别，主要体现在以下几个方面。

（1）传统图书馆 SLA 的“用户”，并非真正的签约方，他与图书馆并未真正地签订了 SLA。传统图书馆 SLA 是由图书馆单向制定，在用户成为图书馆的资格用户时，他同时也就接受了图书馆公告的 SLA，必须遵守图书馆 SLA 的用户职责。

（2）传统图书馆 SLA 计算服务可用性的质量参数是“开放时间”，不是云计算服务的“服务正常运行时间百分比”。传统图书馆 SLA 质量参数的测量简单，计算办法粗糙，结果也不够精细。

（3）传统图书馆 SLA 没有说明服务质量的目标，也没有响应的目标承诺。云计算服务的 SLA 一般会承诺“服务的可用性为百分之九十九点几”，但传统图书馆 SLA 只是简单地说明服务可用的时间是某个时间段（图书馆的网络服务是 24 小时）。

（4）传统图书馆 SLA 没有“服务等级”。它只说明了服务的对象是教工或学生，但并未说明他们之间所享受的服务水平是否有区别。

（5）传统图书馆 SLA 没有提及赔偿的问题。传统图书馆 SLA 中没有说明当图书馆没有实现 SLA 条款规定的内容时，该如何赔偿用户的损失。

服务质量的目标、服务等级及赔偿方法，是 SLA 的关键内容，也是保障用户服务质量、提高用户满意度的关键方面。但传统的图书馆 SLA 并没有实现这些方面的内容，可以说，它更像用户公告或用户须知。这与图书馆公益性的服务性质有很大关系，用户可以免费使用图书馆的大部分服务。当图书馆没有实现 SLA 的内容时，没有对用户造成直接的经济损失。用户也不会像支付了服务费用那样，介意服务是否实现了“使用价值”。况且，在传统的图书馆服务中，图书馆的服务和资源一直由图书馆掌控。图书馆提供什么样的资源或服务，用户就只能使用什么样的资源或服务。长期以来，用户也就默认了图书馆一直以来的服务质量和效率。即使服务体验不如商业性质的好，用户仍需要使用图书馆的服务和资源。

但是，随着基于 Web 服务的网络信息提供商提供非图书馆的网络信息资源服务逐渐成熟，用户开始转向使用这些非图书馆的、便捷的、易于使用的网络信息服务。图书馆面临着来自网络信息提供商的竞争，其用户忠诚度和满意度也受到了巨大的挑战。对图书馆来说，形成便捷的网络信息服务并保证服务交付的质量，是图书馆在网络环境下获得竞争优势的关键。图书馆云服务及其 SLA 正是基于这样一种思想构建起来的。

9.2.2　图书馆云 SLA 的内容框架

综上所述，图书馆云服务是基于云计算、构建在一个共享的数据模型的基础上的图书馆服务。与传统的图书馆的公益性服务有所不同，图书馆云服务是商业性的组合服务，它面对着许多客户之外的供应商、合作方和中介方等，它的客户是全球各地、需求层次不同机构、企业或其他组织的图书馆，图书馆向其读者提供使用图书馆云服务的账号和密码，这些读者是图书馆云服务的最终用户。在如此复杂的供应链关系中，在供应链的两端签订 SLA，有助于保证服务质量的交付使用，也有助于满足不同层次的需求，体现差异性服务的思想，为客户提供有针对性的服务，如图 9-3 所示。

图 9-3 中，SLA 的一端为服务的提供商 P，另一端为服务的客户 C。机构图书馆与用户（即最终用户）之间所签订的 SLA，就是前面介绍的图书馆 SLA。图书馆云服务提供商与机构或机构图书馆签订的 SLA，即本章所讨论的图书馆 SLA，此时，机构或机构图书馆是图书馆云服务的客户，但不是最终用户。图书馆是介于云计算服务和最终用户间的组织。

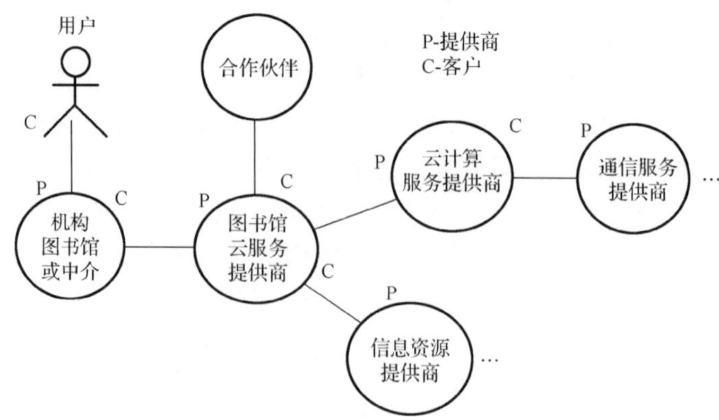

图 9-3　图书馆云服务的供应链

因此，图书馆云的服务等级协议是图书馆云服务提供商与其客户签订的关于服务内容、服务质量目标、双方职责及违约赔偿细则的协议。其客户通常是一个机构或一个机构的图书馆，如学术机构、政府机构、企业或其他组织（的图书馆）。

根据图书馆云服务的环境及 SLA 的通用性，图书馆云 SLA 的内容既应包含通用 SLA 模型中签约方、服务职责和服务定义这三项基本内容，也应反映出云计算 SLA 所需的相应内容。

通用 SLA 模型反映了图书馆云服务的签约方是图书馆云服务提供商及客户，必要的时候还存在支持方，负责监测 SLA 执行的情况。综上所述，图书馆云服务的客户是机构或组织（institutes or organizations），这些机构或组织通过商业化的方式购买图书馆云服务。具有使用该机构或组织图书馆权利的用户才是图书馆云服务的最终使用者，这些图书馆向其用户提供公益性的图书馆服务，其中也包括购买得来的图书馆云服务。在 OCLC 的图书馆云服务 WMS 中，OCLC 称其签约方为“机构”。在 ExLibris 的图书馆云服务 Alma 中，ExLibris 称其签约方为“客户”。OCLC 承诺 WMS 可用的时间每月正常运行时间是 99.8%[194]，ExLibris 承诺 Alma 的可用性为每年正常运行时间至少为 99.5%[195]。

为保证达到以上图书馆云服务的质量水平，SLA 通常约定双方的职责与行为。WMS 和 Alma 都用了专门的“条款”（terms）文档来说明双方的职责，包括双方的权利与义务、数据安全与保密等方面。

如果由于任何一方的失误导致服务质量没有达到 SLA 约定的标准，另一方则有可能受到 SLA 条款中规定的惩罚。如由客户方造成的违约，提供商有权终止其使用服务的权利；或提供商方造成的违约，为保证客户对服务的满意度和忠诚度，提供商需根据 SLA 的有关条款，给予相应的赔偿，其赔偿可以是赔偿金、服务费用折扣或其他方式。

除此之外，图书馆云 SLA 还对服务进行了相关的描述、对 SLA 中相关术语进行了定义、说明了监测报告的交付方式，以及协议的生效期限等。

从内容上看，图书馆云 SLA 对服务目标作出了承诺、说明了服务可用的计算办法及相关的服务等级，比起传统图书馆 SLA，更切合了通用的 SLA 模型，也符合其云计算环境的需要。其原因除了服务性质是公益性还是商业性，更重要的是服务内容本身还存在很大的差别。传统图书馆主要是针对纸质版的文献资料或局域网内部的大部分还是手工操作的工作流程（如采访、流通等）。而图书馆云服务针对的是完全数字化的信息资源、在全球范围内可共享、交互的网络化工作流程。

在如此虚拟化、分布式的图书馆云的工作环境中，用户对资源没有实质接触，甚至不知道资源存放在何处，有服务质量保证和规定双方职责的 SLA，明确了签约双方的业务关系，有利于双方相互信任。提供方根据 SLA 条款进行服务的配置和实施，既提高了服务的针对性，体现了服务的个性化，又提高了客户方的服务效率，节约了大量的硬件软件等基础设施的成本支出。

9.2.3　图书馆云 SLA 的质量参数

用户感知的结果质量是面向用户方面的图书馆服务质量维度，该维度包含子维度服务可用性及服务可靠性。相对于服务可靠性，服务可用性更受关注（路径系数为 0.991，R^2 为 0.982）。在服务可用性所有的可观测变量中，观测变量 SRQ1_4（感觉服务总是可访问）的路径系数最大（为 0.952，图 9-4），反映了 SRQ1_4 在所有可观测变量中，对潜在变量服务可用性的影响最大。

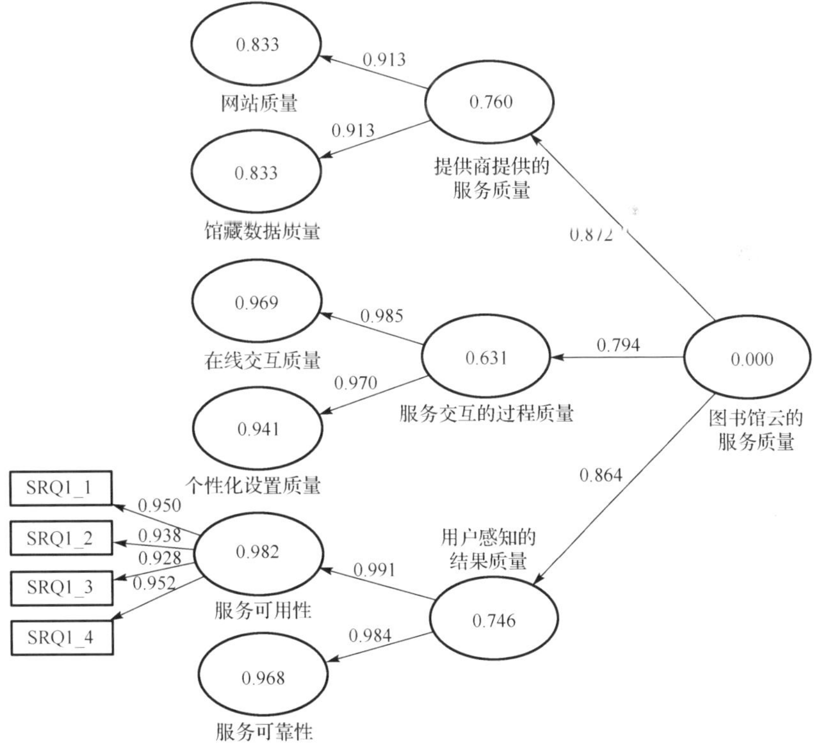

图 9-4　图书馆云服务质量模型路径分析结果

因此，在用于保证用户服务质量的 SLA 中，提供商采用影响力最大的服务可用性作为反映服务质量的潜在变量，将“服务总是可访问”作为测量服务可用性的测量变量。为进一步在实践中实现“服务总是可访问”的可计量性，提供商将其定义为“服务正常执行时间的百分比”，作为在 SLA 中测量服务可用性的质量参数。该 SLA 的质量参数计算办法及其数值既能计算出客户感知到的服务质量水平，又能反映出提供商提供服务质量的能力。采用 SLA 质量参数来监测、计量实际的服务质量水平有助于保证分别从提供商和用户角度衡量服务质量的一致性。OCLC 在其图书馆云服务 WMS SLA 中，承诺 WMS 的可用性为每月正常运行时间是 99.8%，计算办法如式（9-1）所示。

$$\text{正常运行时间} = \frac{T - P - D}{T - P} \times 100\% \tag{9-1}$$

式中，T=各月总的分钟数；P=计划的中断时间（每个月不超过 4 小时）、由第三方引起的通信或电源中断时间、OCLC 可控范围之外的原因引起的中断时间；D=该月非计划性的宕机（downtime）总分钟数。

ExLibris 在其图书馆云服务 Alma SLA 中，承诺 Alma 的可用性为每年正常运行时间至少为 99.5%，计算办法如式（9-2）所示。

$$\text{正常运行时间} = \frac{X}{Y - Z} \times 100\% \tag{9-2}$$

式中，X=计量周期内正常运行的分钟数；Y=计量周期的总分钟数；Z=SLA 违约持续的分钟数。

尽管两者计算方法有所不同。分子均表达了“正常运行的分钟数” 的意思，分母的区别在于是否把宕机时间和计算性的中断时间排除在外。前者排除计划性的中断时间，后者排除宕机时间。无法评判谁的计算办法更为合理。只要该计算方法及其承诺的目标值为客户接受即可。

9.2.4　图书馆云 SLA 的服务等级

由于签约对象的特殊性，图书馆云服务提供统一的资源（不像云计算服务那样划分了多个资源等级），以满足图书馆的最大需求，实现资源利用率的最大化。图书馆云服务使用的是基于订购的价格模型，各机构图书馆不需选择资源的等级，只需根据需求选择订购服务时间的长短，如每年、每半年、每季度或每月。

以 OCLC 的云服务 WMS 为例，WMS 为所有购买 WMS 服务的机构图书馆提供统一的资源。为实现诸如编目、采访、流通和用户管理、许可权管理、元数据管理等基于 Web 协作图书馆管理服务的功能，WMS 的资源包含了 OCLC WorldCat，OCLC Cataloging，WorldCat Resource Sharing，FirstSearch WorldCat 等。其中，WorldCat 是

WMS 的核心，是全球最大的图书馆元数据数据库。它包含了所有能想象得到的物理格式和电子格式[196]。目前，它的馆藏数量超过了 20 亿，书目记录超过了 3 亿，来自 170 个国家和地区的 7 万多家图书馆选择了 WorldCat，每 10 秒钟就能增加一条记录，每 4 秒钟就实现一个 WorldCat Resource Sharing 的请求，每秒钟都有通过 FirstSearch 搜索 WorldCat 的行为[197]。FirstSearch 是一个在线咨询搜索工具，它可以搜索 WorldCat 和其他数据库的内容[198]。WorldCat Resource Sharing（WorldCat 资源共享）提供从当地或世界各地的图书馆进行馆际互借或其他资源的共享，提高本馆资源的使用率，其核心还是 WorldCat[199]。Cataloging 是一个协作编目工具，实现元数据创建和维护共享服务，与 WorldCat，FirstSearch 一起使用，可实现在网络上对图书馆馆藏进行检索[200]。WMS 的资源和功能还在不断地充实、提升和完善中。

在 SLA 中，提供商设计质量参数的计算办法、监测办法，以及承诺服务质量的目标值，该目标值所在的范围反映了服务质量的等级。如 OCLC 承诺 WMS 的可用性为每月正常运行时间是 99.8%。WMS 的可用性是 SLA 保证的服务质量，每月正常运行时间是测量可用性的参数，99.8%是 OCLC 承诺的质量目标。

如果在实际交付服务的过程中，服务质量没有达到 SLA 承诺的服务等级，就发生了服务降级。如果服务降级是由于提供方的原因造成的，客户可根据服务降级的程度获得不同程度的赔偿。一般来说，对服务降级的赔偿最终是以服务费用或服务价格折扣的形式体现出来的。如果服务没有发生降级，服务费用将按标准价格收取；一旦发生降级，依据降级的程度不同，折扣的程度也不同。如表 9-2 所示为 WMS 对服务出现降级而实施的赔偿办法。

表 9-2　OCLC WMS 的服务等级及其赔偿办法

服务等级	每月实际正常运行时间百分比/%	服务折抵/%
1	≥99	0
2	97～99	15
3	95～96.9	25
4	≤95	50

WMS 承诺每月正常运行时间百分比为 99.8%。但在计算服务折抵时，只有正常运行时间低于 99%，才给予获得相应的服务赔偿。如果正常运行时间低于 95%，OCLC 将给予 50%的服务折抵。与云计算 SLA 的服务折抵不高于 25%的程度相比，其折抵程度、赔偿力度相当高。这也间接反映了 OCLC 具有足够的能力和信心向用户提供有质量保证的图书馆云服务。

9.2.5　图书馆云 SLA 的业务关系

图 9-3 反映了图书馆云服务的目标客户是一个中介、机构或机构的图书馆，并非

图书馆云服务的最终用户。而图书馆的目标客户是读者群或用户群(以下统称用户群)，他们才是图书馆云服务的最终用户，是最终体验图书馆云服务质量的实体。图书馆云服务的目标客户并非体验其服务质量的实体。用户使用图书馆云服务的具体行为和操作又反过来影响第三方提供商交付的服务质量。这种质量的相互依赖、相互影响的关系，可以用 SLA 关系链及其类型来描述。

1）图书馆云服务的 SLA 链

在图书馆云服务中，服务交付到最终用户的过程中，存在多个提供商、合作伙伴等共同提供组合成图书馆云服务的各种服务要素。多个提供商间为保证服务质量而签订 SLA，从而形成一条复杂 SLA 链，如图 9-5 所示。

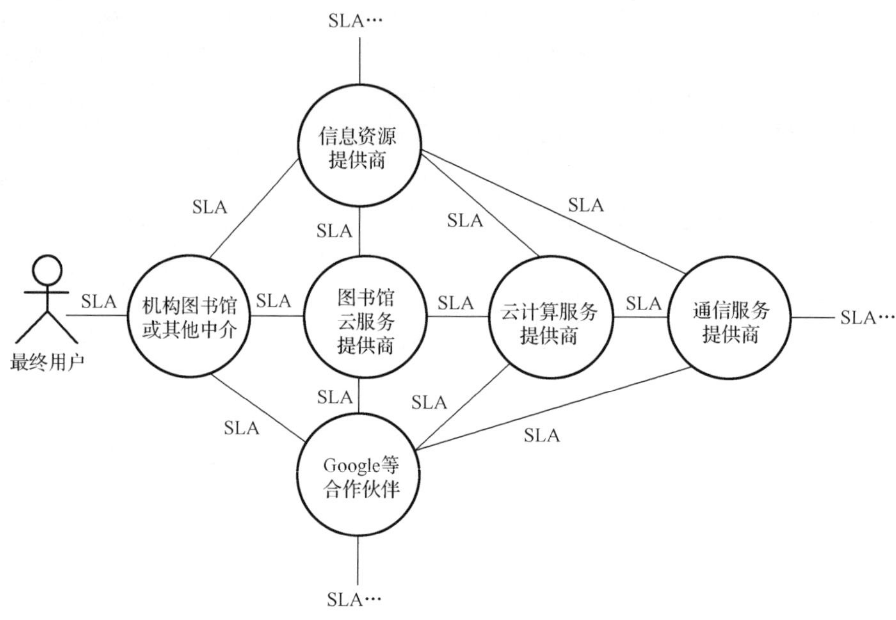

图 9-5　图书馆云服务的 SLA 链

图书馆云服务的供应链传递的是产品或服务，图书馆云服务的 SLA 链传递的则是服务的职责，特别是服务质量的保证，因为服务质量才是可以被计量的。图中，当图书馆云服务提供商将服务卖给机构图书馆或其他中介时，它是提供商的身份。而当图书馆云服务提供商需要购买其他服务提供商的服务要素时，它就是一个客户的角色。在这种角色的多重性、身份多变复杂的交互环境中，一个环节的服务质量出现问题，必然会牵连到其他系列服务的客户。为保证服务质量可计量评估、可追溯追究，提供商间应保持衡量参数的一致性。SLA 在其中起到与质量参数之间关联的作用，有助于将终端客户的质量参数和提供商的性能参数都准确地匹配并定义在相应的 SLA 中，保证提供客商之间理解的一致性。

2）图书馆云 SLA 的类型

图书馆云服务的 SLA 类型包括外部 SLA、供应商/合作者 SLA 及内部 SLA，如图 9-6 所示。

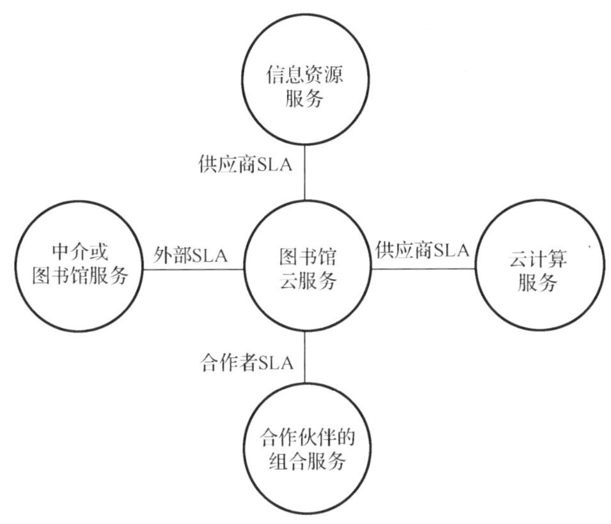

图 9-6　图书馆云 SLA 的类型

其中，内部 SLA 反映地是图书馆云服务提供商内部各技术部门之间服务职责及服务质量保证的协议。本书所讨论的图书馆云 SLA 是图书馆云服务的外部 SLA，即图书馆云服务的提供商作为资源和服务的提供方，在出售服务时，与其客户签订的 SLA。在供应商/合作者 SLA 中，图书馆云服务的提供商是作为资源和服务的客户方，接受来自供应商或合作者提供的资源和服务，不被列入图书馆云 SLA 的范畴。

明确的业务关系是职责要求与服务质量保证的基础。提供方可以根据客户方的要求、规模及经费等因素来协商图书馆云服务的服务等级，提供有针对性的、各客户方间又有差异性的服务。

9.3　图书馆云 SLA 的应用实例

目前市场上的图书馆云服务包括 OCLC WMS，Innovative Interfaces Sierra，ExLibris Alma，Serial Solutions Intota，VTLS Open Skies 和 Kuali OLE 等。他们都会向客户提供购买图书馆云服务的相关条款和协议。SLA 作为专门描述提供商在提供服务质量上的责任、评价服务质量的参数及其测量方法的部分，又称为 QoS 协议（QoS agreement）或服务质量协议（service quality agreement，SQA）[153]，是从用户的角度，说明提供商的责任，衡量提供商实现服务质量的水平及弥补办法。本书以 OCLC 的

WMS 和 ExLibris Alma 为例，采用案例分析法，进一步论证图书馆云服务的 SLA 在保证服务质量中的价值及作用。

9.3.1 OCLC WMS SLA

OCLC 的 WMS 是一个基于订购的服务。机构（institute，即 SLA 的签约方）在购买 WMS 时，与 OCLC 签订关于 WMS 的服务协议，包括 SLA、相关条款和使用政策。其中，SLA 简述 OCLC 向机构提供托管服务（简称服务）的服务质量水平、服务等级和性能目标等，以支持设施、服务器、计算机设备、操作软件及服务的连通性等操作（简称系统）。该 SLA 包含 4 个主要内容[194]。

（1）正常运行时间的承诺（uptime commitment）。OCLC 保证服务有 99.8%的时间是可用的，其计算方法如式（9-1）所示。

除此之外，OCLC 还详细描述了其他可能与服务可用性有关的事件，如它明确描述"计划性维护的时间是每周日的凌晨 2:00～6:00 美国的东部时间（eastern time，ET）"，并且 OCLC 将在计划性宕机前 3 天向机构发出通知。当需要计划性的紧急维护，OCLC 也将提前通知机构。当主要的数据中心出现灾难时，OCLC 将在 4 小时内把服务转移存储在其他次要的数据中心。当出现突发事件可能会影响 OCLC 实现正常时间的承诺或可能引起服务物理中断或毁坏时，OCLC 也将会立即通知机构。

当出现非计划性的宕机事件后，OCLC 将会采取相应的补救措施。如召开事后剖析会议，以确定引起中断的根源，指定必要的纠正和预防措施，以防止事件复发，并将相关的纠正和预防行动的计划告知机构。

在涉及与服务质量有关的事件时，OCLC 给予机构最大的知情权，在自己努力采取措施的同时，也让机构做好应对相关事件的计划，尽量降低事件给机构带来的负面影响。既有利于机构随时跟进服务，了解服务的状态，对服务形成客观的、合理的期望及较好的满意度，又使 OCLC 争取到机构的理解，并获得机构的信任。

（2）响应时间的承诺（response time commitment）。OCLC 测量所有来自系统入口点到系统出口点之间的事务，这些统计数据将用于衡量服务的性能，并承诺在高峰业务时间段（早上 7 点至晚上 9 点，ET），95%的事务将在 3s 内完成。

（3）唯一的补偿（exclusive remedy）。在为期一年的时间里，如果任何两个月 OCLC 没有履行正常运行时间的承诺，并且机构在每次事件当月结束后 30 天内提供书面通知，根据所说明的运行时间，机构可获得等同于服务每月费用百分比的服务折抵（service credit），这是机构能获得的唯一补偿。如果机构没能在事件当月结束后的 30 天内向 OCLC 提交故障的书面通知，OCLC 将视为机构放弃获得赔偿。

（4）系统管理。OCLC 的系统管理包括监测、维护和变更控制。其中，监测条款说明 OCLC 每天 24 小时监测所有应用程序、服务器硬件设施和软件，监测异常事件或超荷的利用率或性能阈值，以保证最优的性能和可靠性，维护系统的正常运转。维护条款说明 OCL 采用现场人员支持、随叫随到人员支持、自动服务器检测和自动分页技术等方式，运行、监测和管理所有为服务提供支持的服务器、应用程序和网络。变更控制条款说明 OCLC 积极收集来自指定服务器、外围、操作系统或数据库提供商关于升级、缺陷补丁和修补文件的相关信息，及时安装新的设备、软件、版本、升级、修补文件、补丁和其他需要的项目来维护 OCLC 系统达到行业标准。

OCLC WMS SLA 明确了服务质量的目标及其相关条款，使用户的服务质量有了法律保障。但该 SLA 中没有明确双方的权责，也没有与服务价格有关的说明。这些与双方权责、价格、术语及例外情况等有关的条款，被描述在“WMS 条款和条件”中。有关用户行为的约束条款，被描述在“使用政策”中。此外，在签订 WMS SLA 时，还会以附录的形式提供 WMS 的相关文档，如 WorldCat Local 条款和条件、FirstSearch Service 条款等。因为这些服务或资源被包含在 WMS 服务中。

总而言之，OCLC WMS SLA 是一个内容较为完整、全面的图书馆云 SLA，基本描述了通用 SLA 模型所包含的各项内容。但是，该 SLA 并不是一个独立的协议，在签订该 SLA 的同时，还需要签订其他的相关协议。这是由图书馆云服务是一个组合服务决定的。图书馆云服务需要在多个提供商或合作者共同提供，甚至提供商内部的业务联系也很复杂。SLA 及其质量参数是联系这些复杂关系的最关键纽带。一旦某环节出现了问题，可通过 SLA 来追究该环节上提供商的责任，使服务及其质量的保证具有可追踪性。SLA 中的赔偿既能就相应的故障给予用户一定的安慰，也能促进提供商努力保证服务质量，避免故障，从而避免增加用户赔偿的经济负担。

9.3.2　ExLibris Alma SLA

与 OCLC WMS SLA 一样，ExLibris Alma SLA 也不是一个独立的协议，它以附录的形式存在于“ExLibris Alma 订购、服务和支持协议”之下。Alma 的可用性“每年正常运行时间至少为 99.5%”[195]，反映服务质量的潜在变量仍是服务的可用性，其质量参数为每年正常运行时间百分比，计算办法如式（9-2）所示。

Alma SLA 还定义了相关的专业术语，如宕机时间、计量周期、计划宕机时间、正常运行时间和正常运行时间百分比等，并且说明了例外情况、相关支持事件及回应等级，如表 9-3 所示。

表 9-3　Alma SLA 的支持事件及回应等级

回应等级	事件描述	初步响应
1	服务不可用	1 小时
2	不可操作的模块	2 小时
3	其他产品性能相关的问题，如某模块工作特征不正确	1 个工作日
4	非性能先关的事件，如一般的问题、信息请求、文档问题、优化功能请求等	2 个工作日

Alma SLA 用每年正常运行时间百分比来测量服务的可用性，计量周期为一年，

而 WMS SLA 的计量周期为一个月，周期更短，更有利于获得服务质量的保证。而且 Alma SLA 只单方面地承诺服务可用的时间百分比，在其所有的相关条款中，既没有描述反映服务质量水平的服务等级，也没有描述未实现承诺时对客户的赔偿办法。因此，从严格意义上说，它还不是一个正式的服务等级协议。

综上所述，服务等级协议作为提供商的管理手段在保障服务质量方面起着非常重要的作用。它明确了衡量服务质量的参数及计算办法，有利于客商双方达成评价服务质量的统一标准；它明确了提供商对服务质量水平的承诺，提供了服务质量的保证；它描述了服务质量水平的等级，提供具有差异的服务，增加了服务的针对性；它还反映了组合环境下服务的业务关系，使服务的责任具有可追踪性，是组合服务、虚拟服务环境下，获得服务质量的重要保证。

参 考 文 献

[1] John W R , James F R. Cloud Computing Implementation, Management, and Security. Boca Raton: CRC Press, 2010.

[2] Nelson M R. Building an open cloud. Science, 2009, 324(26): 1656-1657.

[3] Fox R. Library in the clouds. OCLC Systems & Services, 2009, 25(3): 156-161.

[4] 邓仲华, 钱文静, 钱杨. SLA 研究及其在信息服务中的应用//胡昌平. 信息资源研究进展. 武汉: 武汉大学出版社, 2010: 305-339.

[5] Wikipedia. Cloud Computing. http://en.wikipedia.org/wiki/Cloud_computing [2012-11-15].

[6] Kevin H. What is cloud computing? Cloud Computing Journal. http://cloudcomputing.sys-con.com/node/579826 [2009-12-13].

[7] Hosch W L. Google inc. Encyclopedia britannica online. http://search. eb.com/eb/article-9471099 [2009-7-29].

[8] 蒙克. “云”中漫步——解密云计算. 网络世界, 2008-6-16(012).

[9] 周文林. “云计算”将取代传统计算模式. 中国税务报, 2008-3-26(012).

[10] Rober L G. The case for cloud computing. IEEE Computer Society, 2009, 11(2): 23-27.

[11] Peter M, Timothy G. The NIST definition of cloud computing. National Institute of Standard and Technology, US Department of Commerce, 2011.

[12] Armbrust M, Fox A, Griffith R, et al. Above the clouds: A berkeley view of cloud computing. http://www.eecs. Berkeley. edu /Pubs /TechRpts /2009 /EECS-2009-28. pdf [2010-09-02].

[13] Michael A, Armando F, Rean G, et al. A view of cloud computing. Communications of the ACM, 2010: 50-58.

[14] 张建勋, 古志民, 郑超. 云计算研究进展综述. 计算机应用研究, 2010, 27(2): 429-433.

[15] 赵培, 陆平, 罗圣美. 云计算技术及其应用中兴通讯技术, 2010, 16(4): 36-39.

[16] AWS Homepage. http://aws.amazon.com/ec2/pricing/ [2012-8-25].

[17] AWS Homepage. http://aws.amazon.com/cn/ebs/ [2012-8-25].

[18] AWS homepage. http://aws.amazon.com/cn/s3/ [2012-8-25].

[19] Windows Azure Cloud Services Homepage. http://www.windowsazure.com/zh-cn/pricing/details/storage/ [2012-8-25].

[20] 谭茂. Google 云服务收费标准引发争议: 开发者成本大幅上升. http://www.chinaz.com/news/2011/0906/208876. shtm [2012-8-25].

[21] Meiers J. 云计算资源的计费计量. http://www.ibm.com/developerworks/cn/cloud/library/cl-cloudmetering/index.html [2012-8-25].

[22] Google Cloud Service Homepage. http://cloud. google.com/pricing/index.html [2012-8-25].

[23] Microsoft Business-Cloud Service. http://www.microsoftbusinesshub.com/Products/Microsoft_Office_365 [2012-8-25].

[24] 中国电信. 云计算的理论和应用. http://wenku. baidu.com/view/f408ed3d0912a2161479296a.html [2012-1-13].

[25] 存储虚拟化. http://wenku.baidu.com/link?url=nucAExOyp9E4H-9-RE1TjB__mejX56aZ2jBuy1N3jeeHA6ZhTReSEXxU5xu1GuHPQfq9I7h4VfSZgVbFdaA35BSdnONb50_kuFDRnd_7vYy[2016-6-26].

[26] Ghemawat S, Gobioff H, Leung S T. The google file system. http://static.googleusercontent.com/external_content/untrusted_dlcp/research. google.com/zh-CN//archive/gfs-sosp2003. pdf [2012-5-26].

[27] Alex. 谷歌三大核心技术(一)Google File System 中文版. http://www.open-open.com/lib/view/open1328763454608.html [2012-5-26].

[28] Fay C, Jeffrey D, Sanjay G, et al. BigTable: A distributed storage system for structured data. OSDI'06: 7th Symposium on Operating System Design and Implementation, Seattle, 2006.

[29] Alex. 谷歌三大核心技术(三)Google_BigTable 中文版. http://www.open-open.com/lib/view/open1328763508092.html [2012-5-26].

[30] Alex. 谷歌三大核心技术(二)Google MapReduce 中文版. http://www.open-open.com/lib/view/open1328763069203.html [2012-5-26].

[31] Fumin. 谷歌技术“三宝”之 MapReduce. http://blog.csdn.net/opennaive/article/details/7514146 [2012-5-26].

[32] Jeffery D, Sanjay G. MapReduce: Simplified data processing on large clusters. http://static.googleusercontent.com/external_content/untrusted_dlcp/research. google.com/zh-CN//archive/mapreduce-osdi04.pdf [2012-5-26].

[33] Chang J. 李开复: 未来 95%工作将在浏览器中完成. http://server. chinabyte.com/363/8641363.shtml [2008-12-17].

[34] StatCounter G S. Top 5 browsers from dec 2011 to dec 2012. http://gs. statcounter.com/ [2013-1-7].

[35] Tali G, Paul I. How browsers work: Behind the scenes of modern web browsers. http://www.html5rocks.com/en/tutorials/internals/howbrowserswork/ [2011-8-5].

[36] 晓庄. 云计算下的浏览器. http://wenku. baidu.com/view/0ad2124a767f5acfa1c7cdcd.html [2012-7-10].

[37] 涂兰敬. 英雄难过“安全”关: 盘点云计算安全事故. http://cio. zol.com.cn/228/2281011_all.html [2011-7-12].

[38] Raphaelj 十个最严重的云断网故障案例带给我们的教训. http://cio.itxinwen.com/informationize/2011/ 0701/312558.html [2011-7-12].

[39] Biggest cloud challenge: Security. http://cloudsecurity.org/blog/2008/10/14/biggest-cloud-challenge-security.html [2010-9-6].

[40] 亚马逊服务器故障背后: 云计算安全吗? http://www.techweb.com.cn/column/2011-04-29/1027173.shtml [2011-4-29].

[41] Cloud computing use case group. cloud computing use case white paper, 4.0. http://cloudusecases.org/Cloud_Computing_Use_Cases_Whitepaper-4_0. odt [2012-8-25].

[42] 陈全, 邓倩妮. 云计算及其关键技术. 计算机应用, 2009, 29(9): 2562-2566.

[43] Hazelhurst S. Scientific computing using virtual high-performance computing: A case study using the amazon elastic computing cloud. Proceedings of the 2008 Annual Research Conference of the South African Institute of Computer Scientists and Information Technologists on IT Research in Developing Countries: Riding the Wave of Technology, 2008: 94-103.

[44] Ben L, Michael C S, Jimmy L, et al. Searching for SNPs with cloud computing. Genome Biology, 2009, 10(11): 134.

[45] Janifer G. The networked library service layer: Sharing data for more effective management and co-operation. Ariadne Issue 56. http://www.ariadne. ac. uk/print/issue56/gatenby [2008-7-30].

[46] Open cloud consortium. http://www.open-cloud consortium.org/index.html [2012-3-27].

[47] Nie H. Cloud computing—a China view. http://www.oclc.org [2010-9-6].

[48] DMTF. Open cloud standards incubator. http://www.dmtf.org/about/cloud-incubator [2012-3-8].

[49] Cohn J M, Kelsey A L, Fiels K M. et al. Planning for Integrated Systems and Technologies: A How-to-do-it- Manual for Librarians. London: Facet Publishers, 2002.

[50] Jay J. Library management services in the cloud: More reality than dream. http://www.oclc.org [2011-1-9].

[51] Yan H. On the clouds: A new way of computing. Information Technology and Libraries, 2010, (6): 87-91.

[52] Why OCLC worldshare management services? http://www.oclc.org/worldshare/default. htm [2012-11-13].

[53] WMS home page. http://www.oclc.org/webscale/default. htm[2012-11-13].

[54] David R. OCLC's cloud-based ils enters next phase. Library Journal, 2010, (8): 16.

[55] WMS. http://www.oclc.org/go/asiapacific/zhcn/worldshare. [2012-11-13].

[56] Ellyssa K. Library cloud atlas: A guide to cloud computing and storage stacking the tech. Library Journal. http://www.libraryjournal.com/article/CA6695772.html [2009-10-09].

[57] WorldCat(维基百科). http://zh.wikipedia.org/wiki/WorldCat [2012-11-22].

[58] OCLC. Libraries at Webscale: A discussion document. http://www.oclc.org/asiapacific/zhcn/reports/webscale/libraries-at-webscale. pdf [2013-1-10].

[59] 周小平. 中外图书馆经费来源比较. 中国图书馆学报, 1996, (2): 3-7.

[60] Matt G. Cloud computing and libraries. http://www.oclc.org [2012-11-10].

[61] Raymond B. Next generation libray systems: New opportunities and threats. Liber 41st Annual Conference: Tartu, Estonia. http://www.b2i.de/fileadmin/dokumente/BFP_Preprints_2012/ Preprint-Artikel-2012-AR-2844-Berard. pdf [2012-6-30].

[62] Annette D. Cloud computing voor bibliotheken. http://www.oclc.org [2012-11-10].

[63] Libraryfox. 图书馆的产生与发展. http://blog. sina.com.cn/s/blog_515f05bd0100y0dp.html [2013-6-19].

[64] Matt G. Winds of change: Libraries and cloud computing. http://www.oclc.org/multimedia/2011/files/IFLA-winds-of-change-paper. pdf [2012-11-12].

[65] Michael W D, Gan Y. Migrating to the cloud: Pepperdine libraries at web scale. http://www.oclc.org [2012-11-12].

[66] The power of worldwide cooperation comes to library management. http://www.oclc.org [2012-9-23].

[67] 50 more libraries select oclc worldshare management services. http://www.oclc.org/news/releases/2013/201336dublin. en.html [2013-9-4].

[68] Breeding M. The rush to innovate. Library Journal, 2013, 138(6): 32.

[69] Grant C. The future of library systems: Library service platforms. Information Standards Quarterly, 2012, 24 (4): 4-15.

[70] Breeding M. The rush to innovate. Library Journal, 2013, 138(6): 32.

[71] OCLC Report. Environment scan: Pattern recognition(2003). http://www.oclc.org/asiapacific/zhcn/reports/escan/ [2012-11-12].

[72] Norman F. Digital libraries-a quality concept. International Journal of Medical Informatics, 1997, 47: 61-64.

[73] OCLC WorldShare mamagement services homepage. http://www.oclc.org/webscale/default. htm [2012-9-11].

[74] OCLC Developer Network. http://www.oclc.org/developer/develop/worldshare-platform/architecture.en.html [2016-6-27].

[75] Norbert W. The future is web-scale. IFLA, 2010. http://www.oclc.org [2012-9-15].

[76] 王文清, 陈凌. CALIS 数字图书馆云服务平台模型. 大学图书馆学报, 2009, (4): 13-18.

[77] Nie Hua. Cloud computing—a china View. http://www.oclc.org [2010-9-6].

[78] TMF. GB921 Addendum D: Business process framework (eTOM) addendum d, release 7.5. TeleManagement Forum, 2008.

[79] John M, Eric S. Practice Service Level Management: Delivering High-Quality Web Based Services. New York: Cisco Press, 2004.

[80] TMF. 增强电信运营图 TM (eTOM)商务过程框架(适用于信息和通信服务业)/3.0 版. 电信管理论坛, 2002.

[81] ITU-T Recommendation G. 1000. Communications quality of service: A framework and definitions// Transmission Systems and Media, Digital Systems and Networks: Quality of Service and Performance. ITU-T Study Group, 2001.

[82] ITU-T Recommendation E. 800. Definitions of terms related to quality of service// Quality of Telecommunication Services: Concepts, Models, Objectives and Dependability Planning-terms and Definitions Related to the Quality of Telecommunication Services. ITU-T Study Group, 2008.

[83] ITU-T E. 800. 有关服务质量的术语// 电信服务质量: 概念、模式、目标和可靠性规划-有关电

信服务质量的术语和定义(中文版). ITU-T Study Group, 2008.

[84] ITU-T Recommendation E. 802. 确定和应用 QoS 参数的框架和方法 //电信服务质量: 概念、模式、目标和可靠性规划-有关电信服务质量的术语和定义(中文版). ITU-T Study Group, 2007.

[85] ITU-T Recommendation E. 800. Terms and definitions related to quality of service and network performance including dependability. Telephone network and isdn quality of service, network management and traffic engineering. ITU-T Study Group, 1994.

[86] 什么是信令[EB/OL]. http://www.fundfund. cn/news/20100315/201031556794. htm [2011-6-22].

[87] 乐宁. IP 信令技术及其对 3G 网络建设的现实意义. 通信世界周刊, 2005: 74-75.

[88] Grönroos C. An applied service marketing theory. European Journal of Marketing, 1982, 16(7): 30-41.

[89] Parasuraman A Z V A, Berry L L. A conceptual model of service quality and its implications for future research. Journal of Marketing, 1985, 49 (4): 41-50.

[90] Parasuraman A Z V A, Berry L L. SERVQUAL: A multiple-item scale for measuring customer perceptions of service quality. Journal of Retailing, 1988, 64 (1): 12-40.

[91] 王元泉. 服务质量管理研究. 北京: 首都经济贸易大学, 2004.

[92] Netcraft Survey. 2010 美国云计算统计. http://www.199it.com/archives/4483.html [2011-6-22].

[93] 张玉超, 彭甫阳, 邓波. 服务质量驱动的云计算研究. 计算机科学, 2012, 39(11A): 443-448.

[94] 谷歌在线文档共享信息凸显云计算安全问题. 信息系统工程, 2009, (4): 59-60.

[95] Balachandra R K, Ramakrishna P V, Atanu R. Cloud security issues. Proceedings of the 2009 IEEE International Conference on Services Computing, Bangalore: 2009: 517-520.

[96] 亚马逊服务器故障背后: 云计算安全吗? http://www.techweb.com.cn/column/2011-04-29/1027173. shtml [2010-9-6].

[97] Ludwig H, Keller A, Dan A, et al. Web Service Level Agreement (WSLA) language specification, version 1.0. International Business Machines Corporation (IBM), 2003.

[98] John H, Lori M K, Bruce P. Data security in the world of cloud computing. IEEE Security&Privacy, 2009(7/8): 61-64.

[99] Karyakin A. Quality of Service Guarantees for Cloud Services. CS848 Project Presentation, Waerloo: Universtiy of Waerloo, 2010.

[100] 罗军舟, 金嘉辉等. 云计算: 体系架构与关键技术. 通信学报, 2011, 32(7): 3-21.

[101] Michlmayr A, Rosenberg F, Leitner P, et al. Comprehensive QoS monitoring of web Services and event based sla violation detection. Proceedings of the 4th International Workshop on Middleware for Service Oriented Computing, Rio de Janeiro, 2009.

[102] Zhang P, Yan Z. A QoS aware system for mobile cloud computing. IEEE Cloud Computing and Intelligence Systems, Beijing, 2011: 518-522.

[103] Wang R, Gao F Q, Huang Q, et al. Apad: A QoS guarantee system for virtualized enterprise servers. Communications and Mobile Computing, Qingdao, 2011: 81-84.

[104] Nathuji R, Kansal A, Ghaffarkhah A. Q-clouds: Managing performance interference effects for QoS-aware clouds. Pairs, 2010: 237-250.

[105] Dastjerdi A V, Garg S K, Buyya R. QoS-aware deployment of network of virtual appliances across multiple clouds. Proceedings of the 3rd IEEE International Conference on Cloud Computing Technology and Science, Athens, 2011: 415-423.

[106] Ye Z, Zhou X F, Athman B. Genetic algorithm based qos-aware service compositions in cloud computing. DASRAA, 2011: 321-334.

[107] Wang X Y, Xue Y Y, Fan L H, et al. Research on adaptive qos-aware resource reservation management in cloud service environment. APSCC, 2011: 147-152.

[108] Chen G, Bai X Y, Huang X F, et al. Evaluating services on the cloud using ontology qos model. SOSE, 2011: 312-317.

[109] 维基百科. http://zh.wikipedia.org/wiki/Google%E5%AD%A6%E6%9C%AF%E6%90%9C%E7%B4%A2 [2012-11-20].

[110] Google 学术搜索. http://baike. baidu.com/view/114400. htm [2012-11-20].

[111] 范并思. 核心价值: 图书馆学的挑战. 图书与情报, 2007, (3): 2-5.

[112] 黎春兰, 邓仲华. 面向图书馆的云计算研究综述. 图书馆杂志, 2014, (5): 68-77// 中国人民大学书报资料中心复印报刊资料《图书馆学情报学》G9 全文转载, 2014, (8): 113-122.

[113] Hernon P, Danuta A N, Ellen A. Service quality and customer satisfaction: An assessment and future directions. The Journal of Academic Librarianship, 1999, 25(1): 9-17.

[114] 马费成. 信息管理学基础. 2 版. 武汉: 武汉大学出版社, 2011.

[115] 黎春兰, 邓仲华. 论云计算的服务质量. 图书与情报, 2012, (4): 1-5.

[116] 张红霞. 图书馆质量评估体系与国际标准. 北京: 国家图书馆出版社, 2008: 9-10.

[117] LibQUAL Homepage. http://www.libqual.org [2012-2-17].

[118] Bruce T. Qualitative grounding “22 items and a box”. http://www.libqual.org [2012-1-30].

[119] Peter H, Ellen A. Misconduct in academic research: Its implications for the service quality provided by university libraries. The Journal of Academic Librarianship, 1995, (1): 27-37.

[120] Marcos A G, Barbara L M, Edward A F, et al. What is a good digital library- a quality model for digital libraries. Information Processing and Management, 2007, 43: 1416-1437.

[121] DigitalQUAL Homepage. http://www.digiqual.org [2012-2-17].

[122] Martha K. DigiQUAL™: A digital library evaluation service. http://www.digiqual.org [2007-8-14].

[123] Yvonna S L, Colleen C, Martha K. Evaluating the NSF national science digital library collections: Categories and themes form merlot and dlese. The Multiple Educational Resources for Learning and Online Technologies (MERLOT) Conference, Costa Mesa, 2004: 1-22.

[124] Kaur K, Diljit S. Modeling web-based library service quality. Library & Information Science Research, 2012, (34): 184-196.

[125] Churchill G A. A paradigm for developing better measures of marketing constructs. Journal of

Marketing Research, 1979, 16(1): 64-73.

[126] Creswell J W. Educational Research: Planning, Conducting and Evaluating Quantitative and Qualitative Research. 3rd ed. Upper Saddle River, NJ: Pearson Education, 2008.

[127] Moore G C, Benbasat I. Development of an instrument to measure the perceptions of adopting an information technology innovation. Information Systems Research, 1991, 2(3): 192-222.

[128] Fassnacht M, Koese I. Quality electronic services: Conceptualizing and testing a hierarchical model. Journal of Service Research, 2006, 9(1): 19-37.

[129] 吴明隆. SPSS 统计应用实务. 北京: 科学出版社, 2003: 28.

[130] Barbara G T, Linda S F. Using Multivariate Statistics. 5th ed. Boston, MA: Pearson Education, 2007.

[131] Gorsuch R L. Factor Analysis. 2th ed. Hillsdale, New Jersey: Lawrence Erlbaum Associates, 1983.

[132] 因子分析. 百度文库. http://wenku. baidu.com/view/c2795c49f7ec4afe04a1dfc6.html [2013-1-20].

[133] 主成分分析. 百度文库. http://wenku. baidu.com/view/405002dfa58da0116c174981.html [2013-1-20].

[134] Joseph F H J, William C B, Barry J B, et al. Multivariate Data Analysis: With Readings. 7th ed. Prentice Hall, 2009.

[135] 徐云杰. 社会调查研究方法(2009). http://hi. baidu.com/research001 [2012-3-15].

[136] Parasuraman A, Zeithaml V A, Malhotra A. E-S-QUAL: A multiple item scale for assessing electronic service quality. Journal of Service Research, 2005, 7(3), 213-233.

[137] Nunnally J C. Psychometric Theory. 2nd ed. New York: McGraw-Hill, 1978.

[138] CALIS 主页—CALIS 简介. http://project.calis.edu. cn/calisnew/calis_index. asp?fid=1&class=1 [2013-7-1].

[139] 王文清, 陈凌. CALIS 数字图书馆云服务平台模型. 大学图书馆学报, 2009, (4): 13-18.

[140] 荣泰生. AMOS 与研究方法. 重庆: 重庆大学出版社, 2009.

[141] 问卷星主页——我们的愿景. http://www.sojump.com/html/weexpect. aspx [2013-7-10].

[142] 吴明隆. 结构方程模型——Amos 的操作与应用. 重庆: 重庆大学出版社, 2009.

[143] Vincenzo E V, Laura T, Silvano A. Handbook of Partial Least Squares. Berlin: Springer Handbooks of Computational Statistics, 2010: 56.

[144] 邱皓政, 林碧芳. 结构方程模型的原理与应用. 北京: 中国轻工业出版社, 2009.

[145] Martin W, Gaby O, Claudia V O. Using PLS path modeling for assessing hierarchical construct models: Guidelines and empirical illustration. MIS Quarterly, 2009, 33(1): 177-195.

[146] Hair J J F. Using the smart pls software "structural model assessment". http://www.ksu. edu/ [2013-9-21].

[147] Efron B. Bootstrap Methods: Another look at the jackknife. Annals of Statistics, 1979, 7: 1-26.

[148] 刘鹏. 基于偏最小二乘法的航空公司旅客满意度测评研究. 南京: 南京航空航天大学, 2011.

[149] 侯杰泰, 温忠麟, 成子娟. 结构方程模型及其应用. 北京: 教育科学出版社, 2003.

[150] Smart PLS 2.0 Forum. http://www.smartpls.de/forum/activation. php [2013-8-9].

[151] Tenenhaus M, Vinzi V E, Chatelin Y M, et al. PLS path modeling. Computational Statistics & Data Analysis, 2005, (48): 159-205.

[152] 刘岚芳. 基于民众满意度的社会发展评价研究. 北京: 首都经济贸易大学, 2006.

[153] ITU-T Recommendation E. 860. Framework of a service level agreement//Overall Network Operation, Telephone Service, Service Operation and Human Factors. ITU-T Study Group, 2002.

[154] Vedamuthu A S, Orchard D, Hirsch F, et al. Web services policy framework (ws-policy), version 1.5. World Wide Web Consortium, 2007.

[155] TMF 701. Performance reporting concepts and definitions, version 2.0. TeleManagement Forum, 2001.

[156] TMF GB917. SLA management handbook, public evaluation, version 1.5. TeleManagement Forum, 2001.

[157] TMF GB917. SLA management handbook, concepts and principles, version 2.5. TeleManagement Forum, 2005.

[158] TMF. SLA management handbook, enterprise perspective, volume 4. TeleManagement Forum, 2004.

[159] Nicolas C, Pankaj K, Bryan M, et al. Web Services management framework- overview version 2.0. Hewlett-Packard Development Company, 2003.

[160] Anderson A. An introduction to the web services policy language. IEEE Computer Society, 2004: 189-192.

[161] Andrieux A, Czajkowski K, Dan A, et al. Web Services agreement specification (WS-agreement). Grid Resource Allocation Agreement Protocol (GRAAP) WG, 2007.

[162] TMF. Business Process Framework (eTOM), concepts and principles, release 8.0. TeleManagement Forum, 2008.

[163] TMF GB921. Business Process Framework (eTOM) enhanced telecom operations map concepts and principles, version 8.1. TeleManagement Forum, 2008.

[164] TMF. GB923 wireless service measurement handbook, v3.0. TeleManagement Forum, 2004.

[165] 沈瑶. 服务等级协定(SLA)的研究与监测. 成都: 电子科技大学, 2006.

[166] 徐晶. SLA 监测系统的研究与实现. 武汉: 华中科技大学, 2004.

[167] 周游. 面向 SLA 的网络运行检测系统服务器的 SLA 参数研究及监测. 成都: 电子科技大学, 2008.

[168] 唐瑜. SLA 参数管理在网络动态监测系统中的研究与实现. 成都: 电子科技大学, 2008.

[169] 杨小峰. 面向 SLA 的网络运行检测系统设计与实现. 成都: 电子科技大学, 2008.

[170] 云计算用例研讨组. 云计算用例白皮书, 版本 4.0. http://wenku. baidu.com/view/9ab59b69a45177232f60a29a.html [2010-9-6].

[171] Google Apps service level agreement. http://www.google.com/apps/intl/en/terms/sla.html [2010-9-6].

[172] Amazon S3 service level agreement. http://aws.amazon.com/S3-sla.html [2010-9-6].

[173] Yu C Z, Xi N W, Liu X P, et al. 云计算与行业, 第 1 部分: PaaS 最佳实践和模式. http://www.ibm.com/developerworks/cn/cloud/library/cl-cloudindustry1/index.html [2010-9-6].

[174] IBM. http://www.redbooks. ibm.com/redbooks/pdfs/sg246464. pdf [2010-9-6].

[175] WindwosZure Pricing. http://www.windowsazure.com/zh-cn/pricing/details/ [2012-8-6].

[176] 亚马逊云服务的价格策略. http://wenku. baidu.com/view/3ea9db0fba1aa8114431d985.html [2012-8-6].

[177] Simple EDB Pricing. http://aws.amazon.com/simpledb/pricing/ [2012-8-6].

[178] 谷歌提高云计算服务 SLA. http://w-w. cn/article-738-1.html [2012-8-6].

[179] 吴冬曼, 赵熊, 解春伟, 等. 网络环境下图书馆服务质量评价方法探析. 大学图书馆学报, 2006, (1): 49-52.

[180] 于良芝, 谷松, 赵峥. SERVQUAL 与图书馆服务质量评估——十年研究述评. 大学图书馆学报, 2005, (1): 51-57.

[181] 常唯. LibQUAL+TM——图书馆服务质量评价方法新进展. 大学图书馆学报, 2003, (4): 23-26.

[182] Kiran K, Diljit S. Modeling web-based library service quality. Library & Information Science Research, 2012, (34): 184-196.

[183] The university of sheffield-the university library service level agreement. http://www.shef. ac.uk/library/sla [2012-11-20].

[184] Smith M. The use of service level agreements in the British Library. Proceedings of the 2nd Northumbria International Conference on Performance Measurement in Libraries and Information Services, Newcastle, 1998: 31-38.

[185] Birkbeck College. Service level agreement for the library. http://www.bbk. ac. uk/lib/about/strategy/servicelevel1213. pdf [2012-11-18].

[186] Liverpool John Moores University library and student support-policies and service level agreements. http://www.ljmu. ac. uk/lea/82982. htm [2012-11-18].

[187] Basildon Healthcare Library. User charter and SLA. http://www.btuheks. nhs. uk/publications/user_charter. pdf [2012-11-18].

[188] Maurice L, Graham M, Paul S. Librarianship and Information Work Worldwide. London: Bowker-Saur, 2000: 223-255.

[189] Yale University Library. Service level agreement library ILTS-ITS AM&T. http://www.library.yale. edu/iac/idir/files/IDIRSLAFeb07. pdf [2012-11-18].

[190] VCC Utility Service level agreement library management system (NOTIS). http://helpnet. vccs.edu/csc/CSLarea/sla/NotisSLA. htm [2012-11-18].

[191] Ball State University Libraries. Library information technology services-library user support service level agreement. http://www.google.com.hk/search?hl=zh-CN&newwindow=1&safe=strict&client=aff-maxthon-newtab&hs=1uR&channel=t1&source=hp&site=webhp&q=Service+Level+Agreement+for+the+Library&btnG=Google+%E6%90%9C%E7%B4%A2 [2012-11-19].

[192] Appendix CONTENTdm quick start terms and conditions. Exhibit a: Service level agreement. https: //www3. oclc.org/app/contentdm/order/contentdm_quickstart_terms_emea. htm [2012-11-20].

[193] CONTENTdm Hosting Service Terms and Conditions Exhibit B: Service Level Agreement. https: //www3. oclc.org/app/contentdm/order/hosting_terms. htm [2012-11-20].

[194] SOCCD: Contract with eNamix for quality assurance service. the agenda of the board of turstees meeting at the south orange county community college district. https: //www.socccd. edu/documents/ BoardAgendaAug13OCR. pdf [2013-8-26].

[195] Tarrant County College District. ExLibris Alma Subscription, services and suooprt agreement. http://tccd. granicus.com/MetaViewer. php?meta_id=9964&view=&showpdf=1 [2012-10-26].

[196] OCLC WorldShare Management Services Homepage. http://www.oclc.org/worldshare-management-services. en.html [2013-9-11].

[197] OCLC WorldCat Homepage. http://www.oclc.org/worldcat/catalog. en.html [2013-9-11].

[198] FirstSearch WorldCat Homepage. http://www.oclc.org/en-asiapacific/firstsearch.html [2013-9-11].

[199] WorldCat Resource Sharing Homepage. http://www.oclc.org/en-asiapacific/services/resource-sharing. html [2013-9-11].

[200] OCLC Cataloging and Metadata Homepage. http://www.oclc.org/en-asiapacific/services/metadata. html [2013-9-11].